KLARTEXT

Hans Blossey

SAUERLAND

VON OBEN

Die schönsten Luftbilder aus der Region

Fotojournalist und Pilot Hans Blossey mit seinem Reisemotorsegler Dimona H36.
Foto: Peter von Felbert

HANS BLOSSEY

1952 in Essen geboren. Fotovolontariat bei der Westdeutschen Allgemeinen Zeitung in Essen, Arbeit als Bildredakteur im gesamten Ruhrgebiet. 1991 Wechsel in die Zentral-Redaktion der WAZ und zehn Jahre lang verantwortlicher Fotograf für die Seite Eins- und die Reportage-Redaktion. 2009 Selbständigkeit als journalistischer und gewerblicher Luftbildfotograf. Seit 1983 mit drei Fluglizenzen und seit 1988 mit dem eigenen Flugzeug unterwegs. Sein Luftbildarchiv zählt mittlerweile 250.000 Aufnahmen und wird vervollständigt durch internationale Reisefotografie.

Hans Blossey ist darüber hinaus Mitglied in der Fotografenvereinigung freelens/Hamburg und Dozent an der Essener Medienakademie Ruhr im Bereich Fotojournalismus.

www.luftbild-blossey.de

Bibliografische Information der Deutschen Nationalbibliothek
Die Deutsche Nationalbibliothek verzeichnet diese Publikation in der Deutschen Nationalbibliografie; detaillierte bibliografische Daten sind im Internet über http://dnb.dnb.de abrufbar.

IMPRESSUM

1. Auflage Januar 2020
Satz und Gestaltung: Achim Nöllenheidt
Umschlagfotos: Hans Blossey
Umschlaggestaltung: Ina Zimmermann
Druck und Bindung: Griebsch & Rochol Druck GmbH, Gabelsbergerstraße 1, D-5969 Hamm

ISBN 978-3-8375-2214-3

KLARTEXT
Jakob Funke Medien Beteiligungs GmbH & Co. KG
Jakob-Funke-Platz 1, 45127 Essen
info@klartext-verlag.de, www.klartext-verlag.de

INHALT

VORWORT

Vom Kahlen Asten bis zum Kloster Oelinghausen in Arnsberg, von der Biggetalsperre bis zu den Bruchhauser Steinen, von Schloss Berleburg zur Hohen Bracht: Grandiose Ausblicke laden zum Entdecken einer vielseitigen Region ein, die auch und gerade den im Sauerland lebenden Menschen völlig neue, ungeahnte Sichtweisen auf ihre Heimat erlaubt.

Hans Blossey ist seit Jahrzehnten regelmäßig mit seinem Flieger unterwegs, sein Archiv umfasst mittlerweile über 250.000 Luftbilder. Über und unter den Wolken gelingen ihm Aufnahmen, die durch die Ausweitung des Blickwinkels spannende Perspektiven eröffnen. Seine Fotografien bieten ein doppeltes sinnliches Vergnügen, weil sie erhabene Übersichten mit einem überwältigenden Detailreichtum vereinen.

Ob Berggipfel, Naturschutzgebiete oder Wälder, Skylines, Dorfidyllen oder historische Stadtkerne, ob Talsperren, Seen, oder Flussläufe, ob Schlösser, Klöster oder Kapellen, ob Tages- oder Nachtaufnahmen – die aus der Vogelperspektive beobachteten Architekturen der Stadt- und Naturräume faszinieren zudem durch ihre Formen und Farben. Sie verwandeln sich in geometrische Figuren, das vom Boden aus gesehen scheinbar Chaotische ordnet sich, Strukturen werden sicht- und begreifbar.

So entwickeln Blosseys Fotografien über das bloße Abbild hinaus einen künstlerischen Perspektivwechsel, der Lust darauf macht, das Sauerland auf jeder Seite neu zu erleben.

Achim Nöllenheidt

MÄRKISCHES SAUERLAND

Hagen
Breckerfeld
Fröndenberg
Menden
Hemer
Iserlohn
Balve
Neuenrade
Plettenberg
Altena
Lüdenscheid
Halver
Herscheid
Kierspe
Meinerzhagen

KIERSPE
Kerspetalsperre

HAGEN
Schloss Hohenlimburg

HAGEN
Freilichtmuseum Hagen

HAGEN

Fernuniversität in Hagen (oben), Rangierbahnhof Vorhalle

Bild vorangegangene Seite:
BRECKERFELD
Baumallee

FRÖNDENBERG
Golfplatz

Bild folgende Seite:
MENDEN
Blick auf den Ortsteil
Lendringsen

MENDEN
St. Antonius Kapelle (oben),
Stadtmitte mit
Altem Rathaus und
Pfarrkirche St. Vincenz

HEMER
Landesgartenschau: Labyrinth und Jübergturm

ISERLOHN
Ausflugsziel Danzturm

BALVE

Klärteich „Blaue Lagune" im Steinbruch Asbeck (oben),
Pfarrkirche St. Blasius

NEUENRADE
Ortsteil Affeln

PLETTENBERG
Oestertalsperre

ALTENA
Stadtkern mit dem Ortsteil
Breitenhagen im Vordergrund

LÜDENSCHEID
Versetalsperre

HERSCHEID
Landstraße 561
im Ortsteil Hardt

HALVER
Reitanlage des RV Halver

MEINERZHAGEN
Schloss Badinghagen (oben),
Fürwiggetalsperre

KREIS OLPE

Drolshagen
Wenden
Olpe
Biggesee-Sondern
Attendorn
Finnentrop
Lennestadt
Kirchhundem

ATTENDORN
Biggesee

WENDEN
Autobahnkreuz
Olpe-Süd A45 und A4

DROLSHAGEN
Altes Kloster

OLPE
Pallottihaus

OLPE
Biggesee

BIGGESEE / SONDERN
Biggetalsperre

ATTENDORN
Burg Schnellenberg

ATTENDORN
Wassersport auf
dem Biggesee

ATTENDORN
Segelboote auf der Biggetalsperre

FINNENTROP

Oberbecken des Pumpspeicherwerks Rönkhausen

LENNESTADT
Aussichtsturm
Hohe Bracht

LENNESTADT
Galileo-Park

KIRCHHUNDEM
Schloss Adolfsburg

HOCHSAUERLAND

Schmallenberg
Bad Berleburg
Winterberg
Eslohe
Sundern
Arnsberg
Meschede
Bestwig
Olsberg
Brilon
Willingen
Diemelsee
Padberg
Medebach
Marsberg

MESCHEDE
Eversberg

SCHMALLENBERG
Ortskern von Nordenau mit dem erhaltenen Bergfried der Ruine Rappelstein (oben), Rathaus Schmallenberg

SCHMALLENBERG
Kloster Grafschaft, Mutterhaus der Borromäerinnen

SCHMALLENBERG
Landstraße 776 zwischen Bad-Fredeburg und Bödefeld

SCHMALLENBERG
„Baumstrecken“-
Impressionen

BAD BERLEBURG

Goetheplatz (oben),
Schloss Berleburg

BAD BERLEBURG
Schwarzenau

BAD BERLEBURG
Wunderthausen

BAD BERLEBURG
Ludwigsburg: alte Fachwerkhäuser an der Odeborn

BAD BERLEBURG
Schlossstraße mit Goetheplatz

WINTERBERG
Stadtzentrum

WINTERBERG
Ferienpark Landal

WINTERBERG
Niedersfeld Hochheide

WINTERBERG
Schafherde

WINTERBERG
Kahler Asten

WINTERBERG
Bobbahn

WINTERBERG
Sprungschanze Winterberg

WINTERBERG
Winterlandschaft

WINTERBERG
Gastronomie an der Sprungschanze Winterberg

WINTERBERG
Ski-Zirkus Quick´s Skihütte

WINTERBERG
Seilbahnstation (oben),
vereiste Tannen auf dem Kahlen Asten

WINTERBERG
Seilbahnstation (oben),
St.-Jakobus-Kirche

ESLOHE
Isingheim

SUNDERN
Amecke am Ufer des Sorpesees

ARNSBERG
Burgruine Rüdenburg

ARNSBERG
Alte Bezirksregierung Arnsberg

ARNSBERG
Propsteikirche
St. Laurentius,
ehemalige
Klosterkirche
Wedinghausen

ARNSBERG
Ruhrschleife umschließt das Eichholz und die Arnsberger Altstadt

ARNSBERG
Hügelige Landschaft bei Ainkhausen

ARNSBERG
Kloster Oelinghausen

ARNSBERG
Kranichschwarm

ARNSBERG
Alter Markt mit Maximilian-Brunnen

Bild folgende Doppelseite:
MESCHEDE
Morgendliches Ruhrtal zwischen
Enste und Schneisenberg

MESCHEDE

Wasserschloss Laer (ganz oben), Pfarrkirche St. Johannes in Eversberg (oben), Blick auf Eversberg

MESCHEDE
Eversberg im
dichten Bodennebel

MESCHEDE
Autobahn-Brücke A46 in der Nähe von Eversberg

MESCHEDE
Schloss Laer

MESCHEDE
Hennesee

MESCHEDE

Bundesstraße 55 im Naturschutzgebiet Kleine Steinmecke

BESTWIG

Autobahn-Brücke A46, AS Bestwig/Nuttlar (links), Strommasten im Nebel

BESTWIG
Fort Fun, GoKart-Bahn

BESTWIG
Fort Fun, Achterbahn

OLSBERG
Bruchhauser Steine

OLSBERG
Kapelle Antfeld

OLSBERG
Naturschutzgebiet zwischen Olsberg und Assinghausen

OLSBERG
Neubaugebiet Im Rinkental (oben), Schloss Antfeld

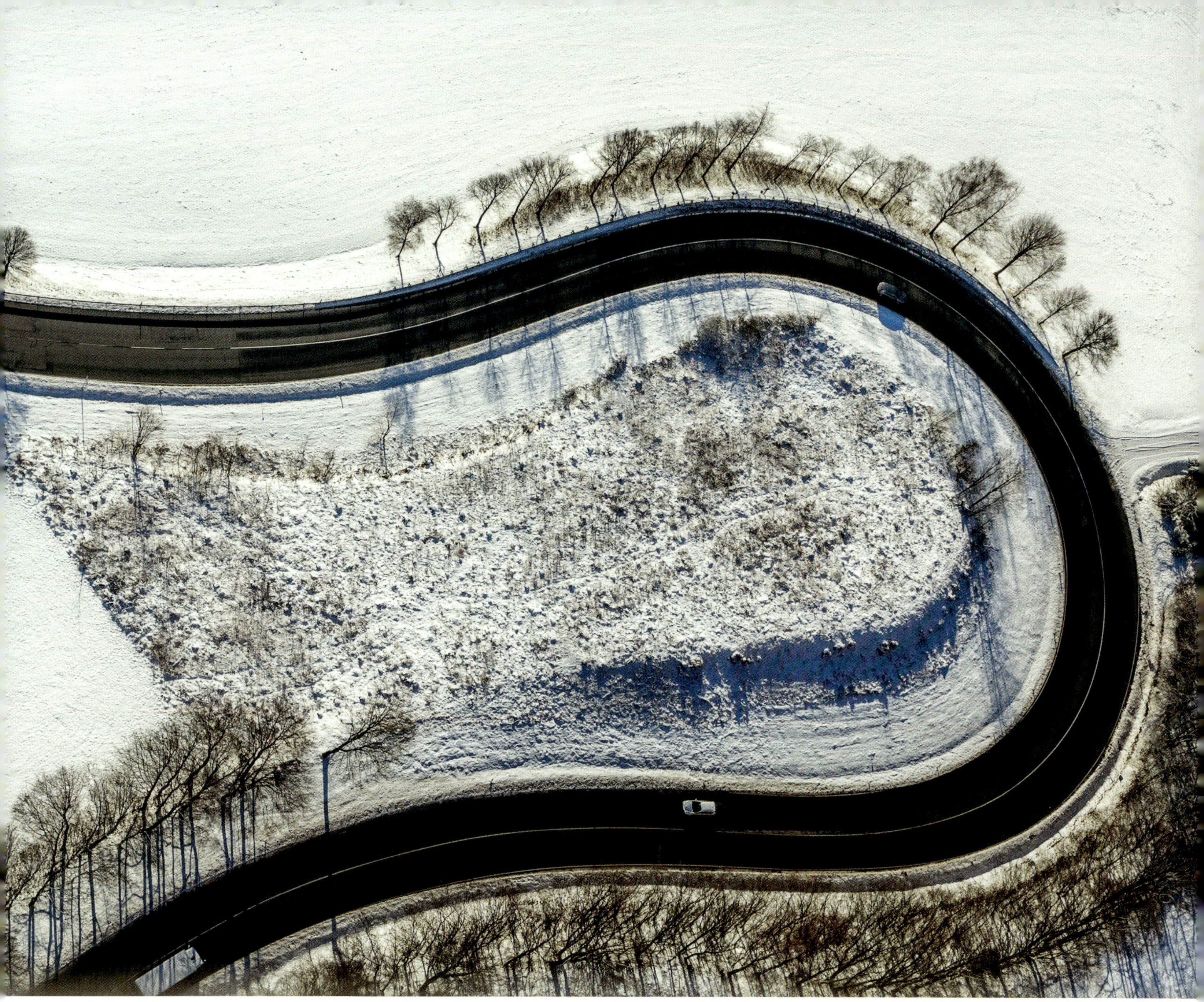

OLSBERG
Briloner Straße mit Spitzkehre

OLSBERG
Bruchhauser Steine

BRILON
Windpark zwischen
Radlinghausen und
Madfeld

BRILON
Innenstadt mit der Propsteikirche St. Petrus und Andreas

BRILON
Straßen und Feldwege
am Steinberg

BRILON
Petrusbrunnen auf
dem Marktplatz (oben),
Historischer Stadtkern

BRILON
Landstraße 870 Am Bilstein (links), renaturierte Hunderbecke

Bild folgende Doppelseite:
BRILON
Brilon von Norden vor der Sauerlandkulisse

WILLINGEN

W

WILLINGEN
Mühlenkopfschanze bei Willingen-Stryck, auf der alljährlich Wettbewerbe des Skisprung-Weltcups stattfinden

WILLINGEN
Hochheideturm Ettelsberg im Skigebiet Willingen im Sommer

PADBERG
Pfarrkirche
St. Maria Magdalena

MEDEBACH
Kahlenkapelle

DIEMELSEE
Heringhausen am Diemelsee

MARSBERG
Propsteikirche St. Magnus-Kirche

MARSBERG
Windkraftanlagen

KREIS SOEST/ SOESTER BÖRDE

Werl
Ense
Delecke
Möhnesee
Soest
Bad Sassendorf
Lippetal
Lippstadt
Lipperode
Warstein
Rüthen
Wünnenberg
Warburg

MÖHNESEE
Impression im Morgennebel

ENSE
Windkraftwerke auf dem Haarstrang

WERL
Landstraße Dinker Berg

DELECKE
Blick auf das Ufer des Möhnesees, im Hintergrund ist die Drüggelter Kapelle zu erkennen

MÖHNESEE
Möhnesee im Winter mit vereistem Hevearm

MÖHNESEE

Winterstimmungen

MÖHNESEE
Staumauer mit ihren beiden markanten Türmen

Bild folgende Doppelseite:
SOEST
Historische Altstadt

MÖHNESEE
Naturschönheit im Sommer

AM MARKT

Café Siebrecht

LIPPERODE
Burgruine Lipperode

BAD SASSENDORF
Landschaftsbild in Grün und Gelb

LIPPSTADT

Heimatmuseum im Schatten der Großen Marienkirche

LIPPSTADT
Stift Cappel

WARSTEIN
Kranichzug im Morgengrauen

WARSTEIN
Haus Dassel im Ortsteil Allagen

RÜTHEN

Stadtzentrum (links), Schloss Körtlinghausen (oben), Impression

SIGNAL

WARBURG
Warsteiner Montgolfiade

SIEGERLAND

Gummersbach
Reichshof
Freudenberg
Siegen
Netphen
Kreuztal
Hilchenbach
Bad Laasphe
Wunderthausen
Wemlighausen

BAD LAASPHE
Altstadt mit
Evangelischer Kirche

GUMMERSBACH
Genkeltalsperre

REICHSHOF
Wiehltalsperre

REICHSHOF
Wiehltalsperre

FREUDENBERG
Sauerlandlinie A45 Brücke Wending (oben), der „Alte Flecken“, Freudenbergs historischer Stadtkern

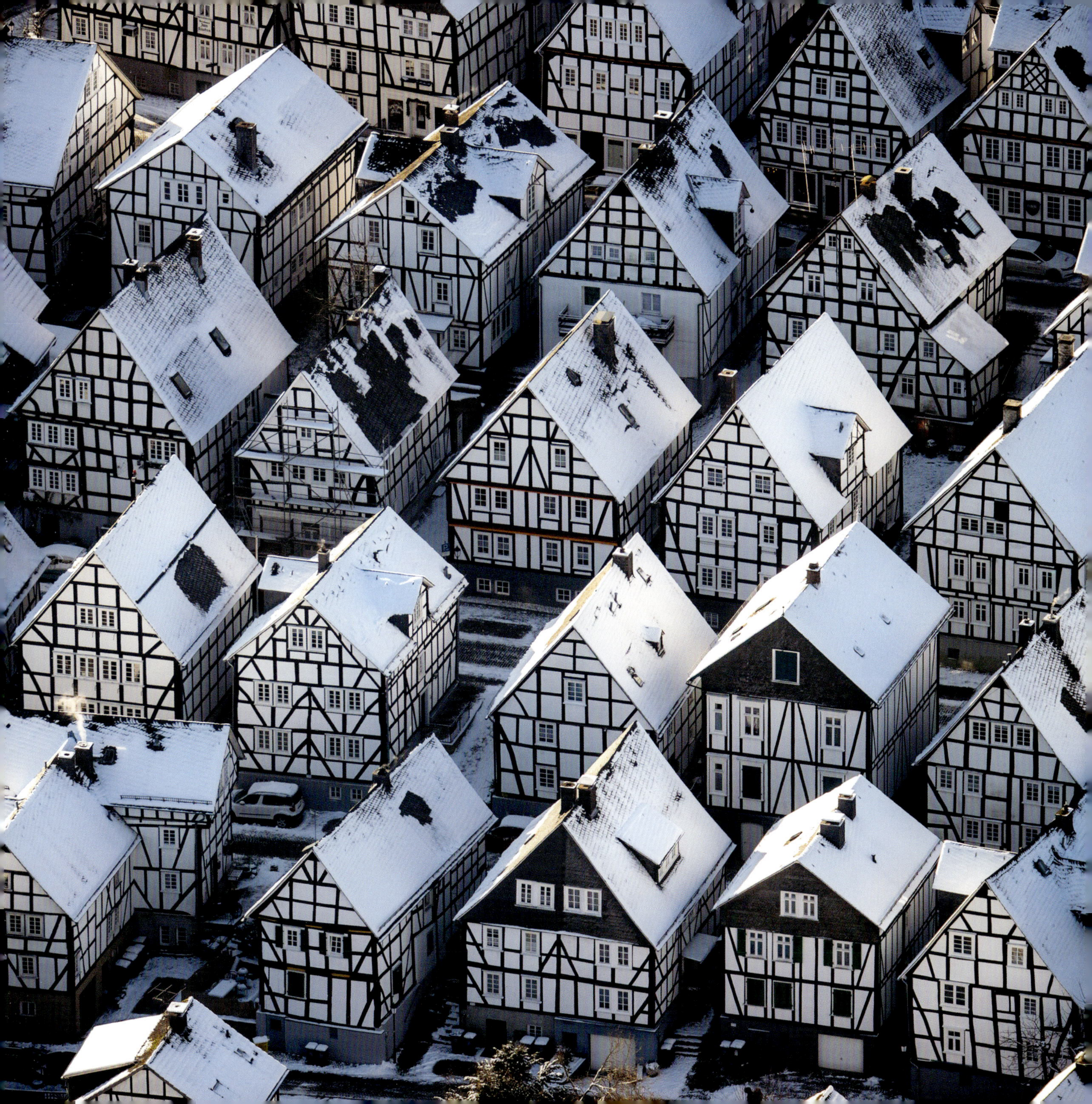

SIEGEN
Oberes Schloss (links), Museum für Gegenwartskunst Siegen (oben)

NETPHEN
Obernautalsperre

KREUZTAL

Brauerei Krombach

KREUZTAL
Kindelsbergturm

HILCHENBACH
Evangelisch
Reformierte Kirchen-
gemeinde Hilchenbach

HILCHENBACH
Breitenbachtalsperre

IRMGARD WETH • DIE BIBEL. EINFACH

IRMGARD WETH

DIE BIBEL.
einfach lesen

Gottes Weg mit den Menschen

neukirchener

Die Autorin:
Irmgard Weth arbeitete viele Jahre als Theologin und Pädagogin im Neukirchener Erziehungsverein, insbesondere als Dozentin für Biblische Theologie und Religionspädagogik. Sie ist Autorin verschiedener Bibelausgaben und gilt als Expertin für Biblisches Erzählen.

Im Neukirchener Kalenderverlag sind bereits folgende Bücher der Autorin erschienen:

Neukirchener Vorlesebibel (mit Bildern von Kees de Kort)
Neukirchener Kinderbibel (mit Bildern von Kees de Kort)
Neukirchener Erzählbibel. Die Bücher der Bibel neu erschlossen und erzählt (mit Bildern von Kees und Michiel de Kort)
Neukirchener Bibel – Das Alte Testament neu erzählt und kommentiert

MIX
Papier | Fördert gute Waldnutzung
FSC® C018236
www.fsc.org

Bibliografische Information der Deutschen Nationalbibliothek:
Die Deutsche Nationalbibliothek verzeichnet diese Publikation in der Deutschen Nationalbibliografie; detaillierte bibliografische Daten sind im Internet über http://dnb.d-nb.de abrufbar.

Zitat Seite 278:
Kornelis H. Miskotte, Biblisches ABC, 1976 Neukirchener Verlag, Neukirchen-Vluyn

3., überarbeitete Auflage 2025

Andreas-Bräm-Straße 18/20, 47506 Neukirchen-Vluyn,
info@neukirchener-verlage.de

Umschlaggestaltung + Satzlayout: Magdalene Krumbeck, Wuppertal
Lektorat: Claudia George
Karten: Andreas Sonnhüter, Niederkrüchten
DTP: Magdalene Krumbeck, Wuppertal
Verwendete Schriften: Myriad Pro, Swift LT Std
Gesamtherstellung: Drukarnia Dimograf Sp z. o. o., Bielsko-Biała
Printed in Poland
ISBN 978-3-920524-83-2

www.neukirchener-verlage.de

Zum Geleit

Ich kenne ein kleines ägyptisches Dorf an der Ostseite des Nils. In der Provinzhauptstadt gegenüber gibt es Schulen, Krankenhäuser und Arbeitsplätze. In dem Dorf aber fehlte es an allem.
Dann wurde eine Brücke gebaut. Schlagartig änderte sich das Leben der Dorfbewohner. Der Zugang zu allen Möglichkeiten der Stadt war da und das Leben bekam einen großen Horizont. So wichtig kann eine Brücke sein.

Der Neukirchener Erziehungsverein baut Brücken durch ein breites Angebot diakonischer Hilfen für junge und alte Menschen und für Menschen mit Behinderungen. Und durch den weitverbreiteten Neukirchener Kalender, der für viele Menschen eine tägliche Ermutigung ist.

Auch Irmgard Weth ist es ein großes Anliegen, Brücken zu bauen. Mit ihren Bibelausgaben macht sie es möglich, Gottes Weg mit den Menschen zu verstehen und so die frohe Botschaft der Bibel mit neuen Augen zu sehen.

In einer zunehmend multikulturellen und säkularisierten Gesellschaft wächst unter Menschen jeden Alters der Bedarf nach dem biblischen Text in diesem unverwechselbaren Erzählstil. Irmgard Weth bleibt nah am Bibeltext und nimmt die Leser auf eine Entdeckungsreise durch die biblischen Erzählungen mit.

Ich wünsche dieser Bibelausgabe, dass es mit ihrer Hilfe gelingt, Brücken zu bauen und so eine neue Weite, neue Perspektiven und Zuversicht zu gewinnen.

Hans-Wilhelm Fricke-Hein
Direktor i.R. des Neukirchener Erziehungsvereins

Vorwort

Diese Bibelausgabe richtet sich gezielt an Leserinnen und Leser jeden Alters, insbesondere an jene, die einen neuen Zugang zur Bibel suchen.
In Aufbau und Inhalt ist sie an die Neukirchener Kinderbibel angelehnt, jedoch vollständig neu gestaltet und überarbeitet.

Wie bereits der Titel anzeigt, lädt sie dazu ein, die Geschichten der Bibel einfach zu lesen, das heißt fortlaufend zu lesen und ihre Botschaft im Lesen zu erfassen.

Ihr besonderes Kennzeichen ist ihre verständliche und prägnante Sprache in enger Anlehnung an die biblische Textvorlage.

Durch ihren besonderen Erzählstil empfehlen sich die Texte nicht nur für die eigene Lektüre, sondern auch für Lesungen zu verschiedenen Anlässen.

Der dritte Teil ergänzt und vertieft die fortlaufende Lektüre in Form einer biblischen Grundlegung. Er zeigt anhand der 2x8 Kapitel durch das Alte und Neue Testament Gottes Weg mit den Menschen auf und möchte auf diesem Weg die Bibel Menschen unserer Zeit nahe bringen.

Irmgard Weth

Inhalt

DRITTER TEIL Einführung in die Geschichten der Bibel

ERSTER TEIL

Das Alte Testament

1

Gott macht den Anfang

Dies ist die Geschichte,
die uns die Bibel erzählt.
Sie erzählt von Gott
und seinen Menschen
und von dem Weg,
den er mit ihnen ging.
Es ist eine sehr lange Geschichte,
die längste und größte
und erstaunlichste Geschichte,
die uns Menschen bekannt ist.
Sie begann schon vor urlanger Zeit,
als noch kein Mensch
auf der Erde lebte,
als es noch nicht einmal die Erde gab,
da war Gott schon da,
ganz am Anfang.
Mit ihm beginnt diese Geschichte.

Zu diesem Kapitel vergleiche die Hinweise im dritten Teil Seite 261ff.

Am Anfang

1. Mose 1–2,4

Am Anfang
schuf Gott Himmel und Erde.

Noch war die Erde öde
und ohne Leben.
Wasser bedeckte das Land.
Und es war überall dunkel.

Da sprach Gott:
„Es werde Licht!"

Und es geschah,
wie Gott gesagt hatte:
Über der Erde wurde es hell.

Und Gott sah,
dass das Licht gut war.
Er trennte das Licht von dem Dunkel.
Und er nannte das Licht „Tag".
Und das Dunkel nannte er „Nacht".

So wurde es Abend.
Und so wurde es Morgen:
der e r s t e Tag.

Und Gott sprach:
„Über der Erde
soll ein Himmel entstehen!"

Und so geschah es:
Gott spannte das Firmament
über die Erde
und nannte es „Himmel".

Und Gott sah,
dass es gut war,
was er gemacht hatte.

So wurde es Abend und Morgen:
der z w e i t e Tag.

Und Gott sprach:
„Alles Wasser soll weichen!"

Und so geschah es:
Das Wasser floss zusammen.
Und trockenes Land trat
aus dem Wasser hervor.
Gott nannte das Trockene „Land".
Und das Wasser nannte er „Meer".

Und Gott sprach:
„Das Land bringe hervor
Gräser und Kräuter
und Bäume aller Art!"

Und Gott sah,
dass es gut war,
was er gemacht hatte.

So wurde es Abend und Morgen:
der d r i t t e Tag.

Und Gott sprach:
„Lichter sollen am Himmel leuchten
bei Tag und bei Nacht!"

Und so geschah es:
Am Morgen ging die Sonne auf,
strahlend und hell.
Und am Abend leuchtete
der Mond am Himmel.
Und viele Sterne funkelten
in der dunklen Nacht.

Und Gott sah,
dass es gut war,
was er gemacht hatte.

So wurde es Abend und Morgen:
der v i e r t e Tag.

Und Gott sprach:
„Tiere sollen das Wasser
und die Luft mit Leben erfüllen!"

Und so geschah es:
Im Wasser wimmelte es bald
von allerlei Tieren,
großen und kleinen Fischen.
Und Vögel flogen
in Schwärmen herbei
und erfüllten die Luft
mit ihrem Geschrei.

Und Gott sah,
dass es gut war,
was er gemacht hatte.
Er segnete die Fische und Vögel
und sprach:
„Vermehrt euch!
Legt Eier und brütet sie aus!
Wasser und Luft
sollen von euch erfüllt sein."

So wurde es Abend und Morgen:
der f ü n f t e Tag.

Und Gott sprach:
„Auch auf dem trockenen Land
sollen allerlei Tiere leben!"

Und so geschah es:
Gott schuf die Tiere,
die auf dem Land leben,
große und kleine,
flinke und lahme,
wilde und zahme,
alles, was kriecht
und was Beine hat.

Und Gott sah,
dass es gut war,
was er gemacht hatte.

Zuletzt aber schuf Gott
den Menschen.
Gott sprach:
„Ich will Menschen machen,
die mir gleichen.
Über alle Tiere
will ich sie stellen."

Und Gott schuf den Menschen
nach seinem Bild:
Mann und Frau.

Und Gott segnete sie
und sprach:
„Vermehrt euch!
Breitet euch aus über die Erde!
Alles, was ich gemacht habe,
soll für euch da sein,
die Bäume und die Früchte,
die Fische und die Vögel
und die Tiere auf dem Land.
Alles soll euch gehören,
euch und allen Menschen,
die auf der Erde leben werden.
Aber ihr sollt mir gehören."

Und Gott sah auf alles,
was er gemacht hatte.
Es war alles sehr gut.

So wurde es Abend und Morgen:
der s e c h s t e Tag.

Am s i e b t e n Tag aber ruhte Gott
und vollendete sein Werk.
Gott segnete den siebten Tag
und sprach:

„Dieser Tag soll mein Tag sein.
Alle Arbeit soll ruhen
an diesem Tag!“

So wurden Himmel und Erde
durch Gott geschaffen.
Alles, was in dieser Welt ist,
kommt von ihm.

Mann und Frau

1. Mose 2

So schuf Gott den Menschen:
Er machte ihn aus Erde
und hauchte ihm Leben ein.
Und Gott ließ ihn wohnen
im Land Eden,
in einem Garten mit vielen Bäumen
und köstlichen Früchten.
Der Mensch durfte ihn pflegen
und seine Früchte ernten.
Der ganze Garten war für ihn da.

Da sprach Gott:
„Es ist nicht gut,
dass der Mensch allein bleibt.
Ich will ihm eine Gefährtin geben,
die ihm gleich ist,
die zu ihm gehört
und die ihn versteht.“

Und Gott brachte Tiere zu ihm.
Und der Mensch gab ihnen Namen,
jedem Tier einen besonderen Namen.

Aber unter allen Tieren
fand sich kein Tier,
das dem Menschen gleich war.
Mit keinem konnte er reden.
Und kein Tier konnte
den Menschen verstehen.

Da ließ Gott den Menschen
in einen tiefen Schlaf sinken.
Und als er aufwachte,
da war eine Frau bei ihm.
Gott hatte sie ihm gegeben.
„Endlich!“, rief er froh.
„Das ist sie,
meine Frau,
der Mensch,
der mir fehlte!“

Nun war der Mensch
nicht mehr allein.
Nun gehörten sie
für immer zusammen:
Frau und Mann,
Mann und Frau.
Gott hatte sie
füreinander geschaffen.

Die Schlange

1. Mose 3

Adam und Eva hießen die Menschen,
die Gott geschaffen hatte.
Sie lebten miteinander in Frieden.
Sie kannten keine Angst
und auch keine Schmerzen.
Es fehlte ihnen an nichts.
Gott war bei ihnen
und sorgte für sie
wie ein Vater für seine Kinder.

Alles hatte Gott
den Menschen gegeben.
Alles, was im Garten wuchs,

durften sie ernten und essen.
Nur eines hatte Gott verboten:
Mitten im Garten
stand ein besonderer Baum,
der „Baum der Erkenntnis“.
Wer von diesem Baum aß,
wusste, was gut und böse ist.
Dieser Baum gehörte nur Gott.
Gott hatte zu Adam gesagt:
„Alle Früchte dürft ihr essen.
Aber von diesem Baum
sollt ihr keine Frucht essen.
Sonst werdet ihr sterben.“

Aber eines Tages geschah es:
Eva ging mit Adam im Garten umher.
Plötzlich hörte sie eine Stimme.
Sie schaute sich um.
Da entdeckte sie eine Schlange.
Die sah sie listig an
und flüsterte ihr zu: „Wie?
Dürft ihr keine Früchte essen?
Hat Gott das gesagt?“

„Aber nein“, sagte Eva.
„Alles dürfen wir essen.
Nur von dem Baum in der Mitte
sollen wir nichts essen.
Gott hat gesagt:
‚Esst nicht davon!
Rührt seine Früchte nicht an!
Sonst müsst ihr sterben.‘“

Aber die Schlange flüsterte:
„Nein, glaub mir!
Ihr werdet nicht sterben.
Sondern ihr werdet
wie Gott sein,
so klug wie Gott selbst.“

Da sah Eva den Baum an.
Wie seine Früchte lockten!
Eva streckte die Hand aus,
pflückte eine Frucht,
biss hinein
und gab sie ihrem Mann.
Der nahm die Frucht
und aß auch davon.

Auf einmal gingen
den beiden die Augen auf.
Plötzlich erkannten sie,
dass die Schlange sie betrogen hatte.
Sie schauten sich erschrocken an.
Da sahen sie, dass sie nackt waren.
Schnell rissen sie
ein paar Feigenblätter ab
und banden sie sich um.

Schon kam der Abend heran.
Da hörten sie,
wie Gott durch den Garten ging.
Voller Angst liefen sie davon
und versteckten sich
zwischen den Bäumen.

Aber Gott hatte sie längst gesehen.
„Adam“, rief er, „wo bist du?“
Zitternd kam Adam
aus seinem Versteck hervor.
„Adam“, sprach Gott,
„hast du von dem Baum gegessen?“
„Ja“, gab Adam zu,
„ich habe es getan.
Aber Eva war schuld daran.
Sie gab mir die Frucht.“

„Eva“, sprach Gott,
„warum hast du das getan?“
„Ich war nicht schuld“,
wehrte sich Eva.

„Die Schlange war schuld.
Sie hat mir gesagt,
dass ich von dem Baum essen darf.“

Da sprach Gott zur Schlange:
„Verflucht sollst du sein,
weil du das getan hast.
Die Tiere werden dir
aus dem Weg gehen
und die Menschen dir feind sein.“

Und zu Eva sprach Gott:
„Du wirst viel Mühe haben
in deinem Leben.
Kinder wirst du gebären,
aber mit Schmerzen.“

Und zu Adam sprach er:
„Auch du wirst es schwer haben.
Felder wirst du bebauen.
Aber Dornen und Disteln
werden darauf wuchern.
Und deine Arbeit
wird dich viel Schweiß kosten.“

Nun war mit einem Mal
das Leben bei Gott zu Ende.
Adam und Eva mussten
den Garten verlassen.
Gott selbst wies sie hinaus.
Gerne wären die beiden
wieder zurückgekehrt.
Aber Engel mit feurigem Schwert
bewachten den Zugang zum Garten.

Doch Gott ließ auch jetzt
seine Menschen nicht los.
Er erhielt sie am Leben
und gab ihnen alles,
was sie zum Leben brauchten:
Kleider aus Fellen,
um sie vor Kälte zu schützen,
und Korn und Früchte,
um ihren Hunger zu stillen.

Aber der Tag war noch fern,
an dem Gott selbst
zu den Menschen kommen würde,
um sich mit ihnen zu verbinden
für immer.

Kain und Abel

1. Mose 4

Adam und Eva lebten nun
fern von Gott.
Doch bald darauf geschah,
was Gott gesagt hatte:
Eva gebar einen Sohn.
Sie nannte ihn Kain.
Danach gebar sie
noch einen Sohn,
den nannte sie Abel.

Kain wuchs heran
und wurde ein Bauer.
Er arbeitete auf dem Feld,
säte und erntete Korn.
Abel aber wurde ein Hirte.
Er hütete die Schafe
und sorgte für sie.

Kain und Abel
hatten Gott nie gesehen.
Aber sie dachten oft an ihn.
Sie brachten ihm Opfer
und dankten ihm für alles,
was er ihnen zum Leben gab.

Wenn Abel opferte,
wählte er das schönste Schaf aus,
schlachtete es
und legte es auf einen Altar,
den er aus Steinen gebaut hatte.
Dann schob er dürre Zweige
unter das Schaf,
zündete das Opfer an
und betete zu Gott,
sobald Rauch zum Himmel aufstieg.
Und Gott sah auf Abels Opfer
und freute sich daran.

Wenn aber Kain opferte,
dann legte er auf den Altar
Körner und Früchte,
die er geerntet hatte.
Auch er zündete sein Opfer an
und betete zu Gott.
Aber es schien,
als sähe Gott sein Opfer nicht an.

Da dachte Kain bei sich:
Jetzt weiß ich es sicher:
Gott liebt nur Abel.
Mich hat er nicht lieb.
Sein Gesicht wurde ganz finster.
Er konnte Abel
gar nicht mehr ansehen,
so wütend war er auf ihn.
Schließlich fasste Kain
einen furchtbaren Plan:
Abel musste sterben!
Tag und Nacht
sann er darüber nach.

Aber Gott sah,
was Kain plante.
Er warnte ihn:
„Kain, was hast du vor?
Warum blickst du so finster?
Gib acht, was du tust!“
Doch Kain hörte nicht mehr auf Gott.
Er lockte Abel aufs Feld,
fiel über ihn her
und schlug auf ihn ein,
bis er tot war.

Nun war es geschehen.
Abel lag am Boden
und rührte sich nicht mehr.
Auf einmal war es
totenstill auf dem Feld.

Aber plötzlich –
rief da nicht jemand?
Erschrocken sah Kain sich um.
Er konnte niemanden entdecken.

Gott war es, der ihn rief:
„Kain, wo ist Abel, dein Bruder?“
„Wie soll ich das wissen?“,
gab Kain zurück.
„Soll ich denn meinen Bruder hüten?
Bin ich denn sein Hirte?“

Doch Gott sprach zu Kain:
„Was hast du getan?
Das Blut deines Bruders
schreit zum Himmel
und klagt dich an.
Nun musst du fliehen.
Aber wohin du auch fliehst,
nirgendwo kannst du bleiben.“

Da erst begriff Kain,
was er Furchtbares getan hatte.
Seinen eigenen Bruder
hatte er umgebracht!
Schnell machte er sich auf
und lief davon.
Aber wohin?

Er wusste es selbst nicht.
Er floh von Ort zu Ort,
immer weiter.
Nirgendwo fand er Ruhe.
Überall hatte er
seinen toten Bruder vor Augen.
Sein Leben lang konnte er
Abel nicht mehr vergessen.

Gott aber gab Kain
ein Zeichen an seine Stirn
und schützte ihn,
solange er lebte.

*

Nun waren Adam und Eva
wieder allein wie am Anfang.
Doch Gott ließ sie
auch jetzt nicht allein.
Er schenkte ihnen
noch einen Sohn: Set.
Der wuchs heran
und hatte selbst Kinder.
Und auch seine Kinder
bekamen wieder Kinder.
So entstand ein großes Volk.

Noah und die Arche

1. Mose 6–9

Bald dachten die Menschen
nicht mehr an Gott.
Sie spielten sich auf,
als seien sie selbst Gott,
und verdarben alles,
was er gemacht hatte.
Sie raubten und mordeten
und machten sich nichts daraus.
Jeder dachte nur an sich selbst
und tat, was ihm allein nützte.

Da tat es Gott leid,
dass er die Menschen gemacht hatte.
Und er sprach zu sich:
„Ich will die Menschen
mitsamt der Erde verderben.
Denn sie sind alle
von Grund auf verdorben."

Nur einer war anders: Noah.
Er hörte auf Gott
und lebte,
wie Gott es gefiel.

Da sprach Gott zu Noah:
„Bau dir ein Schiff!
Denn bald wird es regnen,
so viel, dass alles Land
im Wasser versinkt.
Auch die Blumen und Bäume,
sogar die Tiere und Menschen,
alles, was lebt, wird ertrinken.
Aber dich will ich am Leben erhalten,
dich und deine Frau
und deine drei Söhne
mit ihren Frauen."

Da hörte Noah auf Gott.
Und er baute die Arche,
ein riesiges Schiff,
so hoch wie ein Haus,
drei Stockwerke hoch,
mit zahllosen Kammern,
mit Tür und Fenster
und einem richtigen Dach.

Danach sprach Gott:
„Nun wähle von allen Tieren
je ein Paar aus

und bringe sie in die Arche hinein!
Denn auch sie will ich
am Leben erhalten.“

Und schon kamen sie an,
Löwen und Schafe,
auch Vögel und Käfer,
alles, was kriecht
und was Beine hat.
Von allen brachte Noah
je ein Paar in die Arche,
wie Gott gesagt hatte.
Auch schaffte er für die Tiere
gewaltige Mengen an Futter herbei.

Darauf ging Noah selbst
in die Arche hinein,
er, seine Frau
und seine drei Söhne
mit ihren Frauen.
Und Gott selbst
schloss die Tür hinter ihm zu.

Sieben Tage lang
blieb es still auf der Erde.
Dann verschwand die Sonne
hinter den Wolken.
Der Himmel wurde ganz schwarz.
Ein furchtbarer Regen brach los.
Es schüttete.
Es goss in Strömen.
Die Flüsse traten über die Ufer.
Sie überschwemmten das Land.
Menschen und Tiere ertranken.
Bald stand alles Land unter Wasser.
Und immer noch
hörte der Regen nicht auf.
Das Wasser stieg höher und höher,
bis zu den höchsten Bergen empor.
Schließlich war nichts mehr
zu sehen, nur Wasser –
ein unendliches Meer!
Aber die Arche
schwamm auf dem Meer,
ruhig und sicher.
Kein Tropfen Wasser
drang in sie ein.

*

Vierzig Tage lang
dauerte der furchtbare Regen.
Da dachte Gott an Noah
und setzte dem Regen ein Ende.
Der Himmel riss auf.
Die Wolken verschwanden.
Und am blauen Himmel
strahlte wieder die Sonne.
Aber noch war alles Land
von den Fluten bedeckt.

Tage und Wochen vergingen.
Das Wasser sank nur ganz langsam.
Die Arche trieb
immer noch ziellos dahin.
Endlich, nach vielen Wochen,
lief sie auf einen Berg auf.
Der lag noch ganz unter Wasser.
Aber nach und nach
trat die Spitze des Berges
aus dem Wasser hervor.

Nun wusste Noah:
Bald ist es so weit.
Er öffnete das Fenster
und ließ eine Taube hinausfliegen.
Aber am Abend kam die Taube zurück.
Sie hatte kein Futter gefunden.

Da wartete Noah noch eine Woche.
Danach ließ er noch einmal
die Taube hinausfliegen.

Und wieder kam sie zurück.
Aber diesmal hielt sie
ein Ölblatt im Schnabel,
als wollte sie sagen:
„Seht doch, die Bäume
tragen schon wieder Blätter!“

Noch eine Woche verging.
Danach ließ Noah noch einmal
die Taube hinausfliegen.
Aber diesmal kam sie
nicht mehr zurück.
Da deckte Noah das Dach ab
und schaute hinaus.
Und sieh da:
Das Land war überall trocken.

Und Gott sprach zu Noah:
„Nun geh aus der Arche,
du und deine Frau
und deine drei Söhne
mit ihren Frauen,
dazu alle Tiere!“

Da machte Noah die Tür weit auf.
Menschen und Tiere stürmten hinaus.
Wie schön war die Erde wieder!
So schön wie am Anfang.
Aus dem Boden spross grünes Gras.
Und überall blühten Blumen.

Da baute Noah einen Altar
und brachte Gott Opfer.
Gott hatte sein Versprechen gehalten
und alle am Leben erhalten,
Menschen und Tiere.
Wie dankbar war Noah dafür!
Aber was hatte Gott
in Zukunft mit ihnen vor?
Würde er die Erde
noch einmal vernichten?

Doch Gott sprach zu Noah:
„Ich will die Erde
nicht mehr verderben.
Nie mehr soll es
eine so große Flut geben.
Solange die Erde steht,
soll nicht aufhören
Saat und Ernte,
Frost und Hitze,
Sommer und Winter,
Tag und Nacht.
Und wenn noch einmal
ein großes Unwetter kommt,
sodass ihr euch fürchtet,
dann schaut auf zum Himmel!
Dort steht in den Wolken
mein Bogen.
Er ist das Zeichen,
dass ich mein Versprechen halte.“

Und als Noah aufschaute,
da sah er am Himmel
einen großen Regenbogen.
Der spannte sich über die Erde
von einem Ende zum andern
und leuchtete in allen Farben.

Da dankte Noah seinem Gott
für dieses große Versprechen.
Und er fing wieder von vorn an.
Er pflügte die Erde,
legte Äcker und Weinberge an,
säte und pflanzte.
Und Gott ließ wachsen und reifen,
was er gepflanzt hatte.

Der Turm von Babel

1. Mose 11,1–9

Bald gab es wieder
viele Menschen auf der Erde.
Sie sprachen alle dieselbe Sprache
und wohnten in Zelten.
Und wo es ihnen gefiel,
da schlugen sie ihre Zelte auf
und ließen sich nieder.
So zogen sie nach Osten
und kamen in die Ebene Schinar,
in ein weites und fruchtbares Land.

Da riefen die Menschen:
„Hier gefällt es uns.
Hier wollen wir bleiben."
Und sie sagten zueinander:
„Auf, worauf warten wir noch?
Wir wollen Häuser bauen
aus festen Steinen,
richtige Häuser
mit Dächern, Fenstern und Türen."

Und sogleich fingen sie an.
Sie formten Steine aus Lehm,
brannten sie in der Hitze
und fügten die Steine zusammen.

Aber die Menschen riefen:
„Auf, wir bauen noch mehr!
Eine Stadt wollen wir bauen
mit Häusern, Straßen und Plätzen
und einer Mauer ringsum.
Dann bleiben wir immer zusammen."

Und sogleich fingen sie an
und bauten die Stadt Babel,
eine riesige Stadt
mit vielen Häusern, Straßen und Plätzen
und einer dicken Mauer ringsum.

Aber die Menschen riefen:
„Auf, wir können noch mehr!
Einen Turm wollen wir bauen,
so hoch wie der Himmel!
Dann sind wir die Größten,
und alle Welt redet von uns."

„Ja, das ist gut",
riefen alle begeistert.
„Auf, worauf warten wir noch?"
Und sogleich fingen sie an,
schleppten Steine herbei
und setzten einen Stein
auf den anderen.

Der Turm wuchs.
Er wurde höher und höher.
Bald ragte er über die ganze Stadt.
Aber die Menschen riefen:
„Noch höher!
Viel höher!
So hoch wie der Himmel!
Wir geben nicht auf."

Aber Gott sah herab
auf die Stadt und den Turm.
Er sah, was die Menschen planten.
Da sprach er zu sich:
„So sind die Menschen.
Immer mehr wollen sie haben.
Nie ist es ihnen genug.
Am Ende wollen sie selber
wie Gott sein."

Und Gott ließ geschehen,
was keiner gedacht hätte:
Die Menschen bekamen
untereinander Streit.
Keiner konnte mehr
den anderen verstehen.
Jeder sprach nur noch

seine eigene Sprache.
Schließlich sprach niemand mehr
mit dem anderen.

Da warfen die Leute
ihre Arbeit hin
und zogen aus der Stadt,
jeder in eine andere Richtung.

Der Turm aber blieb zurück,
halb fertig und verlassen.
Und alle, die später vorübergingen,
zeigten auf ihn und sagten:
„Seht doch den Turm von Babel!
Seht, was sich die Menschen
damals ausgedacht haben!
Sie wollten zusammenhalten.
Aber sie wurden zerstreut.
Sie wollten groß und stark sein.
Doch was ist von ihnen geblieben?“

2

Gott gibt sein Versprechen

Die Menschen hatten sich von Gott
und voneinander getrennt.
Sie waren eigene Wege gegangen.
Es schien, als blieben sie nun
für immer sich selbst überlassen.
Aber Gott zeigte den Menschen,
was er mit ihnen vorhatte.
Er gab ihnen ein großes Versprechen.

Zu diesem Kapitel vergleiche die Hinweise im dritten Teil Seite 264ff.

Abraham und Sara

1. Mose 12,1–9

Vor langer Zeit lebte ein Mann,
der hieß Abraham.
Er war sehr reich
und hatte viele Schafe,
auch Ziegen, Kühe und Kamele,
dazu viele Knechte und Mägde,
die für die Tiere sorgten.

Abraham wohnte in der Stadt Haran.
Er hatte es gut dort.
Es fehlte ihm an nichts.
Er hatte genug zu essen
und auch genug Gras
für alle seine Tiere.
Nur eines fehlte Abraham:
Er und seine Frau Sara
hatten kein Kind.

Eines Tages aber sprach Gott:
„Geh, Abraham!
Geh weg von hier!
Zieh in ein anderes Land,
das ich dir zeigen werde.
Dort will ich ein großes Volk
aus dir machen.
Ich will dich segnen.
Und durch dich sollen
alle gesegnet werden,
alle Menschen auf dieser Erde."

Da hörte Abraham auf Gott,
nahm Abschied
von seinen Verwandten
und brach von Haran auf,
wie Gott gesagt hatte.
Sara, seine Frau, begleitete ihn
und auch Lot,
der Sohn seines Bruders,
dazu alle seine Knechte und Mägde
mit allen Kühen, Kamelen,
Ziegen und Schafen.

Es wurde eine lange,
beschwerliche Reise.
Der Weg führte
durch heiße Wüsten
und über kahle Berge.
Abraham kam nur langsam
mit seinen Tieren voran.
Auch wusste er nicht,
wohin ihn der Weg führte.
So zog er immer weiter
und wartete,
bis Gott ihm das Land zeigte,
das er suchte.

Endlich kam er in das Land Kanaan.
Es war ein Land mit sanften Hügeln
und grünen Tälern.
Dort ließ sich Abraham nieder
und schlug sein Zelt
unter einer alten Eiche auf.

Da sprach Gott zu Abraham:
„Schau, Abraham!
Dies ist das Land,
das ich dir versprochen habe.
Dieses Land will ich
deinen Nachkommen schenken."

Abraham horchte auf.
Deinen Nachkommen?
Aber er hatte doch gar keine Kinder!
Sollten er und Sara
etwa noch ein Kind bekommen?
Er war doch schon 75 Jahre alt!
Und seine Frau war auch schon sehr alt.

Aber Abraham sagte nichts.
Er dachte bei sich:
Gott hat es versprochen.
Dann wird es geschehen.
Wie es geschehen wird,
weiß ich zwar nicht.
Aber ich glaube,
dass Gott es tun kann.

Da baute Abraham einen Altar,
brachte Gott Opfer dar
und dankte ihm
für sein großes Versprechen.

Abraham im neuen Land

1. Mose 13

Abraham und Lot zogen
mit ihren Hirten und Herden
durch das Land Kanaan.
Und wo sie einen Brunnen fanden,
hielten sie Rast
und gaben den Tieren zu trinken.

Aber oft reichte das Wasser
für die Tiere nicht aus.
Dann stritten sich die Hirten.
„Weg da vom Brunnen!",
schrien Abrahams Hirten.
„Wir waren zuerst da."
„Nein!", schrien Lots Hirten.
„Wir brauchen auch Wasser."
So stritten sie sich jeden Tag.

Da sagte Abraham zu Lot:
„So geht es nicht weiter.
Wir müssen uns trennen.
Sonst hört der Streit
unter unseren Hirten nie auf.
Sieh doch!
Das Land ist sehr groß.
Es hat genug Platz für uns beide.
Nun sag mir: Wo willst du wohnen?
Rechts oder links?
Hier oder dort?
Du darfst wählen."

Da zeigte Lot auf das Tal,
das vor ihnen lag, und rief:
„Dort gefällt es mir.
Dort will ich wohnen."
Es war das Jordantal,
ein üppiges Tal mit grünen Wiesen
und fruchtbaren Feldern.
Auch zwei Städte lagen dort,
Sodom und Gomorra.
Dorthin zog Lot
mit seinen Hirten und Herden.
Abraham aber blieb allein
im Bergland zurück.

Da sprach Gott zu Abraham:

„Schau auf, Abraham!
Sieh dich um!
Dieses ganze Land
will ich dir
und deinen Nachkommen
geben für immer.
Wie Staub auf der Erde,
so viele werden es sein,
die hier wohnen.
Auf, zieh durch das Land
und wohne in ihm!
Ich will es dir geben."

Da glaubte Abraham Gott
und zog durch das Land
und wohnte in ihm,
wie Gott ihm gesagt hatte.

Abraham muss warten

1. Mose 15–17

Es war Nacht.
Abraham lag wach in seinem Zelt.
Er fand keine Ruhe.
Hatte Gott ihnen nicht
ein Kind versprochen?
Wie lange noch mussten sie warten?
Hatte Gott sie etwa vergessen?

Da hörte er eine Stimme:
„Abraham!"
Abraham schreckte auf.
War das nicht Gottes Stimme?
„Abraham", sprach Gott.
„Fürchte dich nicht!
Ich meine es gut mit dir.
Ich will dich beschenken."

„Ach Herr", fragte Abraham,
„was willst du mir geben?
Du hast uns noch immer
kein Kind geschenkt.
Und bald werde ich sterben.
Was soll dann werden?"

Da sprach Gott zu Abraham:
„Komm heraus vor dein Zelt
und schau in den Himmel!
Siehst du die Sterne?
Kannst du sie zählen?"

Abraham blickte nach oben.
Die Sterne zählen? Unmöglich!
Kein Mensch konnte sie zählen.

„Siehst du?", sprach Gott.
„So viele Kinder will ich dir geben,
wie Sterne am Himmel.
Und sie werden alle
in diesem Land wohnen."

*

Jahre vergingen.
Abraham und Sara warteten
noch immer auf das Kind,
das Gott versprochen hatte.
Da sagte Sara zu Abraham:
„Worauf warten wir eigentlich noch?
Ich bin schon viel zu alt.
Ich kann kein Kind mehr bekommen.
Und du wirst auch mit jedem Tag älter.
Ich rate dir:
Heirate noch eine andere Frau!
Nimm meine Magd Hagar!
Sie ist viel jünger als ich.
Sie kann dir gewiss ein Kind schenken."

Das gefiel Abraham gut.
Er überlegte nicht lange
und nahm Hagar neben Sara zur Frau.
Und wirklich:
Bald darauf wurde Hagar schwanger
und gebar ihm einen Sohn,
den nannte er Ismael,
das heißt: „Gott hört".

Aber Gott sprach zu Abraham:
„Ismael ist nicht der Sohn,
den ich dir versprochen habe.
Nicht Hagars Sohn,
Saras Sohn soll es sein.
Auch Sara wird bald
einen Sohn bekommen.
Den will ich segnen.
Vertraue mir nur und glaube!
Ich werde es tun."

Da vertraute Abraham Gott
und wartete weiter.
Aber wie lange noch?

Abraham bekommt Besuch

1. Mose 18

Es war Mittagszeit.
Abraham saß vor seinem Zelt
und schaute ins Land hinaus.
Da sah er drei Männer kommen.
Sogleich stand er auf,
eilte ihnen entgegen
und grüßte sie freundlich:
„Willkommen! Seid meine Gäste!
Setzt euch zu mir in den Schatten!
Ruht euch ein wenig aus!
Und stärkt euch,
bevor ihr weiterzieht!"

Dann lief er zu Sara ins Zelt
und bat sie:
„Auf, eil dich! Mach einen Teig
und back einen Kuchen!"
Und seinem Knecht rief er zu:
„Schnell, schlachte ein Kalb
und mach einen zarten Braten!"
Er selbst aber holte
Milch und Butter herbei
und bediente die Gäste.
Aber wer waren die Fremden?
Abraham wagte nicht,
sie zu fragen.

Als die drei gegessen hatten,
fragte der eine von ihnen:
„Wo ist deine Frau Sara?"
„Drinnen im Zelt",
antwortete Abraham erstaunt.
Woher wusste der Fremde,
wie seine Frau hieß?
Der aber sagte: „Hör zu!
Ich bringe euch gute Nachricht:
Nächstes Jahr wird Sara
einen Sohn haben."

Abraham war sprachlos.
Was sagte der Fremde?
Woher wusste er das?
Und was würde Sara dazu sagen,
wenn sie es hörte?

Aber Sara hatte es bereits gehört.
Sie hatte heimlich
hinter der Zeltwand gelauscht.
„Was?", sagte sie zu sich
und lachte leise in sich hinein.
„Ich soll noch ein Kind bekommen?
Ich bin doch viel zu alt."

„Warum lacht Sara?",
fragte der Fremde.
„Traut sie es Gott nicht zu?
Sollte Gott etwas unmöglich sein?"

Als Sara das hörte,
kam sie aus dem Zelt
und wehrte erschrocken ab:
„Aber ich habe gar nicht gelacht!"
„Doch", meinte der Fremde,
„du hast wirklich gelacht."

Da ahnten Abraham und Sara,
wer zu ihnen gekommen war.
Gott, der Herr, hatte sie besucht,
begleitet von seinen Engeln.
Gott selbst hatte ihnen
die gute Nachricht gebracht.

*

Wenig später brachen die Männer auf.
Abraham begleitete sie.
Da sprach Gott zu Abraham:
„Abraham, du bist mein Freund.
Dir will ich sagen,
wohin ich nun gehe:
nach Sodom und Gomorra.
Denn die Menschen dort
hören nicht mehr auf mich.
Sie tun, was sie wollen,
und fragen nicht mehr nach Gott."

Erschrocken blieb Abraham stehen.
Wollte Gott etwa diese Städte zerstören?
In Sodom wohnte doch Lot!
Was würde aus ihm?

„Ach Herr", fragte Abraham,
„willst du denn zulassen,
dass alle dort umkommen?
Vielleicht wohnen in Sodom
auch Menschen, die auf dich hören.
Vielleicht fünfzig, Herr?"

Da sprach Gott:
„Wenn ich dort fünfzig finde,
die auf mich hören,
will ich die Stadt nicht zerstören."

Aber fünfzig Menschen waren viel!
Wenn es nun weniger waren?
Abraham versuchte es noch einmal:
„Wenn es aber fünf weniger sind?"
„Dann will ich die Stadt
auch nicht zerstören", sprach Gott.

„Vielleicht sind es aber nur vierzig?",
wandte Abraham ein.
„Auch dann will ich
die Stadt nicht zerstören."

„Und wenn es nur dreißig sind?"
„Auch dann nicht", sprach Gott.

„Ach Herr", bat Abraham,
„erlaube mir,
dass ich noch einmal frage:
Wenn es nur zwanzig sind,
die auf dich hören?"

Gott sprach:
„Auch dann will ich
die Stadt nicht zerstören."

Da wagte Abraham kaum noch
weiter zu fragen.
„Wenn es aber nur zehn sind?"
„Auch dann nicht", sprach Gott.

Da verneigte sich Abraham
und schwieg.
Und als er wieder aufschaute,
war Gott nicht mehr bei ihm.
Doch in der Ferne
sah er die beiden Engel.
Sie eilten auf Sodom zu.

Da ahnte Abraham,
was Gott mit Sodom vorhatte.
Still kehrte er um
und ging zurück in sein Zelt.

Lot

1. Mose 19

Es war Abend.
Lot saß am Stadttor von Sodom
und schaute in die Ferne.
Da sah er die zwei Engel kommen.
Lot erkannte sie nicht.

Aber er dachte bei sich:
Die beiden sind sicher
fremd in der Stadt.
Ich will sie in mein Haus aufnehmen.
Wer weiß, was ihnen
sonst in Sodom zustößt?

Sogleich stand er auf,
ging den beiden entgegen,
verneigte sich vor ihnen
und lud sie ein:
„Kommt in mein Haus!
Seid meine Gäste
und bleibt über Nacht bei mir!"
Und er führte sie in sein Haus,
wusch ihnen die Füße
und gab ihnen Brot zu essen.

Doch als die beiden noch aßen,
hörten sie plötzlich draußen
lautes Geschrei.
Vor dem Haus hatten sich
die Männer von Sodom versammelt.
Sie tobten und schrien
und schlugen mit ihren Fäusten
wild an die Tür.
„Lot", schrien sie wütend,
„mach uns auf!
Gib sofort die Fremden heraus!
Wir wollen unser Spiel
mit ihnen treiben!"

Da ging Lot zu ihnen hinaus.
„Ach, liebe Freunde", bat er,
„hört bitte auf!
Lasst meine Gäste in Frieden!
Sie haben euch nichts Böses getan."
Aber die Männer schrien noch lauter:
„Weg mit dir!
Was fällt dir ein?
Du bist doch auch ein Fremder
in unserer Stadt!"
Und sie stürzten sich auf Lot
und wollten ihn packen.
Aber die Engel zogen ihn
schnell ins Haus zurück
und verriegelten die Tür.

Endlich wurde es draußen still.
Da erzählten die Engel,
warum sie gekommen waren.
„Auf", drängten sie Lot,
„nimm deine Frau
und deine beiden Töchter
und flieh mit ihnen aus der Stadt,
bevor es zu spät ist!
Denn Gott wird Sodom zerstören."

Als Lot das hörte,
wurde er blass vor Schreck.
Hatte er recht gehört?
Er sollte fliehen?
Aber sein Haus?
Und seine Schafe?
Was würde aus ihnen?
Lot zögerte noch.

Schon wurde es draußen hell.
Der Morgen brach an.
„Auf, eil dich!", drängten die Engel.
„Sonst kommst du auch um."
Und sie nahmen Lot,
seine Frau und seine Töchter
an ihre Hand
und führten sie schnell
hinaus vor die Stadt.
Dort blieben sie stehen.

„Nun lauft allein weiter!",
befahlen die Engel.
„Flieht!

Bleibt ja nicht stehen!
Und seht euch nicht
nach der Stadt um!
Sonst ist es um euch geschehen."

Und schon bebte die Erde.
Es dröhnte und blitzte.
Feuer fiel vom Himmel
und ließ alles in Flammen aufgehen,
die Häuser, die Mauern, die Menschen.
Nichts blieb mehr übrig,
nur Schutt und Asche.

Da packte Lot seine Töchter
und lief um sein Leben.
Er lief immer weiter
und floh in die Berge.
Aber Lots Frau blieb stehen.
Sie wandte sich um
und – erstarrte.

Am selben Morgen
stand Abraham früh auf
und stieg auf einen Hügel,
um nach Sodom zu schauen.
Aber von Sodom
war nichts mehr zu sehen.
Nur eine Rauchwolke
stieg aus dem Tal auf.
Da wusste Abraham:
Nicht einmal zehn Menschen
hatten in Sodom auf Gott gehört.

Aber eines wusste Abraham nicht,
noch nicht:
Lot und seine Töchter waren gerettet.
Gott hatte ihr Leben verschont.

Ismael

1. Mose 21

Endlich kam der Tag,
auf den Abraham und Sara
viele Jahre gewartet hatten.
Der Sohn wurde geboren,
den Gott ihnen versprochen hatte.
Glücklich nahm ihn Abraham
auf seine Arme
und nannte ihn Isaak.

Isaak wuchs und gedieh.
Er lernte laufen und sprechen.
Bald war er schon so groß,
dass er Fleisch und Brot aß
wie die Großen.
Da machte Abraham für Isaak
ein großes Festmahl
und lud dazu
alle Knechte und Mägde ein.
Alle freuten sich
mit Abraham und Sara,
dass Isaak endlich bei ihnen war.

Nur einer freute sich nicht:
Ismael, der Sohn Hagars.
Denn an diesem Festtag
gaben sich alle nur mit Isaak ab.
Um ihn kümmerte sich keiner.
Das ärgerte Ismael sehr.
Er reizte seinen Bruder
und ließ ihm keine Ruhe.

Als Sara das sah,
lief sie zu Abraham
und beschwerte sich bitter:
„Siehst du denn nicht,
was Ismael unserem Isaak antut?
Wir können Ismael
nicht länger bei uns behalten.

Auf, schick ihn weg
mitsamt seiner Mutter!“

Abraham wehrte erschrocken ab.
„Was sagst du?
Ich soll Ismael wegschicken?
Nein, niemals! Vergiss nicht:
Auch er ist mein Sohn!“

Aber in der folgenden Nacht
sprach Gott zu Abraham:
„Mach dir um Ismael keine Sorgen!
Tu, was Sara dir sagt!
Und vertrau mir!
Ich werde für Ismael sorgen.“

Da hörte Abraham auf Gott.
Am nächsten Morgen
stand er früh auf,
holte einen Laib Brot
und füllte ein Gefäß mit Wasser.
Das lud er Hagar auf ihre Schultern.
„Du musst gehen“, sagte er traurig,
„du und dein Sohn.
Hier ist kein Platz mehr für euch.“

Da nahm Hagar Ismael an die Hand
und zog mit ihm weg.
Aber wohin?
Hagar wusste es selbst nicht.
Sie irrte mit ihrem Sohn
durch die Wüste.
Schon wurde es Mittag.
Die Sonne stach ihnen auf den Kopf.
Ihre Füße waren schon wund.
„Ich kann nicht mehr!“, weinte Ismael.
„Gib mir zu trinken!“

Da hielt Hagar an
und gab ihm zu trinken.
Aber bald war das Gefäß leer.
„Wasser!“, weinte Ismael.
„Gib mir doch Wasser!
Ich sterbe vor Durst.“

Hagar sah sich verzweifelt um.
Was sollte sie tun?
Weit und breit
war kein Wasser zu finden,
keine Quelle und auch keine Zisterne,
nur Steine und Sand.
Da nahm sie Ismael auf ihre Arme
und legte ihn unter einen Strauch.
Sie selbst aber lief weg,
bis sie Ismael nicht mehr
hörte und sah.
Und sie warf sich auf die Erde,
weinte und rief:
„Ich kann nicht mit ansehen,
wie mein Sohn stirbt.“

Aber plötzlich – was war das?
Rief da nicht eine Stimme?
Hagar horchte auf.
Erschrocken sah sie sich um.
Aber sie konnte niemand entdecken.
„Hagar“, rief die Stimme,
„warum bist du bekümmert?
Fürchte dich nicht!
Gott hat gehört,
wie dein Sohn weint.
Steh auf!
Geh zu ihm hin!
Nimm ihn an deine Hand
und führe ihn durch die Wüste!
Denn dein Sohn wird nicht sterben.
Ich will auch ihn groß machen.
Zum Vater eines großen Volkes
will ich ihn machen.“

Da merkte Hagar:
Gott hatte zu ihr gesprochen.

Erstaunt sah sie sich um.
Plötzlich entdeckte sie
einen Brunnen.
Wie war das nur möglich?
Vorher hatte sie ihn
gar nicht gesehen.
Schnell stand sie auf,
lief zu dem Brunnen,
füllte ihr Gefäß mit Wasser,
brachte es ihrem Sohn
und gab ihm zu trinken.

Da kam wieder Leben in Ismael.
Er schlug seine Augen auf,
stand auf und wanderte
mit seiner Mutter weiter
durch die endlose Wüste.

Lange Zeit blieben die beiden
in der Wüste.
Doch Gott blieb bei ihnen
und sorgte für sie
wie ein Vater für seine Kinder.

Isaak

1. Mose 22

Isaak wuchs heran.
Sein Vater hatte ihn sehr lieb,
lieber als alles auf der Welt.

Eines Nachts aber
wachte Abraham plötzlich auf.
„Abraham!“, rief eine Stimme.
Abraham horchte auf.
War das nicht Gottes Stimme?
„Abraham!“, sprach Gott.
„Nimm Isaak,
deinen einzigen Sohn,
den du lieb hast!
Nimm ihn an deine Hand
und geh mit ihm
in das Land Morija.
Dort will ich dir einen Berg zeigen.
Auf dem sollst du Isaak opfern.“

Abraham war wie betäubt.
Isaak opfern?
Seinen geliebten Sohn
sollte er hergeben?
Gott hatte ihm doch
dieses Kind geschenkt!
Er hatte doch versprochen:
„Dein Sohn wird leben
und in diesem Land wohnen.“

Abraham konnte es nicht fassen.
Aber er sagte nichts,
kein einziges Wort.
Stumm wartete er,
bis der Morgen anbrach.
Da stand er von seinem Lager auf,
ging hinaus vor sein Zelt,
sammelte Holz für das Opfer,
spaltete es
und lud es auf seinen Esel.
Dann weckte er Isaak, seinen Sohn,
nahm ihn an die Hand
und machte sich mit ihm auf den Weg,
wie Gott gesagt hatte.

Drei Tage lang wanderten sie
durch das Land,
Abraham und sein Sohn Isaak,
dazu zwei Knechte,
die den Esel führten.

Endlich sah Abraham
in der Ferne den Berg,
von dem Gott gesprochen hatte.

Da blieb Abraham stehen,
wandte sich zu seinen Knechten
und sagte:
„Bleibt ihr hier mit dem Esel
und wartet auf uns!
Ich will mit Isaak
auf den Berg gehen
und dort opfern.
Danach kehren wir wieder zurück."

Und Abraham nahm ein Gefäß
mit glimmender Glut
und ein Messer in seine Hand,
lud seinem Sohn Isaak
das Holz auf den Rücken
und stieg mit ihm auf den Berg.

Lange Zeit wanderten
die beiden miteinander,
Hand in Hand.
Keiner sagte ein Wort.

Da hielt es Isaak nicht länger aus.
„Mein Vater!", sagte er.
„Ja, hier bin ich.
Was ist, mein Sohn?"

Isaak zeigte auf das Holz
und auf das Gefäß.
„Sieh doch!
Wir haben zwar Holz und Feuer
für unser Opfer.
Aber wo ist das Schaf,
das wir opfern?"

„Mein Sohn", sagte Abraham,
„Gott wird es uns geben."

Da fragte Isaak nichts mehr.
Stumm stiegen sie weiter hinauf,
beide miteinander,
Hand in Hand,
bis sie oben auf dem Berg waren.
Dort baute Abraham einen Altar.
Er trug große Steine zusammen,
schichtete sie auf,
legte das Holz darauf
und auf das Holz legte er –
Isaak, seinen geliebten Sohn!

Doch plötzlich – was war das?
Rief da nicht jemand?
„Abraham! Abraham!"
„Ja, hier bin ich",
antwortete er erschrocken.
Da hörte er wieder die Stimme,
ganz deutlich: „Abraham!
Rühr Isaak nicht an!
Gott weiß, dass du bereit bist,
ihm alles zu geben,
sogar deinen Sohn.
Aber Gott will
dieses Opfer nicht haben."

Auf einmal raschelte es.
Abraham wandte sich um.
Da sah er einen Widder,
der hatte sich mit seinen Hörnern
in einem Dornstrauch verfangen.
Schnell griff Abraham zu,
packte den Widder an seinen Hörnern,
legte ihn auf den Altar
und opferte ihn an Isaaks Stelle.

Da wusste Abraham:
Gott hatte alles gesehen.
Und er nannte den Ort: „Gott sieht".

Und Gott sprach zu Abraham:

„Weil du auf mich gehört hast,
verspreche ich dir:
Ich will deinen Sohn segnen.

Auch seine Kinder
will ich segnen.
Und auch ihre Kinder
will ich wieder segnen.
So viele Kinder werden es sein
wie Sterne am Himmel
und wie Sand am Meer.
Durch sie sollen einmal
alle gesegnet werden,
alle Völker der Erde.“

Dankbar kehrte Abraham
mit seinem Sohn Isaak heim.
Gott hatte ihn
über alles Erwarten beschenkt.

Isaak und Rebekka

1. Mose 24

Jahre vergingen.
Abraham war noch viel älter geworden.
Seine Frau Sara lebte nicht mehr.
Und in dem großen Zelt
war es oft einsam und leer.

Da sagte sich Abraham:
„Sara ist tot.
Bald werde auch ich
nicht mehr leben.
Dann bleibt Isaak allein zurück.
Ich will dafür sorgen,
dass er eine Frau bekommt,
eine Frau, die ihn liebt
und die auch Gott liebt.“

Und er rief seinen obersten Knecht
und bat ihn: „Geh und suche
für Isaak eine Frau aus,
eine Frau, die auf Gott hört,
nicht wie die Frauen,
die hier im Land Kanaan leben.
Darum mach dich auf
und zieh nach Haran
zu meinen Verwandten!
Dort wirst du die rechte Frau
für Isaak finden.“

Da sattelte der Knecht die Kamele,
lud reiche Geschenke auf,
nahm noch andere Knechte mit sich
und machte sich auf den Weg.

Nach vielen Wochen
kam er endlich nach Haran.
Am Brunnen vor der Stadt
machte er Halt mit seinen Kamelen.
Schon wurde es Abend.
Aus der Stadt kamen
Frauen und Mädchen
mit Krügen zum Brunnen,
um Wasser zu schöpfen.

Als der Knecht sie sah,
klopfte sein Herz.
Ob auch die Frau dabei war,
die er für Isaak suchte?
Aber wie sollte er sie
unter all den Frauen herausfinden?
Gott muss mir helfen,
dachte der Knecht,
sonst kann es mir nicht gelingen.
Und er betete:
„Du Gott Abrahams!
Lass es mir heute gelingen.
Sieh, hier steh ich und warte.
Gleich kommen die Frauen,
um Wasser zu schöpfen.
Bitte, gib mir ein Zeichen
und zeig mir die Frau,
die du für Isaak bestimmt hast!

Und dies soll das Zeichen sein:
Wenn ich eine Frau bitte:
‚Gib mir zu trinken!‘,
und wenn sie sagt:
‚Gerne! Trink nur!
Ich will deine Kamele auch tränken‘,
dann weiß ich,
dass sie die Frau ist,
die du für Isaak bestimmt hast.“

Und als er noch betete,
kam ein Mädchen zum Brunnen
und füllte ihren Krug mit Wasser.
Da bat sie der Knecht:
„Gib mir ein wenig zu trinken!“

„Gerne“, sagte das Mädchen, „trink nur!
Ich will deine Kamele auch tränken.“
Schnell nahm sie den Krug vom Kopf
und ließ ihn trinken.
Dann lief sie zum Brunnen zurück,
füllte noch einmal den Krug
und goss das Wasser
in die Tränke für die Kamele.
Und wieder lief sie zum Brunnen,
füllte noch einmal den Krug
und noch einmal, immer wieder,
bis alle Kamele genug hatten.

Der Knecht sah ihr erstaunt zu.
Gewiss war sie die Frau,
die er suchte!
Er holte seine Geschenke hervor,
einen Stirnreif aus Gold,
dazu glänzende Ringe,
schenkte sie dem Mädchen
und fragte freundlich:
„Sag doch, wer bist du?
Und wie heißt dein Vater?
Können wir bei euch übernachten?“

Da antwortete das Mädchen:
„Ich bin Rebekka, Betuels Tochter.
Ich lade euch ein.
Ihr könnt bei uns bleiben.
Wir haben zu Hause auch Stroh
und Futter für eure Kamele.“

Da staunte der Knecht noch viel mehr.
Denn Betuel
war mit Abraham verwandt.
„Gott sei gelobt!“, rief er.
„Nun bin ich gewiss:
Gott hat mich zu dir geführt.“

Als aber Rebekka hörte,
was der Knecht sagte,
lief sie nach Hause
und erzählte dort,
wer ihr begegnet war.
Da stand ihr Bruder Laban auf,
eilte dem Knecht entgegen
und rief:
„Sei gegrüßt, du Gesegneter!
Komm in unser Haus!
Es steht alles bereit.“
Und er führte ihn in sein Haus,
holte Wasser herbei,
wusch seine Füße
und setzte ihm Essen vor.

Aber der Knecht wollte nichts essen.
„Hört mich erst an!“, bat er.
„Kennt ihr noch Abraham,
euren Verwandten?
Er wohnte einst hier.
Nun lebt er im Land Kanaan,
weit weg von hier.
Ich bin sein Knecht.
Ich soll für seinen Sohn
eine Frau suchen.

Aber Gott hat sie schon ausgesucht:
eure Rebekka!“

Als sie das hörten,
riefen alle voll Staunen:
„Das kommt von Gott!
So soll es geschehen.
Isaak soll unsere Schwester
Rebekka bekommen.“

Und sie fragten Rebekka:
„Willst du ins Land Kanaan ziehen
und Isaaks Frau werden?“
„Ja“, sagte Rebekka.
„Ich will es.“

Am nächsten Morgen
stand der Knecht früh auf,
sattelte seine Kamele
und nahm Abschied.
Da nahm auch Rebekka
Abschied von ihrer Familie
und machte sich mit ihm
auf den Weg, Isaak entgegen.

Nach Wochen kamen sie
endlich bei Isaak an.
Dort erzählte der Knecht,
wie Gott ihn zu Rebekka geführt hatte.
Da glaubte auch Isaak:
Rebekka war die Frau,
die Gott ihm geschenkt hatte.
Voll Freude führte er sie in sein Zelt
und gewann sie sehr lieb.

Jakob und Esau

1. Mose 25,19–34

Isaak und Rebekka
wurden zwei Söhne geboren,
Esau und Jakob.
Sie waren Zwillinge.

Esau, der Erstgeborene,
war rötlich und rau
und hatte eine Haut wie ein Fell.
Als er älter wurde,
streifte er viel auf den Feldern umher
und jagte wilde Tiere.
Oft brachte er seinem Vater
einen fetten Braten nach Hause.
Das gefiel Vater Isaak.
Er mochte Esau gern leiden.

Jakob, der Jüngere,
war dagegen ganz anders.
Er blieb meist
bei seiner Mutter im Zelt.
Rebekka hatte Jakob
viel lieber als Esau.
Sie dachte: Jakob soll später
das Erbe bekommen, nicht Esau!
So hatte es Gott zu ihr gesagt.
Aber Isaak wollte das Erbe
Esau, dem Erstgeborenen, geben.
So war es damals Sitte im Land.

Eines Tages kam Esau
müde und hungrig
von der Jagd nach Hause.
Da sah er,
wie Jakob vor dem Zelt kochte.
Ein großer Topf
mit rötlicher Linsensuppe
dampfte über dem Feuer.
Esau roch den köstlichen Duft.

Das Wasser lief ihm
im Munde zusammen.

„Los, her mit der Suppe!“, rief Esau.
„Ich bin todmüde
und hab furchtbaren Hunger.“
Doch Jakob wehrte ab:
„Sag erst: Was gibst du dafür?“

Esau überlegte nicht lange.
„Nimm, was du willst!
Aber gib mir die Suppe!
Ich sterbe vor Hunger.“

„Gut“, sagte Jakob listig.
„Gib dein Versprechen:
Von jetzt an will ich der Erste sein,
und du bist der Zweite.“

„Was soll's!“, meinte Esau.
„Ich verspreche dir alles.
Aber gib endlich die Suppe!“

Da reichte ihm Jakob
den Topf mit der Suppe
und dazu noch das Brot.
Esau verschlang alles gierig.
Dann kehrte er Jakob den Rücken
und ging auf und davon.
Er sah nicht mehr,
wie Jakob hinter ihm
schadenfroh lachte.

Jakob bekommt den Segen

1. Mose 27

Jahre vergingen.
Vater Isaak war inzwischen alt
und gebrechlich geworden.
Und seine Augen waren so schwach,
dass er nichts mehr erkannte.

Da rief Isaak eines Tages
Esau zu sich und sagte:
„Bald muss ich sterben.
Dann sollst du das Erbe bekommen.
So geh nun auf die Jagd
und mach mir einen Braten,
wie ich ihn gern mag!
Dann will ich dich segnen
und dir alles übergeben,
bevor ich sterbe.“

Aber Rebekka hatte alles gehört.
Sogleich rief sie Jakob
und erzählte ihm alles.
„Auf“, befahl sie,
„hol schnell zwei Böckchen!
Die will ich schlachten und braten!
Du aber sollst den Braten
zum Vater bringen,
bevor Esau zurückkommt.
Dann wird er sicher glauben,
du seist sein Sohn Esau
und wird seinen Segen dir geben.“

„Das geht nicht gut aus“,
meinte Jakob erschrocken.
„Zwar ist unser Vater fast blind,
doch wird er es merken,
wenn er mich fühlt.
Sieh, meine Hände sind glatt.
Doch Esaus Hände sind rau.“

„Tu, was ich sage!“, drängte Rebekka.
„Überlege nicht lange!
Sonst ist es zu spät.“

Da lief Jakob zur Schafherde,
holte zwei Böckchen

und brachte sie seiner Mutter.
Die schlachtete sie schnell
und briet sie über dem Feuer.
Dann zog sie Jakob
ein Kleid von Esau über,
band Felle um seine Hände
und seinen Hals,
drückte ihm die Schüssel
mit dem Braten
und ein Stück Brot in die Hand
und schickte ihn zu Isaak ins Zelt.

„Mein Vater", rief Jakob,
„ich bin's, Esau, dein Sohn!
Ich bin wieder zurück von der Jagd
und hab einen guten Braten für dich.
Komm, setz dich
und lass es dir schmecken!"

„Was? Du, Esau?",
fragte Isaak erstaunt.
„Du bist schon zurück?
Wie ist das nur möglich?
Wie hast du deine Beute
so rasch gefunden?"
„Ganz einfach!", log Jakob.
„Gott hat mir's gegeben."

Aber Isaak zögerte noch.
„Komm näher, mein Sohn!
Ich will erst wissen,
ob du auch wirklich Esau bist.
Gib mir deine Hände,
damit ich sie fühle!"

Da reichte ihm Jakob die Hände.
„Wie sonderbar!", sagte Isaak zu sich.
„Die Hände sind rau
wie Esaus Hände.
Aber die Stimme klingt
wie Jakobs Stimme.
Sag, bist du auch wirklich Esau?"
„Ja", antwortete Jakob.
„Ich bin Esau."

Da gab sich Isaak endlich zufrieden.
Er aß von dem Braten
und trank den Wein,
den Jakob ihm reichte.
Dann bat er Jakob:
„Komm näher, mein Sohn,
und küsse mich!
Danach will ich dich segnen."

Da beugte sich Jakob herab
und gab Isaak einen Kuss.
Als aber Isaak das Kleid roch,
glaubte er sicher:
Esau stand vor ihm.
Er ließ ihn niederknien,
legte seine Hände auf ihn,
segnete ihn und sprach:
„Gesegnet bist du, mein Sohn!
Gott schenke dir Leben
und mache dich groß!
Gesegnet soll sein,
wer dich segnet."

Nun war es geschehen.
Leise schlich sich Jakob hinaus.

Nicht lange danach kam Esau
zurück von der Jagd.
„Mein Vater", rief er fröhlich,
„hier bin ich wieder, Esau, dein Sohn!
Ich habe einen guten Braten für dich.
Komm, setz dich auf
und lass es dir schmecken!"

„Was?", rief Isaak entsetzt.
„Du bist Esau?
Aber wer war der andere,

der soeben hier war?
Jakob war's!
Er hat dich betrogen!"

Da schrie Esau laut auf:
„Aber was wird nun aus mir?
Segne mich, Vater!
Sonst bin ich verloren."

„Ich kann nicht",
antwortete Isaak traurig.
„Ich habe schon Jakob
meinen Segen gegeben.
Er wird auch den Segen behalten."

Als Esau das hörte,
ballte er seine Fäuste
und zischte grimmig:
„Warte nur, Jakob!
Dich mache ich fertig.
Wenn unser Vater tot ist,
dann bringe ich dich um,
du gemeiner Betrüger!"
Und er stand auf
und ging wütend davon.

Jakob auf der Flucht

1. Mose 27,41–28,22

Endlich hatte Jakob erreicht,
was er sich gewünscht hatte!
Aber von nun an war Esau
sein erbitterter Feind.

Als Rebekka das sah,
rief sie heimlich Jakob zu sich.
„Du musst fliehen", drängte sie ihn.
„Sonst bringt dich Esau noch um.
Auf, flieh nach Haran
zu meinen Verwandten!
Und bleibe dort,
bis Esaus Zorn sich gelegt hat!"

Da hörte Jakob auf seine Mutter,
machte sich auf den Weg
und floh über die Berge.
Er wanderte ohne Pause,
bis die Nacht hereinbrach.
Aber wo sollte er schlafen?
Weit und breit gab es
kein Haus und kein Zelt,
wo er die Nacht zubringen konnte.
Da nahm Jakob einen Stein,
legte sich darauf nieder
und schlief ein.

In dieser Nacht hatte Jakob
einen seltsamen Traum:
Er sah eine Leiter,
die reichte bis an den Himmel.
Auf der Leiter stiegen Engel
hinauf und hinab.
Und Gott sah von oben auf ihn herab.

Und Gott sprach zu Jakob im Traum:
„Ich bin der Herr,
der Gott Abrahams
und der Gott Isaaks.
Ich will auch dein Gott sein.
Ich bin bei dir.
Ich behüte dich auf dem Weg.
Ich bringe dich auch wieder zurück.
Sieh her! Dieses Land,
auf dem du jetzt liegst,
will ich dir geben.
Deine Nachkommen
werden künftig hier wohnen."

Da wachte Jakob auf.
Er sprang auf von der Erde.

„Wahrhaftig!“, rief er,
„Wie heilig ist dieser Ort!
An dieser Stelle wohnt Gott
und ich wusste es nicht.
Hier ist das Haus Gottes!
Hier ist die Pforte des Himmels!“

Darauf nahm Jakob den Stein
auf dem er geschlafen hatte,
richtete ihn auf,
goss Öl darauf
und nannte den Ort Bethel,
das heißt „Haus Gottes“.

Und Jakob versprach feierlich:
„Wird Gott mich behüten
und wieder heimbringen,
dann will ich ihm an diesem Ort
ein Dankopfer darbringen
und Gott gehören,
mein Leben lang.“

Jakob im fremden Land

1. Mose 29 und 30

Danach brach Jakob von Bethel auf
und kam in die Gegend von Haran.
Dort traf er Hirten am Brunnen
und sprach sie an:
„Seid gegrüßt, Freunde!
Wo kommt ihr her?“
„Aus Haran“, antworteten sie.
„Dann kennt ihr auch meinen Onkel?
Laban heißt er.“
„Aber gewiss! Wir kennen ihn gut.
Sieh, da kommt gerade
seine Tochter Rahel zum Brunnen.“

Als aber Jakob Rahel sah,
lief er ihr entgegen,
küsste sie und weinte vor Freude.
Und er sagte zu ihr:
„Ich bin Jakob,
der Sohn von Rebekka.“

Da ließ Rahel ihre Schafe stehen
und rief ihren Vater herbei.
Der lief Jakob entgegen,
fiel ihm um den Hals
und rief: „Sei uns willkommen
und bleibe bei uns, solange du willst.“

So blieb Jakob bei Laban
und diente ihm als sein Hirte.
Nach einem Monat aber
sagte Laban zu Jakob:
„Du bist zwar mit uns verwandt,
doch sollst du dennoch Lohn
für deine Arbeit bekommen.
Sag, was soll ich dir geben zum Lohn?“

Jakob antwortete:
„Ich will keinen Lohn von dir haben.
Ich habe nur einen einzigen Wunsch:
Gib mir deine Tochter Rahel zur Frau!
Sieben Jahre will ich dir dafür dienen.“

Da willigte Laban ein.
Sieben Jahre lang diente ihm Jakob.
Aber ihm wurde die Zeit nicht lang.
Immerzu dachte er an Rahel
und freute sich schon
auf die Hochzeit mit ihr.

Nach sieben Jahren
war es endlich so weit.
Der Hochzeitstag war gekommen.
Laban bereitete ein Festmahl zu.
Am Abend führte er

die verschleierte Braut zu Jakob.
Aber wie erschrak Jakob am Morgen,
als er der Braut ins Gesicht sah!
Nicht Rahel war seine Braut,
sondern Lea, die ältere Schwester!

„Was hast du getan, Laban?",
rief Jakob empört.
„Du hast mich betrogen!
Du hast mir Lea zur Frau gegeben.
Aber hast du mir nicht
Rahel versprochen?"

Doch Laban antwortete listig:
„Warum regst du dich auf, Jakob?
Halte diese Woche bei Lea aus!
Dann will ich dir
auch noch Rahel zur Frau geben.
Dafür sollst du mir noch einmal
sieben Jahre lang dienen."

Da musste Jakob sich fügen.
So blieb er noch weitere
sieben Jahre bei Laban.
Und Laban gab ihm
auch Rahel zur Frau.

Mehr als zwanzig Jahre lang
blieb Jakob in Haran.
Oft dachte er an seinen Vater
und an seinen Bruder Esau zurück.
Beide hatte er damals betrogen.
Nun war er selbst von Laban betrogen.

Aber Gott hielt sein Versprechen.
Er segnete Jakob im fremden Land
und machte ihn groß.
Er schenkte ihm viele Kinder,
dazu auch viele Schafe,
Ziegen und Rinder.
So wurde aus dem einfachen Hirten
ein angesehener Mann.

Jakob kehrt heim

1. Mose 31–33

Viele Jahre lang
lebte Jakob im fremden Land.
Aber mit jedem Jahr sehnte er sich
mehr nach Hause zurück.
Ob ihm sein Bruder Esau
noch grollte?
Ob er es wagen durfte,
ihn wiederzusehen?

In jenen Tagen sprach Gott
zu Jakob im Traum:
„Auf, Jakob! Geh wieder
in deine Heimat zurück!
Und vertraue mir!
Ich gehe mit dir."

Da fasste Jakob Mut.
Er brach auf von Haran
mit seinen Frauen und seinen Kindern
und mit allem, was er besaß.

Nach Wochen sah Jakob endlich
in der Ferne das Land Kanaan.
Da schickte er Boten zu Esau voraus,
die sollten ihm ansagen:
„Jakob, dein Bruder, ist da!"

Aber bald darauf
kamen die Boten wieder zurück
und meldeten Jakob:
„Wir haben Esau getroffen.
Er zieht dir entgegen
mit 400 Mann."

Als Jakob das hörte,
erschrak er und verlor allen Mut.
Er überlegte bei sich: 400 Mann?
Das ist ja ein richtiges Heer!
Womöglich will Esau
Krieg mit mir führen?
Was soll ich nur tun?

Und Jakob betete zu Gott:
„Ach Herr!
Du hast mir bisher immer geholfen.
Du hast mich gesegnet
und reich gemacht.
Ich bin es nicht wert,
was du an mir getan hast.
Aber jetzt bitte ich dich:
Rette mich vor meinem Bruder!
Lass nicht zu,
dass er uns alle tötet!"

Danach suchte Jakob
in aller Eile aus seinen Herden
die schönsten Tiere aus:
Ziegen und Böcke, Schafe und Widder,
auch Kamele, Kühe und Esel,
eine riesige Herde.
Die schickte er
mit drei Knechten Esau entgegen.
Denn er dachte:
Ich will Esau
mit diesem Geschenk versöhnen.

Schon brach die Nacht herein.
Da schlug Jakob sein Zelt
am Fluss Jabbok auf.
Aber in dieser Nacht
fand Jakob keine Ruhe.
Er wälzte sich auf seinem Lager
und dachte voller Angst
an den kommenden Morgen.

Schließlich hielt es Jakob
nicht länger auf seinem Lager.
Er stand auf,
weckte seine Frauen und Kinder,
führte sie durch den Fluss,
wo das Wasser nicht tief war,
und brachte alle ans andere Ufer.
Er aber blieb allein zurück.

Doch plötzlich –
Jakob zuckte zusammen –
stand eine dunkle Gestalt vor ihm.
Sie sprang ihn an,
stürzte sich auf ihn
und hielt ihn im Griff.
Jakob wehrte sich.
Er schlug um sich,
krallte sich fest.
Da schlug der andere zu.
Er traf seine Hüfte.
Jakob spürte einen stechenden Schmerz.

Schon dämmerte es.
Ein neuer Morgen brach an.
Da dämmerte auch Jakob,
wer mit ihm gerungen hatte:
War es ein Engel Gottes?
Oder war es etwa Gott selbst?
„Lass mich gehen!", sprach dieser.
„Die Morgenröte bricht an."
Aber Jakob hielt ihn fest.
„Nein, ich lasse dich nicht.
Segne mich erst!"
Er aber fragte:
„Wie heißt du?"
„Jakob heiße ich."
Da sprach er:
„Ab heute sollst du
einen neuen Namen bekommen.
ISRAEL, ‚Gotteskämpfer',
soll man dich nennen.

Denn du hast mit Gott
und mit Menschen gekämpft –
und hast den Kampf bestanden.“
„Aber wie heißt du?“,
fragte Jakob zurück.
„Warum fragst du mich danach?“,
sprach jener.
Und er segnete Jakob.

Da nannte Jakob den Ort Pnuël,
das heißt „Angesicht Gottes“.
Denn so sprach er:
„Ich habe Gott von Angesicht gesehen.
Und doch blieb mein Leben bewahrt.“
Nun hatte er Mut,
seinem Bruder entgegenzugehen.

In diesem Augenblick
ging Jakob die Sonne auf.
In der Ferne sah er Esau
mit seinen Männern kommen.
Schnell stellte er Frauen und Kinder
in Reih und Glied auf.
Er selbst aber ging ihnen voran.
Getroffen vom Schlag auf die Hüfte
zog er hinkend Esau entgegen.
Siebenmal verneigte er sich
vor seinem Bruder bis auf die Erde.
Doch Esau eilte auf ihn zu,
küsste ihn
und fiel ihm um den Hals.

Da war mit einem Mal
alle Angst verflogen.
Die Brüder lagen sich in den Armen
und weinten vor Freude.

Und beide spürten:
Gott hatte sie miteinander versöhnt!

Josef und seine Brüder

1. Mose 37

Dies ist die Geschichte von Josef,
dem Sohn von Jakob und Rahel.
Vater Jakob hatte zwölf Söhne,
aber er liebte Josef mehr
als die anderen Söhne,
weil er ihm noch im Alter geboren war.
Er schenkte Josef ein prächtiges Gewand,
einen bunten Ärmelrock,
der ihn vor anderen hervorhob.

Aber seine Brüder
waren neidisch auf Josef,
weil Vater Jakob ihn allen vorzog.
Auch ärgerten sie sich,
weil Josef sie oft bei ihrem Vater verriet
und schlecht von ihnen redete.
So groß war ihr Ärger, dass sie bald
kein freundliches Wort mehr
für Josef fanden.

Einmal hatte Josef
einen seltsamen Traum.
Den erzählte er seinen Brüdern:
„Hört, was ich geträumt habe!
Ich sah im Traum ein Kornfeld vor mir.
Das Korn war geschnitten
und wir banden es in Garben zusammen.
Jeder von uns band eine Garbe.
Aber meine Garbe war die größte.
Sie stand in der Mitte.
Und alle eure Garben
verneigten sich vor meiner Garbe.“

Aber die Brüder fuhren Josef an:
„Du willst wohl
etwas Besseres sein als wir?
Willst du etwa unser König werden?“

Und sie ärgerten sich
noch mehr über Josef.

Wenig später hatte Josef
noch einen zweiten Traum.
Auch den erzählte er
seinem Vater und seinen Brüdern:
„Stellt euch vor,
Sonne, Mond und elf Sterne
kamen vom Himmel herab
und verneigten sich vor mir."

„Was für ein Traum!",
rief Vater Jakob erschrocken.
„Sollen wir alle zu dir kommen
und vor dir niederfallen,
dein Vater, deine Mutter
und deine elf Brüder?
Was bildest du dir ein?"
Aber im Stillen dachte Jakob:
Ich will mir den Traum merken.
Vielleicht hat Gott wirklich
Großes mit Josef vor?

*

Eines Tages waren die Brüder
mit ihren Schafen unterwegs.
Da sahen sie Josef kommen.
Jakob hatte ihn hergeschickt.

„Seht!", riefen die Brüder grimmig.
„Da kommt der Träumer.
Endlich haben wir ihn.
Jetzt können wir mit ihm tun,
was wir wollen.
Wisst ihr, was wir machen?
Wir schlagen ihn einfach tot
und werfen ihn in eine Grube.
Aber dem Vater sagen wir:
‚Ein wildes Tier hat Josef gefressen.'
Dann wollen wir sehen,
was aus seinen Träumen wird."

„Nein", riet Ruben, der älteste Bruder.
„Tötet ihn nicht!
Werft ihn lieber lebendig
in die Grube!"

Das war den Brüdern auch recht.
Sie fielen über Josef her,
rissen ihm sein Kleid vom Leib
und warfen ihn in eine leere Zisterne.
Josef weinte und schrie.
Aber die Brüder
hörten nicht auf ihn.
Sie setzten sich hin,
fingen an zu essen
und taten so,
als sei nichts geschehen.

Nach einer Weile kam eine Karawane
mit Kaufleuten und Kamelen vorbei.
Da schlug Juda, einer der Brüder, vor:
„Wisst ihr, was wir machen?
Wir verkaufen Josef an die Kaufleute.
Dann müssen wir ihn nicht töten
und sind ihn dennoch für immer los."
So zogen sie Josef aus der Zisterne
und verkauften ihn
für zwanzig Silberstücke.

Ruben aber war nicht dabei,
als die Brüder Josef verkauften.
Als er am Abend zurückkam,
hörte er, was geschehen war.
Entsetzt rief er:
„Wenn das unser Vater hört!
Was sollen wir nun machen?"

Aber auch dafür wussten die Brüder Rat.
Sie holten einen Ziegenbock

von der Herde
und schlachteten ihn.
Dann nahmen sie Josefs Kleid,
tauchten es in das Blut
und übergaben es einem Knecht.
„Lauf schnell zu unserem Vater!“,
befahlen sie dem Knecht.
„Und gib ihm dieses Kleid!
Sag ihm: Wir haben es gefunden.“

Da lief der Knecht zu Jakob,
gab ihm das Kleid
und erzählte ihm alles,
was die Brüder gesagt hatten.

Als aber Jakob das Kleid sah,
zerriss er sein Gewand,
weinte und schrie:
„Josef ist tot! Josef ist tot!
Ein wildes Tier hat ihn gefressen.“
Und niemand konnte ihn trösten.

Josef in Ägypten

1. Mose 39

Die Kaufleute brachten Josef
nach Ägypten.
Dort verkauften sie ihn an Potifar,
einen hohen Beamten des Königs.

Josef wurde Sklave in Potifars Haus.
Er arbeitete jeden Tag
von morgens bis abends.
Aber was Josef auch anpackte,
machte er richtig,
drinnen im Haus
und draußen im Freien.
Gott war mit ihm
und ließ es ihm gelingen.

Als Potifar das sah,
rief er Josef zu sich und sagte:
„Von nun an sollst du
mein Verwalter sein.
Alles in meinem Haus
will ich dir übergeben.
Und auch alle anderen Sklaven
sollen dir gehorchen.“

Aber die Frau Potifars
hatte anderes mit Josef vor.
„Komm!“, flüsterte sie ihm zu.
„Sei mein Geliebter!“
„Nein!“, rief Josef erschrocken.
„Das kann ich Potifar nicht antun.
Und Gott will es auch nicht.
Sieh, dein Mann hat mir
alles im Haus anvertraut.
Aber du gehörst nur ihm allein.“

Doch die Frau ließ Josef keine Ruhe.
Immer wieder versuchte sie,
ihn zu verführen.

Eines Tages waren die beiden
allein zu Hause.
Da hielt die Frau Josef am Gewand fest
und redete auf ihn ein:
„Tu, was ich dir sage!
Leg dich zu mir!“
Aber Josef riss sich von ihr los
und rannte ohne Gewand davon.

Als die Frau das sah,
schrie sie laut, so laut,
dass es durch das ganze Haus hallte.
Sogleich eilten von allen Seiten
die Sklaven herbei.

„Seht“, rief die Frau,
„was Josef mir angetan hat!

Er wollte sich zu mir legen.
Aber ich schrie laut um Hilfe.
Da ließ er sein Gewand fallen
und rannte davon."
Und als Beweis legte sie neben sich
Josefs Gewand und wartete,
bis ihr Mann heimkehrte.

Als aber Potifar hörte,
was seine Frau ihm erzählte,
packte ihn furchtbarer Zorn.
„Nehmt sofort Josef gefangen",
schrie er.
„Und werft ihn ins Gefängnis!"

Und so geschah es.
Aber niemand fragte danach,
was in Wahrheit geschehen war.
Auch Potifar nicht.

Josef im Gefängnis

1. Mose 40

Nun saß Josef im Gefängnis
unter lauter Verbrechern.
Aber Josef war anders als sie.
Das merkte auch bald
der Gefängniswärter.
Er übertrug Josef alle Arbeiten,
die es im Gefängnis zu tun gab.

Josef machte seine Arbeit so gut,
dass der Wärter sich bald
um nichts mehr kümmern musste.
Gott war mit Josef
und ließ es ihm gelingen.

Unter den Gefangenen
waren auch zwei Hofbeamte
des Königs von Ägypten.
Der eine war Mundschenk.
Er hatte dem König immer
den Wein eingeschenkt.
Der andere war Bäcker.
Er hatte das Brot
für den König gebacken.
Aber beide waren beim König
in Ungnade gefallen.

Eines Morgens,
als Josef zu den Gefangenen kam,
ließen beide den Kopf hängen.
„Was fehlt euch?", fragte sie Josef.
„Warum seht ihr so traurig aus?"
„Ach, wir hatten beide
einen seltsamen Traum.
Und wir wissen nicht,
was er bedeutet."

„Erzählt mir,
was ihr geträumt habt!", bat Josef.
„Vielleicht zeigt mir Gott,
was eure Träume bedeuten."

Da erzählte der Mundschenk:
„Ich sah einen Weinstock
mit drei Reben,
die hingen voller Trauben.
Ich hielt den Becher des Königs
in meiner Hand,
nahm die Trauben,
drückte sie aus
und ließ den Saft in den Becher tropfen.
Den reichte ich dem König,
und er trank daraus."

„Das ist ein guter Traum!",
meinte Josef erfreut.
„Die drei Reben bedeuten drei Tage.
In drei Tagen

wirst du wieder frei sein.
Und der König wird dich
wieder zum Mundschenk machen.“
Und Josef fügte hinzu:
„Wenn du zum König kommst,
dann denk an mich!
Bitte ihn,
dass er mich herausholt!
Denn ich bin unschuldig hier.“

Da fasste sich der Bäcker ein Herz
und erzählte auch seinen Traum:
„Ich ging auf der Straße
und trug drei Körbe
auf meinem Kopf.
Im obersten Korb
hatte ich köstlichen Kuchen.
Den sollte der König essen.
Aber da kamen Vögel,
die setzten sich auf den Korb
und fraßen alles auf.“

Als Josef diesen Traum hörte,
erschrak er:
„Dein Traum bedeutet nichts Gutes!
In drei Tagen wirst du gehängt.
Und die Vögel werden
dein Fleisch auffressen.“

Und wirklich:
Nach drei Tagen geschah,
was Josef vorausgesagt hatte.
Der Mundschenk wurde
wieder in sein Amt eingesetzt.
Der Bäcker aber wurde gehängt.

Aber der Mundschenk vergaß,
was er Josef versprochen hatte.

Josef vor dem Pharao

1. Mose 41

Es war Nacht.
Der Pharao, König von Ägypten,
schlief in seinem Palast.
Er hatte in dieser Nacht
einen seltsamen Traum:
Er stand am Ufer des Nil.
Da stiegen aus dem Fluss
sieben schöne und fette Kühe,
die grasten am Ufer.

Danach stiegen noch einmal
sieben Kühe aus dem Wasser.
Aber sie waren hässlich und mager.
Sie fraßen die fetten Kühe auf.

Und noch einen Traum
hatte der Pharao in dieser Nacht:
Er sah einen Getreidehalm vor sich.
Aus ihm wuchsen sieben Ähren,
schöne, dicke Kornähren.

Danach sah er einen anderen Halm.
Aus ihm wuchsen auch sieben Ähren.
Aber sie waren dürr und leer.
Sie verschlangen die dicken Ähren.

Da wachte der Pharao auf.
Unruhig wartete er,
bis der Morgen anbrach.
Dann rief er sogleich
alle seine Gelehrten herbei
und erzählte ihnen,
was er geträumt hatte.
„Sagt mir“, befahl er,
„was die Träume bedeuten!“
Aber die Gelehrten
sahen ihn verlegen an.
Sie konnten die Träume nicht deuten.

Da hörte der Mundschenk,
was der Pharao geträumt hatte.
Plötzlich fiel ihm Josef wieder ein.
Wenn doch nur Josef hier wäre!,
dachte er bei sich.
Josef könnte sicher sagen,
was die Träume bedeuten.
Und er ging zum Pharao,
verneigte sich vor ihm und sagte:
„Ich kenne einen Gefangenen.
Der kann Träume deuten.
Er hat auch mir vor Jahren
meinen Traum gedeutet,
als ich im Gefängnis saß.
Alles traf so ein,
wie er es vorausgesagt hatte."
„Dann holt ihn sofort her!",
befahl der Pharao.
„Worauf wartet ihr noch?"

Da holten sie Josef
aus dem Gefängnis,
schoren seine Haare,
zogen ihm ein neues Gewand an
und führten ihn vor den Pharao.
Der wartete schon ungeduldig auf ihn.
„Ist es wahr?", fragte dieser,
„kannst du Träume deuten?"
„Nein", antwortete Josef.
„Ich kann es nicht.
Aber Gott wird mir sagen,
was die Träume bedeuten."
Da erzählte der Pharao,
was er geträumt hatte.
Josef aber sagte zum König:
„Beide Träume bedeuten dasselbe.
Sieben Jahre lang
wird es in Ägypten viel Korn geben.
Aber danach kommen
sieben schlechte Jahre.
Kein Korn wird mehr
auf den Feldern reifen.
Alle Menschen werden hungern.
Darum ist dies mein Rat:
Man baue große Lagerhäuser
und setze einen klugen Verwalter ein,
der das Korn sammelt
und die Lagerhäuser füllt!
Und wenn die Hungersnot kommt,
soll er es an die Leute verkaufen."

„Das ist gut!", meinte der König.
„Dein Plan gefällt mir.
Du sollst ihn selbst ausführen.
Ab heute bist du in Ägypten
der zweitmächtigste Mann."
Und er gab Josef
seinen kostbaren Siegelring,
legte ihm einen Mantel um
und hängte eine goldene Kette
um seinen Hals.
Danach schickte er ihn
in seinem Königswagen
durch das ganze Land
und ließ in allen Städten
vor ihm her ausrufen:
„Dies ist der Mann,
dem der König alle Macht übergeben hat.
Ihm sollt ihr gehorchen."

Josefs Brüder in Ägypten

1. Mose 42

Bald darauf traf ein,
was Josef vorhergesagt hatte.
Es gab Korn in Fülle.
Alle konnten essen,
so viel sie wollten.
Und es blieb immer noch

genug Korn übrig,
mehr als genug.

Da ließ Josef große Speicher bauen
und füllte sie mit Korn,
eine riesige Menge,
so viel wie der Sand am Meer.

Aber nach sieben Jahren
kam eine Dürrezeit.
Es regnete nicht mehr.
Die Sonne versengte das Land.
Die Erde trocknete aus.
Auf den Feldern verdorrte
das Korn in den Ähren.
Und in allen Ländern brach
eine große Hungersnot aus.

Da kamen die Menschen
in großen Scharen zu Josef
und baten ihn:
„Verkauf uns von deinem Korn,
damit wir nicht verhungern!"
Und Josef öffnete seine Speicher
und verkaufte ihnen Korn,
so viel sie brauchten.

*

Eines Tages aber
kamen zehn Männer von weit her,
um Korn bei Josef zu kaufen.
Als Josef sie sah,
traute er seinen Augen nicht.
Vor ihm standen –
seine eigenen Brüder!
Sie warfen sich vor ihm auf die Erde
wie vor einem König.
Genauso hatte er es einst
in seinem Traum vorhergesehen.
Josef überlegte:
Ob seine Brüder
auch ihn erkannten?
Nein, sie ahnten gewiss nicht,
wer vor ihnen stand!
Da beschloss Josef,
seine Brüder auf die Probe zu stellen.

„Wer seid ihr?", fragte er streng.
„Und woher kommt ihr?"
„Aus dem Land Kanaan",
antworteten sie.
„In unserem Land
gibt es kein Korn mehr.
Darum sind wir hierher gekommen,
um Korn zu kaufen."

„Nein", entgegnete Josef.
„Ihr lügt! Spione seid ihr!
Ihr wollt unser Land ausspionieren."

„Aber nein!",
erwiderten die Brüder erschrocken.
„Wir sind ehrliche Leute
und gehören alle zu einer Familie.
Zwölf Brüder sind wir.
Aber zwei Brüder fehlen.
Der jüngste Bruder
ist bei unserem Vater geblieben.
Und der zweitjüngste,
der lebt schon lange nicht mehr."

Doch Josef unterbrach sie:
„Ich glaube euch nicht.
Bringt euren jüngsten Bruder zu mir!
Dann will ich euch glauben."
Darauf ließ er
alle zehn Brüder einsperren.

Aber nach drei Tagen
ließ er sie wieder frei
und befahl ihnen:

„Nehmt nun euer Korn
und zieht mit ihm nach Hause!
Aber kommt bald wieder zurück
und bringt euren jüngsten Bruder mit!
Dann will ich sehen,
ob ihr ehrliche Leute seid.
Einer von euch soll so lange
als Geisel hierbleiben,
bis ihr zurückkommt."

Die Brüder sahen sich entsetzt an.
„Seht", sagten sie zueinander,
„das ist die Strafe für alles,
was wir Josef angetan haben.
Wisst ihr noch, wie er uns anflehte,
als wir ihn in die Grube warfen?
Aber wir hörten nicht auf ihn."
„Ich habe es euch ja gesagt",
warf ihnen Ruben vor.
„Aber ihr habt nicht auf mich gehört.
Nun müssen wir dafür büßen."

Als Josef das hörte,
wandte er sich ab
und wischte sich verstohlen
Tränen aus seinen Augen.
Dann nahm er Simeon, seinen Bruder,
als Geisel und sperrte ihn ein.
Aber die anderen Brüder
ließ er ziehen.

Als aber die Brüder zu Hause
ihre Kornsäcke ausleerten,
fanden sie in jedem Sack
einen Beutel mit Geld.
Die Brüder sahen sich bestürzt an.
„Das ist doch das Geld,
das wir dem Ägypter
für das Korn gezahlt haben",
riefen sie erschrocken.
„Wie kommt es wieder
in unseren Kornsack?
Am Ende denkt der Ägypter,
wir hätten ihn betrogen."

Aber niemand kam auf den Gedanken,
dass der Ägypter das Geld absichtlich
in ihren Sack gesteckt hatte.
Und niemand ahnte,
dass dieser Ägypter
in Wahrheit ihr Bruder war.

Josef söhnt sich aus

1. Mose 43–45

Nach einiger Zeit kamen die Brüder
wieder nach Ägypten,
um Korn zu kaufen.
Diesmal empfing sie Josef
in seinem eigenen Haus
und sieh – da wartete schon
Simeon, ihr Bruder, auf sie!
Josef begrüßte sie freundlich:
„Sagt, wie geht es eurem alten Vater?
Lebt er noch?"
Aber plötzlich entdeckte er
Benjamin unter den Brüdern.
Da war es um Josef geschehen.
Er fragte:
„Ist das euer jüngster Bruder?
Gott sei dir gnädig, mein Sohn!"
Er eilte hinaus,
lief in seine Kammer
und weinte sich aus.

Als er sich wieder gefasst hatte,
kehrte er zu seinen Brüdern zurück
und lud sie zum Mahl ein.
Was hat dies alles zu bedeuten?,
überlegten die Brüder.

Warum ist der Ägypter plötzlich
so freundlich zu uns?
Und warum bekommt Benjamin
fünfmal so viel zu essen wie wir?

Aber Josef ließ sich nichts anmerken.
Nach dem Essen befahl er
heimlich seinem Verwalter:
„Fülle den Männern
die Säcke mit Korn
und leg das Geld wieder hinein,
das sie gezahlt haben!
Aber bei Benjamin leg noch
meinen silbernen Becher hinzu!“

Die Brüder aber ahnten nicht,
was mit ihren Säcken geschah.
Am nächsten Morgen
standen sie früh auf,
luden die Säcke auf ihre Esel
und zogen fröhlich davon.

Aber kaum hatten sie sich
von der Stadt entfernt,
holte sie Josefs Verwalter
auf seinem Pferd ein.
„Halt!“, rief er zornig.
„Bleibt stehen, ihr Diebe!
Ihr habt meinem Herrn
den silbernen Becher gestohlen.“

„Das ist nicht wahr!“,
riefen die Brüder empört.
„Wir sind keine Diebe.
Wir haben den Becher nicht.
Schau selbst in unseren Säcken nach!
Wenn du den Becher dort findest,
wollen wir euch als Sklaven dienen.“

„Recht so!“, sagte der Verwalter.
„Mein Herr wird den Dieb
zum Sklaven machen.
Die anderen aber sind frei.“

Da luden die Brüder
ihre Säcke von den Eseln,
banden sie auf
und zeigten sie dem Verwalter.
Der aber durchsuchte alle Säcke,
auch Benjamins Kornsack.
Und tatsächlich!
Aus seinem Sack
zog er den silbernen Becher hervor.

Die Brüder waren sprachlos.
Wie kam nur der Becher
in Benjamins Kornsack?
Was würde nun aus Benjamin?
Schnell luden sie wieder
die Säcke auf ihre Esel
und zogen mit Benjamin
zu Josef zurück,
warfen sich vor ihm auf die Erde
und stammelten:
„Wir alle sind schuldig.
Mach uns alle zu deinen Sklaven!“

„Aber nein!“,
fiel ihnen Josef ins Wort.
„Nur der soll mein Sklave sein,
der den Becher gestohlen hat.“

Da stand Juda auf und sprach:
„Ach Herr, erlaube mir eine Bitte!
Mach mich zum Sklaven
an Benjamins Stelle!
Wenn Benjamin nicht zurückkommt,
dann stirbt unser Vater vor Kummer.
Er hat schon einen Sohn
auf diese Weise verloren.“

Als Josef das hörte,
hielt er nicht länger an sich.
Schnell schickte er
alle seine Diener hinaus.
„Seht her!“, rief er.
„Seht, wer vor euch steht!
Ich bin Josef, euer Bruder,
den ihr als Sklaven verkauft habt.
Sagt mir: Wie geht es unserem Vater?
Lebt er wirklich noch?“

Die Brüder aber
starrten Josef entsetzt an.
Sie brachten vor Schreck
kein einziges Wort heraus.
Der mächtige Ägypter,
vor dem alle zitterten,
der war ihr Bruder?
Derselbe Bruder, den sie einst
als Sklaven verkauft hatten!
Nun war es um sie geschehen.
Sie waren in Josefs Hand.
Er konnte mit ihnen machen,
was er wollte.

Aber Josef redete ihnen gut zu:
„Steht auf! Kommt näher!
Seht mich an!
Ich bin wirklich Josef.
Habt keine Angst vor mir!
Ich bin nicht euer Feind.
Ihr habt es zwar
böse mit mir gemeint.
Aber Gott hat es gut
mit uns allen gemeint.
Er hat mich nach Ägypten geschickt,
damit ihr jetzt nicht verhungert.
Darum zieht schnell
zu unserem Vater zurück!
Grüßt ihn von mir
und richtet ihm aus:
‚Komm nach Ägypten!
Dort will ich dich
und deine Familie versorgen,
solange die Hungersnot anhält.‘“

Aber die Brüder waren
immer noch starr vor Schreck.
Da ging Josef auf sie zu,
fiel ihnen um den Hals,
küsste sie und weinte vor Freude.

Nun kam auf einmal Leben
in seine Brüder.
Sie lachten.
Sie umarmten sich.
Und sie erzählten Josef
von ihrem Vater Jakob,
der immer noch
um seinen Sohn trauerte.

Als aber der Pharao hörte,
wer zu Josef gekommen war,
ließ er den Brüdern sagen:
„Kommt mit eurem Vater hierher
und wohnt bei uns!
Das ganze Land steht euch offen.“

Da machten sich die Brüder
sogleich auf den Weg, um dem Vater
die gute Nachricht zu bringen:
„Josef, dein Sohn, lebt!“

Jakob zieht nach Ägypten

1. Mose 46–50

Viele Wochen waren vergangen,
seitdem Josefs Brüder
von Kanaan aufgebrochen waren.
Indessen wartete zu Hause

Jakob ungeduldig auf sie.
Tag für Tag hielt er bange
nach seinen Söhnen Ausschau.
Endlich sah er sie von ferne kommen,
mit Wagen und Eseln, reich beladen.
„Gute Nachricht, Vater!“,
riefen sie ihm fröhlich entgegen.
„Josef, dein Sohn, lebt!
Er herrscht über ganz Ägypten.“
Und begeistert erzählten sie alles,
was sie in Ägypten erlebt hatten
und was Josef zu ihnen gesagt hatte.

Aber Jakob starrte sie ungläubig an.
Kein Wort der Freude
kam über seine Lippen.
„So glaub uns doch!“,
riefen seine Söhne.
„Sieh diese Wagen!
Josef schickt sie zu dir.
Er lässt dir sagen:
Komm nach Ägypten!
Dort kannst du bleiben,
solange hier Hungersnot herrscht.“

Als aber Jakob die Wagen sah,
kam auf einmal wieder Leben in ihn.
Glücklich rief er: „Josef lebt!
Was will ich noch mehr?
Ich will ihn sehen, ehe ich sterbe.
Auf, packt eure Sachen zusammen!
Und spannt die Wagen an!
Wir ziehen nach Ägypten.“

Da machten sich alle
auf den Weg nach Ägypten:
Männer, Frauen und Kinder,
dazu alle Tiere.

Jakob aber fuhr ihnen
im Wagen voraus,
Josef entgegen.
Als sie nicht mehr weit
von Ägypten waren,
kam ihnen schon Josef
in seinem Wagen entgegen.
„Mein Vater!“, rief Josef.
Er sprang aus dem Wagen,
eilte auf Jakob zu,
fiel ihm um den Hals
und weinte vor Freude.

„Mein Sohn, du lebst!“,
rief Jakob bewegt.
„Was will ich noch mehr?
Nun kann ich getrost sterben.“

„Nein“, antwortete Josef,
„nicht sterben, leben sollst du.
In diesem Land
sollst du wohnen,
du und deine ganze Familie,
bis die Hungersnot vorüber ist.“

So blieb Jakob in Ägypten
und wohnte dort
mit seiner ganzen Familie.
147 Jahre alt wurde Jakob.
Er sah, wie seine Enkel
und Urenkel heranwuchsen.
Und er segnete alle, bevor er starb.

Jakobs Familie aber wuchs immer mehr
und breitete sich aus
wie Sand am Meer,
wie Gott es Abraham
verheißen hatte.

3

Gott führt sein Volk

Gott hatte sein Versprechen erfüllt.
Aus Abrahams Familie
war ein großes Volk geworden.
Aber dieses Volk lebte nun
im fremden Land Ägypten.

Und es war ungewiss,
wann es wieder nach Kanaan
heimkehren würde,
in das Land, das Gott
Abraham und seinen Nachkommen
versprochen hatte.

Zu diesem Kapitel vergleiche die Hinweise im dritten Teil Seite 267ff.

In Ägypten

2. Mose 1

Vater Jakob lebte nicht mehr.
Auch Josef und seine Brüder
waren längst tot.
Aber die Kinder Josefs
und seiner Brüder
lebten immer noch in Ägypten.
Sie waren schon alt
und hatten selbst wieder Kinder,
Enkel und Urenkel,
eine riesengroße Familie,
so groß wie ein ganzes Volk.
Israeliten nannten sie sich
nach dem Stammvater Jakob,
der auch Israel hieß.

Zu dieser Zeit kam in Ägypten
ein neuer König auf den Thron,
der mächtige Pharao.
Der wusste nichts mehr
von Jakob und Josef.
Er ärgerte sich über das fremde Volk.
Und er sagte zu den Ägyptern:
„Was wollen die Fremden
in unserem Land?
Es sind schon viel zu viele.
Wer weiß?
Bald gibt es mehr Israeliten
als Ägypter im Land.
Eines Tages werden sie
gegen uns kämpfen.
Aber so weit darf es nicht kommen.
Wir werden sie unterdrücken
und Sklaven aus ihnen machen.
Dann müssen wir uns nicht mehr
vor ihnen fürchten."
Und er gab den Befehl aus:
„Alle Israeliten
sollen für mich arbeiten!
Meine Sklaven sollen sie werden!"

Von nun an
mussten die Israeliten
jeden Tag schwer arbeiten,
vom frühen Morgen an
bis zum späten Abend.
Ziegelsteine mussten sie
aus Lehm formen.
Häuser mussten sie bauen.
Ja, ganze Städte mussten sie
für den Pharao errichten.
Und der Pharao setzte
Ägypter als Aufseher ein,
die trieben die Israeliten
mit der Peitsche an.
Und wenn die Israeliten müde wurden,
schlugen die Aufseher
unbarmherzig auf sie ein.

Aber das Volk Israel wuchs trotzdem.
Es wurde immer größer.
Je mehr die Ägypter es plagten,
desto zahlreicher wurde das Volk.
Dem Pharao wurde ganz unheimlich,
wenn er das Volk sah.

Schließlich dachte er sich
einen grausamen Plan aus.
Er befahl allen Ägyptern:
„Geht zu den Israeliten!
Dringt in ihre Häuser ein!
Und seht nach,
wo ein Sohn geboren wurde!
Und wenn ihr einen findet,
packt ihn und werft ihn in den Nil!"

Da gehorchten die Ägypter.
Sie drangen in die Häuser ein.
Sie durchsuchten alle Winkel.

Und wo sie einen Neugeborenen fanden,
rissen sie ihn von seiner Mutter los
und nahmen ihn mit.
Da half kein Betteln und Weinen.
Die Ägypter taten,
was der Pharao befohlen hatte.

Mose

2. Mose 2,1–10

Zu dieser Zeit
brachte eine Israelitin
ein Kind zur Welt.
Als sie sah, dass es ein Sohn war,
erschrak sie und sagte zu sich:
„Was für ein schönes Kind!
Es soll nicht sterben
wie die anderen Kinder.
Ich will, dass es lebt!"

Schnell verbarg sie das Kind.
Aber kein Ägypter kam in das Haus.
Niemand entdeckte das Kind.
Tage und Wochen vergingen.
Drei Monate gingen ins Land.
Das Kind wuchs
und seine Stimme wurde
von Tag zu Tag lauter.
Da konnte es die Mutter nicht
länger im Haus verbergen.

Was sollte sie tun?
Schließlich fasste sie
einen kühnen Entschluss:
Sie ging zum Ufer des Nil,
holte sich Schilfgras
und flocht daraus ein Kästchen.
Das verschmierte sie außen mit Pech,
sodass kein Wasser eindringen konnte.
Dann legte sie ihr Kind
in das Kästchen,
trug es heimlich zum Fluss
und versteckte es am Ufer
zwischen dem Schilfgras.
Danach lief sie schnell
nach Hause zurück.
Niemand durfte merken,
was sie getan hatte.

Da lag nun das Kind
in seinem Kästchen auf dem Nil,
mutterseelenallein.
Nur Mirjam, die ältere Schwester,
hielt heimlich Wache am Ufer.
Aber plötzlich horchte sie auf.
Stimmen wurden laut.
Schritte kamen näher.
Mirjam spähte
zwischen dem Schilfgras hervor.
Da sah sie eine Schar Mädchen
zum Baden kommen.

Doch mitten unter ihnen –
wen entdeckte sie da?
Die Tochter des Pharao!
Die Tochter des gefürchteten Königs!
Sie kam mit ihren Dienerinnen
zum Nil, um zu baden,
und ging geradewegs
auf das Wasser zu.
Plötzlich blieb sie stehen.
Sie zeigte auf das Schilf.
„Seht doch!", rief sie.
„Seht, was dort schwimmt!
Ein geflochtenes Kästchen!
Holt es schnell aus dem Wasser!
Ich will wissen,
was darin versteckt ist."

Da holte eine Dienerin
das Kästchen aus dem Wasser
und brachte es der Königstochter.
Die nahm das Kästchen,
öffnete es und schaute hinein.
Da sah sie das Kind.
Es weinte und blickte zu ihr hoch.
„Das arme Kind!",
rief die Königstochter voll Mitleid.
„Sicher gehört es zu den Israeliten.
Es darf aber nicht sterben
wie die anderen Kinder.
Ich will es retten.
Mein Kind soll es werden.
Und Mose will ich es nennen,
das heißt: ‚aus dem Wasser gezogen'.
Denn ich habe es gefunden
und aus dem Wasser geholt.
Und ich will für das Kind
wie eine Mutter sorgen."

Als Mirjam das hörte,
kam sie schnell
aus ihrem Versteck hervor,
verneigte sich und sagte:
„Ich kenne eine Frau,
die kann das Kind stillen.
Soll ich sie holen?"
„Ja", bat die Königstochter,
„hol sie schnell her!"

Da lief Mirjam nach Hause
und holte – ihre eigene Mutter!
Aber die Königstochter
wusste nicht, wer sie war.
Sie sagte zu ihr:
„Sieh, dieses Kind habe ich
im Wasser gefunden.
Kannst du es stillen?
Ich will dir's auch bezahlen.
Nimm es an dich
und sorge gut für das Kind!
Doch wenn das Kind alt genug ist,
will ich es selbst haben.
Dann soll es bei mir wohnen."

Die Mutter wusste nicht,
wie ihr geschah.
Glücklich trug sie das Kind
nach Hause,
ihr eigenes Kind!
Nun musste sie es nie mehr verstecken,
auch nicht vor den Soldaten des Königs.

Mose muss fliehen

2. Mose 2,11–15

Drei Jahre lang
blieb Mose bei seiner Mutter.
Danach nahm ihn Pharaos Tochter
zu sich in den Palast.
Dort bekam Mose kostbare Kleider
und eigene Diener und Lehrer.
Mose sah nun aus wie ein Ägypter
und sprach auch wie ein Ägypter.
Aber er blieb dennoch ein Israelit.
Er konnte sein Volk nicht vergessen.

Jahre vergingen.
Inzwischen war Mose erwachsen.
Da verließ er den Königspalast
und suchte die Israeliten auf.
Aber wie erschrak er,
als er sie arbeiten sah!
Sie plagten sich ab.
Sie keuchten und stöhnten.

Auf einmal hörte Mose
einen furchtbaren Schrei.
Ein ägyptischer Aufseher

schlug auf einen Israeliten ein.
Als Mose das sah,
packte ihn der Zorn.
War denn hier keiner,
der dem Ägypter wehrte?
Nein, keiner!
Alle machten sich aus dem Staub,
als sie den Aufseher sahen.

„Dann muss ich es tun“,
sagte sich Mose.
Und schon stürzte er sich
auf den Ägypter
und schlug wild auf ihn ein,
bis er tot war.
Schnell grub er
ein Loch in den Sand
und verscharrte den Toten.
Niemand durfte wissen,
was er getan hatte.
Wenn der König davon erfuhr,
war er verloren.

Am nächsten Tag suchte Mose
noch einmal die Israeliten auf
und sah, wie sie sich plagten.
Plötzlich hörte er wieder Geschrei.
Er horchte auf.
Wer schrie diesmal so laut?
Da entdeckte er zwei Israeliten,
die stritten und schlugen sich.

„Hört auf!“, rief Mose.
„Was soll der Unsinn?
Ihr seid doch beide Israeliten.
Vertragt euch!“
Aber der eine antwortete:
„Misch dich nicht ein!
Das geht dich nichts an.
Oder willst du mich auch töten
wie den Ägypter?“

Als Mose das hörte,
erschrak er furchtbar.
Er überlegte:
Wie ist das nur möglich?
Woher weiß der Mann,
was ich gestern getan habe?
Vielleicht hat er es schon
dem König verraten?
Dann muss ich fliehen,
bevor es zu spät ist.
Und er machte sich auf und davon
und floh aus Ägypten.

Mose im Land Midian

2. Mose 2,15–25

Nach vielen Tagen
kam Mose in das Land Midian,
ein einsames, steiniges Land
am Rand der Wüste.
Es war bereits Abend,
als er dort ankam.
Müde setzte er sich
an einen Brunnen
und ruhte sich aus.

Da kamen sieben Mädchen
mit Schafen zum Brunnen.
Sie schöpften Wasser
und gossen es in den Trog
für die Schafe.

Aber plötzlich kamen Hirten daher.
Sie stießen die Mädchen zur Seite
und schrien: „Weg da!
Jetzt wollen wir schöpfen.“

Als Mose das sah, sprang er auf,
stellte sich vor die Mädchen

und rief zornig:
„Lasst sie in Frieden!
Sie waren zuerst da.“
Schnell griff er zu und half
den Mädchen beim Schöpfen,
bis alle Schafe genug hatten.

Da liefen die sieben Mädchen
zu ihrem Vater, der Reguel hieß,
auch Jitro genannt.
Sie erzählten ihm,
was sie am Brunnen erlebt hatten.
„Wie?“, fragte der Vater erstaunt.
„Ein Fremder half euch beim Schöpfen?
Wo ist denn der Fremde?
Lauft noch einmal zum Brunnen
und ladet ihn ein!
Er soll unser Gast sein.“

Von diesem Tag an
blieb Mose bei Jitro
und hütete seine Schafe.
Zum Dank gab ihm dieser
seine Tochter Zippora zur Frau.

Viele Jahre blieb Mose im Land Midian
bei seiner Frau und dem Sohn,
den sie ihm schenkte.
Er hatte sein Volk in Ägypten
fast schon vergessen.

Aber Gott vergaß sein Volk nicht.
Und er vergaß auch Mose nicht.

Mose wird berufen

2. Mose 3–4

Eines Tages kam Mose
mit seinen Schafen zum Berg Sinai.
Da sah er einen Dornstrauch,
der lichterloh brannte.

„Wie ist das nur möglich?“,
fragte sich Mose erstaunt.
„Der Strauch brennt
und verbrennt doch nicht.
Ich will hingehen und sehen,
warum er nicht verbrennt.“
Neugierig ging er auf den Strauch zu.

Aber plötzlich hörte Mose
eine Stimme aus dem Feuer:
„Mose! Mose!“

„Hier bin ich“,
antwortete Mose erschrocken.

„Komm nicht näher heran!“,
sprach die Stimme.
„Zieh deine Schuhe aus!
Du stehst auf heiligem Land.
Denn ICH bin hier,
der Gott Abrahams, Isaaks und Jakobs.“

Da schlug Mose
die Hände vor das Gesicht.
Er wagte nicht aufzuschauen.
Aber er hörte,
wie Gott zu ihm sprach:
„Mose! Geh zurück nach Ägypten!
Geh zum Pharao und sage ihm:
‚Lass mein Volk Israel frei!‘
Denn ich habe gesehen,
wie sie leiden.
Ich habe ihre Klagen gehört.
Ich will sie retten
und aus Ägypten führen.
Ich will sie nach Hause bringen,
in das Land,
wo Milch und Honig fließt.

So geh nun hin!
Du sollst das Volk
aus Ägypten führen."

„Ich soll zum Pharao gehen?",
fragte Mose erschrocken.
„Ich soll die Israeliten
aus Ägypten führen?
Warum ich?"

„Ich werde mit dir sein",
sprach Gott.

„Aber", wandte Mose ein,
„sie werden mir nicht glauben,
wenn ich zu ihnen komme.
Sie werden fragen:
‚Was ist das für ein Gott,
von dem du redest?'"

Gott sprach:
„ICH WERDE SEIN,
DER ICH SEIN WERDE.
Das ist mein Name.
Den sollst du zu ihnen sagen.
So geh nun zurück
und sage den Israeliten,
ICH habe dich gesandt."

Aber Mose zögerte noch.
„Ach Herr!", erwiderte er.
„Ich kann es nicht.
Ich konnte noch nie gut reden.
Und jetzt erst recht nicht!"

„Ich werde dir sagen,
was du reden sollst",
sprach Gott.

„Nein, nein!", rief Mose.
„Nimm, wen du willst,
nur mich nicht!"

Aber Gott sprach:
„Aaron, dein Bruder,
wird dir helfen.
Er wird mit dir
zum Pharao gehen
und für dich sprechen.
Er ist schon auf dem Weg zu dir."

Da wagte Mose nichts mehr zu sagen.
Er brach auf mit seiner Familie
und zog nach Ägypten,
wie Gott ihm befohlen hatte.

Mose vor dem Pharao

2. Mose 4,27–6,1

Unterwegs traf Mose
seinen Bruder Aaron.
Ihm erzählte er alles,
was Gott am Berg Sinai
zu ihm gesagt hatte.

Da gingen die beiden
zu den Israeliten,
die sich in Ägypten
immer noch plagten.
„Freut euch!", verkündeten sie.
„Gott hat euer Weinen gehört
und eure Not gesehen.
Bald werdet ihr frei sein
und in das Land ziehen,
das Gott euch versprochen hat."

Als die Israeliten das hörten,
verneigten sie sich

und beteten Gott an.
„Gott sei Dank!", riefen sie froh.
„Gott hat uns nicht vergessen.
Er hat unser Elend gesehen."

Danach gingen Mose und Aaron
zum Pharao in seinen Palast.
„Warum kommt ihr zu mir?",
fragte er sie.
„Was wollt ihr von mir?"

Da antworteten Mose und Aaron:
„So spricht der Herr,
der Gott Israels:
‚Lass mein Volk gehen!'"

„Was?", rief der König empört.
„Wer ist dieser Herr?
Ich kenne euren Gott nicht.
Ich will ihn auch gar nicht kennen
und will ihm auch nicht gehorchen.
Ich bin hier allein der Herr,
Herr über Ägypten
und Herr über alle Israeliten.
Darum will ich euch sagen,
was ich tun werde:
Ich werde euch noch viel mehr
schinden und plagen.
Dann kommt ihr auf
keine dummen Gedanken mehr.
Und nun los! An die Arbeit!"

Von diesem Tag an
mussten die Israeliten
noch viel mehr arbeiten.
Sie schufteten.
Sie plagten sich ab.
Sie wurden geschunden
und wurden geschlagen.
Und niemand hatte Mitleid
mit ihnen.

Da kamen die Israeliten
zu Mose und Aaron
und beklagten sich bitter:
„Ihr seid an allem schuld.
Warum seid ihr zum Pharao gegangen?
Seitdem ist alles
noch viel schlimmer geworden."

Auch Mose war ratlos.
„Ach Herr", so betete er,
„warum hast du uns das angetan?
Warum hast du mich
nach Ägypten geschickt?
Du hilfst deinem Volk ja doch nicht."

Aber Gott sprach zu Mose:
„Warte nur ab!
Bald sollst du sehen,
was ich tun werde.
Der Pharao soll erkennen,
dass ich allein der Herr bin."

Die zehn Plagen

2. Mose 7–11,1

Bald darauf ließ Gott
zehn schwere Plagen
über Ägypten kommen.

Z u e r s t wurde alles Wasser zu Blut.
In den Bächen
und in den Seen und Sümpfen
starben die Fische.
Das Wasser stank furchtbar.
Niemand konnte es trinken.

Doch der König
machte sich nichts daraus.
Sein Herz blieb hart wie Stein.

Da schickte Gott
eine z w e i t e Plage über Ägypten.
Aus den Flüssen und Sümpfen
krochen Frösche hervor,
Hunderte, Tausende,
hunderttausend und noch mehr.
Sie hüpften überall hin,
in die Häuser und Höfe,
in die Betten und Backtröge,
in die Teller und Töpfe.
Nichts war vor ihnen sicher.

Da packte den König das Grauen.
Er rief Mose und Aaron zu sich
und befahl:
„Lasst die Frösche verschwinden!
Dann lasse ich euch ziehen.
Ich verspreche es euch."

Da betete Mose zu Gott,
und die Frösche starben
in allen Häusern und Höfen
und auf den Feldern.
Man trug sie
in großen Haufen zusammen,
sodass das ganze Land
von ihrem Gestank erfüllt war.

Aber der König ließ das Volk Israel
dennoch nicht ziehen.
Sein Herz blieb hart.

Da schickte Gott noch eine
d r i t t e und v i e r t e Plage.
Aus dem Staub der Erde
kamen Stechmücken hervor,
Millionen von Mücken.
Sie setzten sich
auf alle Menschen und Tiere
und bedeckten die ganze Erde.

Und Stechfliegen kamen
in großen Schwärmen
über das ganze Land.
Die stachen alle,
Große und Kleine, Alte und Junge.
Kein Mensch blieb verschont
außer den Israeliten.

Und wieder rief der König
Mose und Aaron zu sich
und versprach ihnen:
„Ich lasse euch ziehen.
Aber verscheucht mir
erst alle Fliegen!"

Da betete Mose zu Gott,
und die Fliegen verschwanden,
wie sie gekommen waren.
Nicht eine einzige Fliege blieb übrig.

Aber der König ließ das Volk Israel
dennoch nicht ziehen.
Sein Herz blieb hart.

Da traf die f ü n f t e,
s e c h s t e und s i e b t e Plage ein.
Alle Tiere wurden krank
und starben in Massen,
Pferde und Esel, Kamele und Kühe,
dazu viele, viele Schafe.

Bald darauf wurden
auch die Menschen schwer krank.
Eine Seuche brach aus.
Die Ägypter bekamen Geschwüre
an Händen und Füßen,
am Kopf und am ganzen Leib.

Schließlich kam ein schweres Unwetter
über das ganze Land.

Riesige Hagelkörner
fielen vom Himmel
und schlugen alles zusammen,
Menschen und Vieh
und das Korn auf den Feldern.

Aber der König ließ das Volk Israel
dennoch nicht ziehen.
Sein Herz blieb hart.

Da schickte Gott
die a c h t e Plage ins Land.
Heuschrecken kamen in Schwärmen
und bedeckten die Erde
und fraßen alles auf,
was vom Hagel verschont war,
Gras und Blüten und Blätter.

Aber der König ließ das Volk Israel
dennoch nicht ziehen.
Sein Herz blieb hart.

Da ließ Gott noch
eine n e u n t e Plage kommen.
Über dem ganzen Land
wurde es stockdunkel.
Drei Tage lang
schien die Sonne nicht mehr.
Die Menschen flohen in ihre Häuser
und zitterten vor Kälte und Angst.

Auch der König saß im Dunkeln
und konnte nichts sehen.
Voll Zorn rief er Mose
zu sich in seinen Palast
und herrschte ihn an:
„Verschwinde endlich!
Und komm mir nie wieder
unter die Augen!
Sonst lasse ich dich töten."

Aber das Volk Israel
ließ er dennoch nicht ziehen.

Da ging Mose aus dem Palast.
Gott aber sprach zu Mose:
„Noch eine Plage
will ich dem Pharao schicken,
die l e t z t e und schwerste."

Der Auszug aus Ägypten

2. Mose 11–12

Es war Nacht.
Die Ägypter schliefen
in ihren Häusern.
Keiner von ihnen ahnte,
was in dieser Nacht geschah.

Aber die Israeliten
waren alle hellwach,
auch die Kinder.
Voller Erwartung standen sie
in Schuhen und Mänteln bereit.
Neben ihnen lag ihr Gepäck,
fertig gepackt.

„Macht euch bereit!",
hatte Mose zu ihnen gesagt.
„Denn in dieser Nacht
wird es geschehen.
Gott wird euch befreien
und aus Ägypten herausführen."

So hielten sie nun das letzte Mahl
in ihren Häusern.
Sie aßen das Lamm,
das der Vater geschlachtet hatte.
Und sie aßen das flache Brot,

das die Mutter in aller Eile
gebacken hatte.
Es war wie bei einem Festmahl.
Ja, sie feierten wirklich ein Fest,
mitten in der Nacht,
das Fest der Befreiung:
das „Passafest“.

Sie feierten das Fest,
obwohl schon alle im Aufbruch waren.
Denn so hatte Gott es Mose befohlen:
„In dieser Nacht
sollt ihr dieses Fest feiern.
Und so sollt ihr es
von nun an jedes Jahr feiern.
Denkt daran, wenn ich euch
aus Ägypten geführt habe!
Und dankt Gott für eure Befreiung!“

Damals, in jener Nacht,
feierten die Israeliten
zum ersten Mal dieses Fest.
Sie aßen und tranken in ihren Häusern
und dankten Gott,
dass er sie endlich
aus Ägypten herausführte.

Aber bevor sie aßen und tranken,
nahm der Vater die Schale
mit dem Blut des Lammes,
ging damit zur Tür
und strich das Blut
außen an die Türpfosten.
Dann schloss er die Tür fest zu.

So machten es alle Israeliten
in dieser Nacht.
Gott hatte es ihnen
durch Mose befohlen.
Denn in dieser Nacht
brach ein großes Unglück
über Ägypten herein.
In allen Häusern
starb der älteste Sohn.
Nur die Häuser der Israeliten,
an deren Türen das Blut war,
blieben verschont.

Als aber die Ägypter sahen,
was geschehen war,
schrien sie laut auf,
weinten und klagten.
Und der Pharao ließ eilig
Mose und Aaron zu sich holen,
mitten in der Nacht.

„Geht!“, fuhr er sie an.
„Geht so schnell ihr könnt!
Nehmt alles mit, was ihr braucht,
Schafe, Kühe und was ihr wollt!
Aber geht endlich!“

Da brachen die Israeliten
noch in derselben Nacht auf,
mit ihren Frauen und Kindern
und mit all ihren Tieren.
Und sie zogen aus Ägypten,
wie Gott gesagt hatte.

Durch das Meer

2. Mose 13,17–15,21

Kanaan hieß das Land,
aus dem Jakob und Josef
einst gekommen waren.
Dorthin wollte Gott sein Volk führen.
Aber wie sollten sie das Land finden?
Niemand kannte den Weg,
auch Mose nicht.

Da schickte Gott eine Wolke,
die zog vor ihnen her
und zeigte ihnen den Weg.
Wenn es Mittag wurde
und die Sonne hoch oben
am Himmel stand,
schützte die Wolke sie vor der Hitze.
Wenn es Abend wurde
und alle müde waren vom Wandern,
blieb die Wolke stehen.
Dann schlugen sie ihre Zelte auf
und ruhten sich aus.
Aber in der Nacht,
wenn alles dunkel war,
leuchtete die Wolke wie Feuer
und machte die Nacht hell.
Gott selbst war in der Wolke.
Er führte sein Volk
und gab ihm Schutz.

*

Drei Tage lang
waren die Israeliten unterwegs.
Da kamen sie an das Schilfmeer.
Dort setzten sie sich ans Ufer
und hielten Rast.
Doch plötzlich hörten sie
dumpfen Lärm hinter sich.
Erschrocken schauten sie um sich.
Da sahen sie in der Ferne
eine Staubwolke.
Wagen und Pferde stürmten heran.
Sie kamen näher und näher.
„Hilfe!", schrien die Israeliten.
„Wir sind verloren!
Die Ägypter kommen.
Sie wollen uns zurückholen."

Was sollten sie tun?
Vor ihnen lag das Meer.
Und hinter ihnen waren die Ägypter.
Da liefen sie zu Mose und schrien:
„Du bist an allem schuld!
Warum hast du uns
aus Ägypten geführt?
Nun sitzen wir hier in der Falle."

Aber Mose rief:
„Habt keine Angst!
Gott wird uns helfen.
Wartet nur ab!"
Und er ging an das Meer
und streckte seine Hand
über das Wasser aus.

Da kam ein starker Wind auf.
Ein Weg tat sich vor ihnen auf,
mitten im Meer!
Mose ging hinein in das Meer.
Und alle Israeliten folgten ihm,
Männer, Frauen und Kinder.
Auf trockenem Weg zogen sie
durch das Meer bis ans andere Ufer.
Die Wolke Gottes aber
stand hinter ihnen
und verbarg sie vor den Ägyptern.

Als die Ägypter das Meer erreichten,
war es schon tiefe Nacht.
Die Israeliten waren verschwunden.
„Vorwärts!", schrie der Pharao.
„Wir holen sie noch ein."

Da spornten die Ägypter ihre Pferde an
und fuhren mit ihren Wagen ins Meer.
Aber in der Dunkelheit konnten sie
den Weg kaum erkennen.
Ihre schweren Wagen
blieben im Schlamm stecken.

Plötzlich überfiel die Ägypter
schreckliche Angst.
„Zurück! Zurück!“, schrien sie.
„Wir sind sonst verloren.“
Aber sie kamen weder vor noch zurück.
Ihre Wagen steckten im Schlamm fest.

Schon wurde es Morgen.
Die Israeliten hatten längst
das andere Ufer erreicht.
Aber die Ägypter waren noch
mitten im Meer
und mühten sich vergeblich ab
mit ihren Wagen und Pferden.

Da streckte Mose seine Hand
wieder über das Meer aus.
Und sieh da!
Das Wasser kehrte zurück
und bedeckte Wagen und Pferde.
Alle Ägypter ertranken.

Als die Israeliten das sahen,
erkannten sie: Das hat Gott getan!
Und sie glaubten an ihn.
Mirjam aber, Moses Schwester,
nahm ihre Pauke und sang:

„Lasst uns dem Herrn singen!
Denn er hat eine große Tat getan.
Ross und Mann
hat er ins Meer gestürzt.“

Da stimmten alle Frauen
in das Lied ein,
sangen und tanzten
und dankten Gott,
der sie gerettet hatte.

Durch die Wüste

2. Mose 15,22–25

Schon seit drei Tagen
wanderten die Israeliten
durch die Wüste.
Der Sand brannte unter ihren Sohlen.
Die Sonne stach auf ihren Kopf.
Und nirgendwo gab es Schatten,
überall nur Steine und Sand.

Da wurden alle müde und matt.
„Wie lange noch?“, jammerten sie.
„Wir haben furchtbaren Durst.“
Aber alle Wasserkrüge waren längst leer.
Und weit und breit
war kein Wasser zu finden.

Doch plötzlich rief jemand:
„Seht die Bäume dort drüben!
Das ist sicher eine Oase.
Dort gibt es Wasser!“

Da rannten alle los
und eilten zu der Oase.
Jeder wollte zuerst trinken.
Schon knieten einige nieder
und tranken gierig das Wasser.
Aber plötzlich verzogen sie
ihr Gesicht, schüttelten sich
und spuckten das Wasser wieder aus.
„Pfui!“, riefen sie.
„Das Wasser schmeckt bitter.
Ihr könnt es nicht trinken.“

„Was?“, riefen die anderen empört.
„Das kann doch nicht wahr sein!
Was sollen wir nun trinken?
Wir sterben vor Durst.“

Und sie drangen auf Mose ein:
„Du bist schuld,
wenn wir alle verdursten.
Du hast uns in diese Wüste geführt.
Nun sag uns: Was sollen wir tun?"

Mose wusste es selbst nicht.
„Ach Herr", betete er leise,
„sag mir, was soll ich tun?
Ich weiß keinen Rat mehr."

Da fiel sein Blick auf ein Stück Holz.
Mose hob es auf
und warf es ins Wasser.
Und sieh da!
Auf einmal schmeckte das Wasser.
Alle tranken sich satt,
Kinder, Frauen und Männer
und auch die Tiere.
Gestärkt brachen sie auf
und zogen weiter
durch die endlose Wüste.

Hunger

2. Mose 16

Tage und Wochen vergingen.
Bald waren alle Vorräte verzehrt.
Die Säcke waren leer.
Und es gab kein Fleisch
und kein Brot mehr.

Da wurden die Israeliten
von Tag zu Tag schwächer.
Der Hunger plagte sie sehr.
Sie kamen kaum noch voran.
„Ach", jammerten sie,
„wären wir doch in Ägypten geblieben!
Dort hatten wir Fleisch und Brot,
so viel wir wollten.
Aber nun müssen wir hier
in der Wüste verhungern.
Mose und Aaron, ihr seid schuld!
Warum habt ihr uns
in diese Wüste geführt?"

Aber Mose antwortete:
„Hört, ihr Israeliten!
Warum klagt ihr uns an?
Gott hat euer Klagen gehört.
Er will euch geben,
was ihr braucht:
Fleisch am Abend
und am Morgen Brot.
Wartet nur ab!
Dann werdet ihr erfahren,
dass der Herr euer Gott ist."

Die Leute sahen Mose ungläubig an.
Fleisch und Brot in der Wüste?
Wie sollte das zugehen?

Als es aber Abend wurde,
zog eine dunkle Wolke auf.
Sie kam näher und näher.
Ein riesiger Schwarm von Vögeln
flog auf das Lager zu und ließ sich
zwischen den Zelten nieder.
Es waren Wachteln,
große, fette, schwarze Vögel.
Schnell packten die Israeliten zu,
schlachteten die Vögel,
rösteten sie über dem Feuer
und aßen sie auf.
Alle aßen davon und wurden satt.

Und als sie am nächsten Morgen
aus ihren Zelten kamen,
da lagen auf der Erde
kleine, weiße und runde Körner.

„Was ist das?“,
fragten sie einander erstaunt.
„Das ist Manna“, antwortete Mose.
„Es ist das Brot,
das Gott euch geschenkt hat.“

Da hoben sie die Körner auf,
kosteten und staunten.
Die Körner schmeckten süß
wie Honigkuchen.
Schnell holten sie ihre Krüge herbei,
lasen die Körner auf,
füllten die Krüge
und machten Brei und Brot
aus dem Manna.
Alle aßen davon und wurden satt.

Von diesem Tag an
mussten sich die Israeliten
nie mehr um ihr Essen sorgen,
solange sie in der Wüste waren.
Jeden Morgen lag das Manna
auf der Erde
und jeden Morgen sammelten sie auf,
so viel sie brauchten.
Nur am siebten Tag ruhten sie aus.
Gott sorgte für sie,
Tag für Tag.

Ein Überfall

2. Mose 17,8–15

Seit vielen Wochen wanderte
das Volk Israel durch die Wüste.
Immer höher wurden die Berge.
Und immer steiler wurde der Weg.
Er führte an Felsen und Höhlen vorbei,
in denen ein wildes Wüstenvolk hauste.
Amalekiter nannten sie sich.

Eines Tages hielten die Israeliten
nahe bei einem Berg Rast.
Plötzlich schauten sie auf:
Eine Horde von Kriegern jagte heran.
„Hilfe!“, schrien die Israeliten.
„Die Amalekiter kommen.
Wir sind verloren.“

Und schon waren sie da,
fielen über die Israeliten her,
raubten sie aus und jagten davon,
so plötzlich,
wie sie gekommen waren.

Da rief Mose Josua zu sich,
seinen mutigen Gefährten,
und befahl ihm:
„Sammle eine Schar
tapferer Männer um dich
und zieh morgen mit ihnen
zum Kampf gegen die Amalekiter.
Ich aber will für euch beten.“

Am nächsten Morgen
rückten die Amalekiter wieder an.
Da zog ihnen Josua
mit seinen Männern entgegen.
Mose aber stieg auf einen Hügel.
Aaron, sein Bruder,
und Hur, ein anderer Israelit,
begleiteten ihn.
Dort oben auf dem Hügel
hob er seinen Stab zum Himmel
und betete zu Gott.

Und siehe da:
Die Amalekiter wichen zurück!

Aber bald wurden Mose
die Arme schwer.
Er ließ seine Hände sinken.

Und schon stürmten
die Amalekiter wieder vor.

Als Aaron und Hur das sahen,
eilten sie Mose zu Hilfe
und stützten seine Arme,
bis es Abend wurde und die Sonne
hinter den Bergen verschwand.
Da war von den Amalekitern
nichts mehr zu sehen.

Dankbar kehrte Mose mit den beiden
zum Lager der Israeliten zurück.
Dort baute er Gott einen Altar.
Nie mehr sollte vergessen werden,
was Gott an diesem Tag
für sie getan hatte.

Am Berg Sinai

2. Mose 19–24

Nach vielen Wochen
kamen die Israeliten
an den Berg Sinai.
Dort schlugen sie ihre Zelte auf
und warteten,
was Gott mit ihnen vorhatte.

„Gebt acht!", hatte Mose gesagt.
„Wenn ihr zum Berg Sinai kommt,
wird Großes geschehen.
Gott wird zu uns kommen
und uns zu seinem Volk machen."

Da holten die Israeliten
ihre schönsten Kleider hervor,
wuschen sie und bereiteten
alles für den Tag vor,
den Gott bestimmt hatte.

Am dritten Tag aber
donnerte und blitzte es.
Der ganze Berg bebte und rauchte.
Und über dem Berg
schwebte die Wolke Gottes.

Da erschrak das Volk Israel
und wagte sich nicht
an den Berg heran.
Mose aber stieg allein
auf den Berg.
Dort redete er mit Gott.

Und Gott sprach zu Mose:
„Ich bin der Herr, dein Gott.
Ich habe euch aus Ägypten,
aus der Sklaverei, geführt.
Nun gehört ihr zu mir.
Darum sollt ihr meine Gebote halten.
Und dies sind meine Gebote:

1. *Ich bin der Herr, dein Gott.
   Du sollst keine anderen Götter
   neben mir haben.*
2. *Du sollst dir
   kein Bild von Gott machen.*
3. *Du sollst den Namen des Herrn,
   deines Gottes, nicht missbrauchen.*
4. *Du sollst den Feiertag heiligen.*
5. *Du sollst deinen Vater
   und deine Mutter ehren.*
6. *Du sollst nicht töten.*
7. *Du sollst nicht die Ehe brechen.*
8. *Du sollst nicht stehlen.*
9. *Du sollst nicht falsch
   gegen deinen Nächsten aussagen.*
10. *Du sollst nicht danach
    verlangen, was anderen gehört."*

Als Mose wieder vom Berg herabkam,
sagte er den Israeliten alles,

was Gott geboten hatte.
Und er fragte sie:
„Wollt ihr Gottes Volk sein?
Wollt ihr seine Gebote halten?"

„Ja!", riefen die Israeliten
wie aus einem Munde.
„Alles, was Gott gesagt hat,
wollen wir tun."

Da baute Mose einen Altar
aus zwölf Steinen
und brachte Gott Opfer.
Und Gott schloss
mit den Israeliten einen Bund.
Es war wie bei einer Hochzeit.
Alle freuten sich, dass Gott sich
mit ihnen verbunden hatte
und dass er sie so lieb hatte
wie kein anderes Volk
auf der ganzen Welt.

Das goldene Kalb

2. Mose 32ff

Danach stieg Mose noch einmal
auf den Berg Sinai.
Das Volk aber blieb
unten am Berg zurück
und wartete ungeduldig,
dass er zurückkam.
Doch Mose kam nicht zurück.
Tag um Tag verging,
Woche um Woche.
Aber von Mose war nichts zu sehen.

Da wurde das Volk unruhig.
„Wer weiß", meinten die einen,
„vielleicht ist oben
ein Unglück geschehen?"
„Vielleicht ist Mose sogar tot",
überlegten die anderen.
Und sie fragten
einander bekümmert:
„Wer wird uns nun
in das Land Kanaan führen?"

Aber wollte Gott nicht selbst
sein Volk dorthin führen?
„Ach was!", riefen alle.
„Wir können Gott ja nicht sehen.
Wir spüren ihn nicht einmal.
Die anderen Völker haben es
da viel besser als wir.
Die haben Standbilder
von ihren Göttern.
Die können sie immer sehen.
Wir wollen auch
solch ein Standbild haben.
Das wollen wir auf dem Weg
vor uns hertragen.
Dann kann uns
kein Unglück geschehen."

Und sie liefen zu Aaron,
bedrängten ihn und riefen:
„Auf, Aaron, mach uns
ein Standbild von Gott!
Das soll vor uns hergehen
und uns nach Kanaan führen."

Da wagte Aaron nicht,
ihnen zu widersprechen.
„Gut", sagte er, „ich mache mit.
Gebt eure goldenen Ohrringe her!"

Da rissen sie sich
die Ohrringe von den Ohren
und warfen sie Aaron vor die Füße.
Der aber nahm die Ringe,

schmolz sie im Feuer
und goss daraus ein goldenes Kalb.
Das stellte er vor dem Volk auf.
„Seht", riefen alle begeistert,
„das ist der Gott,
der uns aus Ägypten geführt hat."
Und sie feierten zusammen
ein lautes und wildes Fest.
Sie schlachteten Tiere,
aßen und tranken sich voll,
lachten und lärmten
und tanzten wie toll um das Kalb,
sodass der Lärm
zum Berg hinaufschallte.

Da kam Mose vom Berg herab.
In seinen Händen hielt er
zwei steinerne Tafeln.
Auf ihnen standen
Gottes Gebote geschrieben.
Als Mose das goldene Kalb
und die betrunkenen Leute sah,
ergriff ihn heiliger Zorn.
Er nahm die Tafeln,
zerschmetterte sie am Felsen
und eilte den Berg hinab.
Er lief durch die johlende Menge
geradewegs auf das Kalb zu,
stieß es um und warf es ins Feuer.

Auf einmal wurde es
ganz still in der Menge.
Alle standen da wie erstarrt.
Plötzlich begriffen sie,
was sie getan hatten.

Am nächsten Morgen aber
stieg Mose noch einmal allein
auf den Berg und redete mit Gott.
„Ach Herr!", so betete Mose.
„Dieses Volk hat
ein großes Unrecht getan.
Vergib ihm doch diese Sünde!
Denke daran, was du einst
Abraham, Isaak und Jakob
versprochen hast!
Es ist ja dein Volk.
Sei ihm gnädig
und verlasse es nicht!"

Da hörte Gott auf Mose.
Er vergab seinem Volk die Schuld.
Und er befahl Mose:
„Schreib noch einmal alle Gebote
auf steinerne Tafeln
und verwahre sie in einer Truhe!"

Da ließ Mose ein großes Zelt
aus kostbaren Decken errichten
und eine goldene Truhe bauen,
die „Lade Gottes".
Dort legte er die zwei Tafeln hinein
und verwahrte die Lade im Zelt.

Danach rief Mose
alle Israeliten zusammen,
zeigte auf das Zelt und sprach:
„Seht, das ist Gottes Zelt.
Hier will Gott unter uns wohnen."

Da feierten alle ein großes Fest,
weil sich Gott mit ihnen versöhnt hatte.
Aaron, ihr Priester,
brachte Gott Opfer dar
auf einem Altar vor dem Zelt.
Danach ging er in das Zelt hinein,
um für das Volk zu beten.
Das Volk aber wartete draußen,
bis Aaron wieder herauskam.
Dann breitete Aaron seine Hände
über dem Volk aus
und sprach diesen Segen:

„Der Herr segne dich
und behüte dich;
der Herr lasse
sein Angesicht leuchten
über dir
und sei dir gnädig.
Der Herr hebe sein Angesicht
über dich
und gebe dir Frieden."
4. Mose 6,24ff

Fast ein Jahr lang
blieb das Volk Israel am Berg Sinai.
Danach brach es auf und zog weiter
durch die endlose Wüste.
Aber das Zelt Gottes begleitete sie.
Und der Segen Gottes
blieb über ihnen.

Fast am Ziel

4. Mose 13–14

Schon über ein Jahr
waren die Israeliten unterwegs.
Endlich kamen sie
ganz nah an das Land heran,
das Gott ihnen versprochen hatte.

Voll Freude hielten sie an,
schlugen ihre Zelte auf
und schauten sehnsüchtig
zu den Bergen hinüber.
Hinter diesen Bergen
lag das Land Kanaan.
Dorthin wollten sie ziehen.

Aber noch wohnten
andere Völker in diesem Land.
Ob sie sehr stark waren?
Ob das Land wirklich so schön war,
wie alle sagten?
Ob es dort auch genug zu essen gab?
Die Israeliten wollten es
gerne vorher wissen.

Da rief Mose zwölf Männer
zu sich und befahl ihnen:
„Geht über die Berge
und seht euch heimlich
in dem neuen Land um!
Schaut euch die Menschen
und ihre Städte an!
Seht und erkundet,
was dort in dem Land wächst!
Dann kommt zurück und sagt uns,
was ihr gesehen habt!"

Da machten sie sich auf den Weg,
zogen über die Berge
und blieben lange Zeit weg.

Nach vierzig Tagen
kehrten sie endlich zurück.
In ihren Händen hielten sie
grüne Feigen und rote Granatäpfel.
Und auf ihren Schultern
trugen sie eine Stange,
daran hing eine riesige Traube.
„Seht her!", riefen die Männer.
„Dies alles wächst in dem Land
und noch viel mehr.
Es ist ein herrliches Land.
Aber täuscht euch nicht
und macht euch keine Hoffnung!
Wir können nie in das Land kommen.
Denn die Menschen dort
sind viel stärker als wir.
Und ihre Städte
haben hohe und dicke Mauern."

Als die anderen das hörten,
schrien sie auf, weinten und klagten:
„Wären wir doch in Ägypten geblieben
oder unterwegs in der Wüste gestorben!“

Aber zwei von den Männern,
Josua und Kaleb, riefen:
„Nein! Habt keine Angst!
Das Land ist sehr gut.
Gott hat es uns versprochen.
Glaubt es! Er wird es uns geben!“
„Nein! Nein!“, schrien die anderen.
„Wir schaffen es nie.
Kommt, wir kehren um!
Wir ziehen zurück nach Ägypten.“

Als aber Mose sah,
was die Israeliten vorhatten,
warf er sich auf die Erde
und schrie zu Gott.
„Ach Herr“, betete er,
„vergib ihnen doch ihre Schuld!“

Da sprach Gott zu Mose:
„Wie lange noch will das Volk
mir nicht glauben?
Sie wollen nicht
in das Land hineingehen?
Dann sollen sie in der Wüste bleiben.
Vierzig Jahre lang
sollen sie dort umherirren
und nicht in das Land hineinkommen.“

Und so geschah es.
Bald darauf kamen Feinde,
die fielen über die Israeliten her
und trieben sie in die Wüste zurück.

Schlangen

4. Mose 21,4–9

Viele Jahre lang irrte das Volk
durch die Wüste, tagaus und tagein.
Aber die Israeliten
wurden das Wandern leid.
„Immer nur wandern!“,
riefen sie mürrisch.
„Wir haben keine Lust mehr.“
Und sie setzten Mose hart zu.
Tag für Tag redeten sie auf ihn ein,
schimpften und klagten ihn an:
„Mose! Du bist an allem schuld.
Was bildest du dir eigentlich ein?
Meinst du, wir machen alles mit,
was du sagst?
Glaubst du, wir wollen so lange
in der Wüste warten,
bis wir sterben?
Was gibt es hier schon?
Nichts! Nur Steine und Sand!
Nicht einmal Wasser und Brot!
Immer nur dieses eklige Manna!
Davon wird doch niemand satt!
Wir können es nicht mehr riechen.
Es ekelt uns schon,
wenn wir es sehen.“

So klagten sie alle Tage.
Sie klagten nicht nur Mose an,
sondern auch Gott.
Und ihr Missmut wuchs
von Tag zu Tag mehr.

Da geschah etwas,
was niemand erwartet hatte:
Eines Morgens, als die Israeliten
vor ihre Zelte traten,
um das Manna zu sammeln,
was sahen sie da?

Schlangen! Überall giftige Schlangen!
Aus allen Löchern krochen sie hervor.
Sie zischten und wanden sich
um die Beine und bissen zu.
„Hilfe! Wir sind verloren!“,
schrien die Menschen.
Sie flüchteten sich in ihre Zelte.
Aber auch dort krochen die Schlangen
aus allen Ecken hervor.

Da packte alle furchtbare Angst.
Sie stürzten zu Mose und schrien:
„Mose! Wir sind selbst schuld!
Wir haben Gott und dir Unrecht getan.
Aber bitte hilf uns jetzt!
Bete zu Gott und bitte ihn,
dass er uns von den Schlangen befreit!“

Da betete Mose für das Volk.
Und Gott hörte auf ihn.
Er befahl Mose:
„Mach dir eine Schlange aus Erz
und richte sie an einem Stab auf!
Wer auf diese Schlange schaut,
der wird leben.“

Da hörte Mose auf Gott.
Er machte eine Schlange aus Erz
und richtete sie hoch auf,
sodass alle sie sahen.
Und alle, die zu ihr aufschauten,
blieben am Leben.

Mose sieht das Land

5. Mose 31–34

Vierzig Jahre lang
waren die Israeliten
durch die Wüste gewandert.
Nun lagerten sie wieder
vor dem Land Kanaan
und warteten darauf,
dass sie einziehen durften.

Da rief Mose noch einmal
alle Israeliten zusammen
und ermahnte sie:
„Vergesst nicht,
was Gott euch Gutes getan hat
vom ersten Tag an,
als ihr aus Ägypten gezogen seid,
bis zum heutigen Tag!
Vergesst auch nicht,
was Gott euch geboten hat,
sondern haltet seine Gebote!
Dann werdet ihr lange
in dem Land leben,
das Gott euch schenkt.“

Mose war inzwischen
schon 120 Jahre alt.
Er wusste,
dass er bald sterben würde.
Gerne hätte er vorher
noch das Land Kanaan gesehen.
Aber Gott hatte zu ihm gesagt:
„Du wirst nicht
in das Land hineinkommen.“

Da rief Mose Josua zu sich
und sprach:
„Ich bin nun alt
und werde bald sterben.
Und du sollst mein Nachfolger sein.
Du sollst das Volk anführen
und in das Land bringen,
das Gott uns versprochen hat.
Hab nur Mut
und sei nicht verzagt!

Gott wird mit dir sein.
Er wird dich nicht verlassen.“

Und Gott sprach zu Mose:
„Steig auf den Berg Nebo!
Von dort aus darfst du
das Land Kanaan schauen,
bevor du stirbst.“

Da nahm Mose Abschied.
Er segnete das Volk
und stieg allein auf den Berg,
wie Gott ihm gesagt hatte.

Als er oben war, ließ Gott ihn
das versprochene Land schauen.

Gott zeigte ihm
Berge und Täler,
Flüsse und Wälder,
das weite Land bis zum Meer.

Und Gott sprach:
„Dies ist das Land,
das ich einst Abraham,
Isaak und Jakob versprochen habe.
Jetzt siehst du es mit eigenen Augen.“

Danach nahm Gott Mose zu sich.
Aber das Volk Israel zog weiter,
dem versprochenen Land entgegen.

4

Gott gibt das Land

Mose lebte nicht mehr.
Nun musste Josua
das Volk in das Land führen.
Doch Josua war
nur ein einfacher Mann.
Gott hatte noch nie
zu ihm gesprochen.
Würde das Volk auf ihn hören?
Würde es ihm folgen?

Aber Gott sprach:
„Hab nur Mut, Josua!
Sei nicht verzagt!
Wie ich mit Mose gewesen bin,
so will ich auch mit dir sein.
Du wirst das Volk Israel
in das Land Kanaan führen.
Ich will euch das Land geben,
das ich Abraham versprochen habe."

Josua 1

Zu diesem Kapitel vergleiche die Hinweise im dritten Teil Seite 270ff.

Josua

Josua 2–4

Endlich war es so weit:
Das Volk Israel war am Ziel!
Nur noch der Fluss Jordan
trennte es von dem Land,
das Gott versprochen hatte.

Da schlugen die Israeliten
ihre Zelte nahe am Fluss auf
und schauten voller Erwartung
auf das große und weite Land,
das vor ihnen lag.
In der Ferne sahen sie
Mauern und Türme.
Dort lag Jericho,
eine große und mächtige Stadt.
Diese Stadt mussten sie einnehmen.
Dann stand ihnen
das ganze Land offen.

Aber wie sollten sie dorthin kommen?
Durch den Jordan führte kein Weg.
Und die Stadt Jericho
war ringsum von Mauern umgeben.
Kein Fremder konnte dort eindringen.

Da rief Josua zwei Männer zu sich
und befahl ihnen:
„Schwimmt durch den Jordan
und schleicht euch heimlich
in die Stadt Jericho ein!
Seht euch dort alles genau an:
die Mauern, wie dick sie sind;
die Türme, wie hoch sie sind;
die Soldaten, wie stark sie sind.
Aber gebt acht!
Niemand darf merken,
dass ihr Israeliten seid.
Danach kommt schnell zurück
und gebt mir Bescheid,
damit wir die Stadt einnehmen!"

Da zogen die beiden Männer los
und kamen nach Jericho.
Heimlich schlichen sie sich
durch das Tor in die Stadt
und streiften durch alle Gassen.
Sie erkundeten alles genau,
die dicken Mauern,
die hohen Türme,
sogar die Soldaten und ihre Waffen.

Als aber die Nacht hereinbrach,
suchten sie ein Gasthaus auf,
das an der Mauer lag.
Es gehörte einer Frau namens Rahab.
Bei ihr wollten sie die Nacht verbringen.

Aber plötzlich klopfte es laut.
Wachsoldaten standen vor der Tür.
Sie schrien wütend:
„Aufmachen! Aufmachen!
Hier haben sich Spione versteckt.
Los, Rahab! Gib sie heraus!"

Aber Rahab machte nicht auf.
Rasch führte sie die Fremden
auf das flache Dach,
wo Flachs zum Trocknen auslag,
und versteckte die beiden
unter dem Flachs.
Dann lief sie zur Tür,
öffnete sie und fragte erstaunt:
„Wen sucht ihr hier? Spione?
Ach, ihr meint die zwei Fremden?
Ja, die waren bei mir.
Aber sie sind längst weg.
Jagt ihnen nach!
Vielleicht holt ihr sie noch ein."

Da jagten die Soldaten davon,
um die Männer zu suchen.
Rahab aber holte die beiden
aus ihrem Versteck hervor
und sagte zu ihnen:
„Ich weiß genau, wer ihr seid.
Ihr gehört zum Volk Israel.
Wir haben alles gehört,
was euer Gott getan hat.
Euer Gott kann viel mehr
als unsere Götter.
Ich weiß auch:
Ihr werdet Jericho einnehmen.
Aber versprecht mir,
dass ihr dann mich
und meine Familie verschont!“

Die beiden versprachen es.
Da nahm Rahab ein langes rotes Seil,
band es am Fenster fest
und ließ die Männer im Dunkeln
an der Stadtmauer herab.
„Häng dieses Seil ans Fenster,
wenn wir wiederkommen
und die Stadt einnehmen!“,
sagten die beiden beim Abschied.
„Dann bleibt dein Haus verschont.“

Danach kehrten sie zurück
und berichteten Josua alles,
was sie gehört und gesehen hatten.
„Die Stadt ist sehr groß“, sagten sie,
„und hat viele starke Soldaten.
Aber Gott wird sie uns geben.“

Da rief Josua am nächsten Morgen
alle Israeliten zusammen und sprach:
„Macht euch bereit!
Nun ziehen wir in das Land ein,
das Gott uns versprochen hat.“
Und er befahl den Priestern:
„Holt die Lade Gottes aus dem Zelt
und tragt sie vor dem Volk her!
Geht mit ihr in den Jordan!
Dann werdet ihr sehen,
was Gott tun wird.“

Da gehorchten die Priester.
Sie nahmen die Lade auf ihre Schultern,
trugen sie vor dem Volk her
und gingen mit ihr in den Fluss.
Und sieh da!
Das Wasser blieb stehen.
Ein Weg tat sich vor ihnen auf,
mitten im Fluss.
Da folgten ihnen alle,
Männer, Frauen und Kinder,
und zogen voll Freude in das Land ein,
das Gott ihnen versprochen hatte.

Josua nimmt das Land ein

Josua 6 und 24

Auf den Stadtmauern von Jericho
standen Wachsoldaten
und spähten ins Land hinaus.
Da sahen sie die Israeliten kommen.
„Sie kommen!“, riefen die Soldaten.
„Schnell, schließt die Tore
und macht euch zum Kampf bereit!“

Die Israeliten rückten näher heran.
Wie in einem Festzug,
so feierlich kamen sie an.
An der Spitze marschierten die Männer.
Dann folgten die Priester
in festlichen Kleidern.
Sieben Priester mit sieben Posaunen
gingen vor der Lade Gottes her.
Die anderen Priester trugen

die Lade auf ihren Schultern.
Auch Frauen und Kinder waren dabei.
Sie alle zogen schweigend
einmal um die ganze Stadt.
Nur die Priester
bliesen immerzu in ihre Posaunen.
Dann verschwanden sie,
wie sie gekommen waren.

Am nächsten Tag
rückten sie erneut an,
zogen einmal um die Stadt
und verschwanden dann wieder.

Auch am nächsten
und übernächsten Tag
rückten die Israeliten an.
Tag für Tag zogen sie um die Stadt
und verschwanden dann wieder.

Den Soldaten auf der Mauer
und den Bewohnern der Stadt
wurde ganz unheimlich zumute.
„Was für ein seltsames Volk!“,
sagten sie sich.
„Was haben sie vor?
Warum greifen sie nicht an?“

Sie ahnten ja nicht,
dass Gott zu Josua gesagt hatte:
„Zieht mit der Lade Gottes
um die Stadt!
Sieben Tage lang sollt ihr
um die Mauern von Jericho ziehen.
Aber am siebten Tag sollt ihr
siebenmal um die Stadt ziehen.
Dann wird Gott euch
die Stadt übergeben.“

Endlich brach der siebte Tag an.
Noch war es dunkel ringsum.
Aber schon rückten
die Israeliten wieder an.
Sie zogen um die Mauern der Stadt,
doch nicht nur einmal,
nein, zweimal, dreimal
und immer wieder, siebenmal.
Da, beim siebten Mal, geschah es.
Die Priester bliesen in ihre Posaunen.
Auf einmal brachen alle Israeliten
in lautes Geschrei aus.
Sie schrien und jubelten,
als hätten sie schon gesiegt.

Und sieh da!
Plötzlich bebte die Erde.
Die Türme schwankten.
Die Mauern zitterten.
Und ehe die Soldaten von Jericho
es recht begriffen,
stürzten die Mauern ein
und begruben alle
unter ihren Trümmern.

Da stiegen die Israeliten
über die Trümmer,
stürmten die Stadt
und nahmen sie ein.
Nur ein Haus blieb verschont.
Dort hing ein rotes Seil
aus dem Fenster.
Es war das Haus,
das Rahab gehörte.

*

Bald darauf nahmen die Israeliten
das ganze Land ein.
Sie zogen über die Berge,
drangen vor in die Täler
und nahmen die Städte ein,
eine nach der anderen.

Danach bauten sie Häuser,
pflanzten Ölbäume und legten
Weinberge, Gärten und Felder an.
Sie säten und ernteten
und füllten ihre Scheunen mit Korn.
Endlich wohnten sie
in ihrem eigenen Land.
Gott hatte es ihnen gegeben:
das Land Kanaan,
das von nun an „Israel" hieß.

*

Nach vielen Jahren rief Josua
noch einmal alle Israeliten
in der Stadt Sichem zusammen
und sprach zu ihnen:
„Nun ist alles in Erfüllung gegangen,
was Gott unseren Vorfahren
versprochen hat.
Gott hat uns dieses Land gegeben.
So frage ich euch:
Wollt ihr sein Volk bleiben?
Und wollt ihr ihm allein gehören?"

„Ja!", riefen alle wie aus einem Munde.
„Wir wollen nur ihm gehören
und keine anderen Götter
neben ihm haben."

An diesem Tag schlossen die Israeliten
mit Gott einen Bund,
wie ihn einst ihre Vorfahren
am Berg Sinai geschlossen hatten.
Nie mehr wollten sie vergessen,
was Gott für sie getan hatte.

Gideon

Richter 6,1–32

Es war Erntezeit.
Das Korn stand reif auf den Feldern.
Im ganzen Land Israel
schnitten die Bauern das Korn
und banden es in Garben zusammen.

Aber die Bauern sahen bedrückt aus.
Immer wieder blickten sie
ängstlich in die Ferne.
Ob auch in diesem Jahr
die Midianiter kommen
und uns alles
wegnehmen werden?
So fragten sie sich besorgt.

Die Midianiter waren
ein wildes Wüstenvolk.
Jedes Jahr um die Erntezeit
jagten sie auf ihren Kamelen daher
und verwüsteten das Land.
Sie verbrannten das Korn
und nahmen alles mit,
was sie fanden,
auch das Vieh,
Schafe, Kühe und Esel.
Schon seit sieben Jahren
fielen sie in das Land ein.
Seitdem gab es im ganzen Land
kaum noch etwas zu essen.

Unter den Bauern war auch
ein junger Mann namens Gideon.
Er hatte sein Korn schon geschnitten.
Nun war er dabei, es zu dreschen.
Mit einem großen Dreschflegel
schlug er auf die Ähren ein,
bis die Körner heraussprangen.
Gideon hatte es eilig.

Er wollte das Korn verstecken,
bevor die Midianiter kamen.

„Ach“, sagte sich Gideon,
„so weit ist es mit uns gekommen!
Nun müssen wir sogar das Korn
vor den Feinden verstecken.
Aber wir sind selbst schuld,
dass es uns so schlecht geht.
Wir haben Gott vergessen
und uns andere Götter gesucht.
Wir haben ihnen Altäre gebaut
und Götterbilder geschnitzt.
Doch jetzt denken wir auf einmal
wieder an Gott und beten:
‚Herr, hilf uns!‘
Aber ob Gott noch auf uns hört?
Vielleicht will er gar nichts mehr
von uns wissen?“

Plötzlich entdeckte Gideon
einen fremden Mann in der Nähe.
Er saß unter einer Eiche
und grüßte ihn:
„Gott sei mit dir, du tapferer Held!“
„Was sagst du?“, fragte Gideon.
„Gott soll mit uns sein?
Wo ist denn Gott?
Ich sehe ihn nicht.
Früher hat Gott uns geholfen.
Aber wer hilft uns jetzt?“

„Du“, sagte der Fremde.
„Du sollst deinem Volk helfen.
Gott schickt dich.
Du sollst die Feinde vertreiben.“

„Ich?“, fragte Gideon ungläubig.
„Wie denn? Ohne Waffen?
Und außerdem:
Auf mich hört doch keiner!“

Aber der Fremde sagte:
„Gott wird mit dir sein.
Er wird dir helfen.“

Da merkte Gideon,
wer zu ihm gesprochen hatte.
Ein Engel war es, ein Bote Gottes.

In der folgenden Nacht
fand Gideon keinen Schlaf.
Es war ihm,
als hörte er Gottes Stimme:
„Gideon, steh auf!
Hau den Götteraltar entzwei
und das Götterbild,
das vor eurem Haus steht,
und bau mir einen Altar!“

Da stand Gideon in der Nacht auf,
weckte seine Knechte
und machte sich mit ihnen
heimlich an die Arbeit.
Er riss den Altar ein,
schlug das Bild entzwei
und baute für Gott einen Altar
und brachte ihm ein Opfer dar.
Dann schlich er sich schnell
wieder ins Haus.

Am nächsten Morgen kamen
die Leute aus dem Dorf
und sahen die Trümmer.
„Wer hat das getan?“,
schrien sie empört.
„Sicher war es Gideon.
Ja, Gideon hat es getan!“
Und sie drangen auf seinen Vater ein:
„Gib Gideon heraus!
Er hat den Altar
und das Bild zerstört.
Er muss sterben.“

„Nein“, rief der Vater,
„ihr sollt sterben,
wenn ihr die Götterbilder
und ihre Altäre verteidigt.
Sollen sich doch die Götter
selbst wehren, wenn sie es können!“
Da schwiegen alle beschämt
und schlichen sich
einer nach dem anderen davon.

Gideon aber fasste Mut.
Nun war er bereit,
dem Volk Israel zu helfen,
wie Gott ihm aufgetragen hatte.

Gideon und die Midianiter

Richter 6,33–8,23

Wenig später fielen die Midianiter
wieder in das Land Israel ein.
In großen Scharen kamen sie an.
Wie ein Wirbelwind
fegten sie auf ihren Kamelen daher
und schlugen im Tal ihre Zelte auf,
ein riesiges Kriegslager.

Als die Israeliten das sahen,
überfiel sie große Angst.
Sie flohen in die Berge
und versteckten sich in Höhlen.
Aber Gideon ließ laut
in die Posaune blasen,
sodass es über die Berge schallte.
Er schickte Boten ins ganze Land
und ließ allen Israeliten sagen:
„Wer kommt mit?
Wer zieht mit mir
gegen die Midianiter?“

Da krochen sie alle wieder
aus ihren Höhlen hervor
und scharten sich um Gideon.
Bald waren es viele Tausend Krieger.
Aber es waren noch nicht genug.

„Ob Gott uns helfen wird?“,
fragte sich Gideon.
„Ich muss es wissen.
Sonst bin ich verloren.“
Er nahm ein Schaffell,
legte es auf die Wiese und betete:
„Herr, gib mir ein Zeichen,
damit ich erkennen kann,
ob du uns hilfst!
Wenn morgen früh
das Fell nass ist vom Tau,
aber die Wiese trocken,
dann will ich glauben,
dass du uns hilfst.“

Am nächsten Morgen
war das Fell nass,
aber die Wiese war trocken.

Doch Gideon war noch unsicher.
Er betete noch einmal zu Gott.
„Ach Herr! Wenn es nur Zufall war?
Bitte, gib mir noch ein Zeichen!
Wenn morgen früh das Gras nass ist,
aber das Fell trocken,
dann will ich gewiss glauben,
dass du uns hilfst.“

Und wirklich: Am nächsten Morgen
war das Fell ganz trocken,
aber das Gras ringsum war nass.

Da schöpfte Gideon Mut.
Er scharte seine Männer um sich

und zog mit ihnen
den Midianitern entgegen.

Aber Gott sprach zu Gideon:
„Du hast zu viele Männer bei dir.
Sag ihnen: Wer Angst hat,
kann nach Hause gehen."
Da liefen die Männer
in großen Scharen davon.

Doch Gott sprach zu Gideon:
„Es sind noch immer zu viele.
Führe die Männer zu einer Quelle
und lass sie dort trinken!
Du aber gib acht, wie sie trinken!
Wer das Wasser leckt wie ein Hund,
der soll mit dir ziehen.
Aber die anderen
schick alle nach Hause!"

Da führte Gideon die Männer
zu einer Quelle und ließ sie trinken.
Aber nur ganz wenige
leckten das Wasser wie Hunde.
Nur 300 Männer
blieben am Ende zurück.
Gideon klopfte das Herz,
als er die kleine Schar sah.
Was waren schon 300 Männer
gegen so viele Feinde?

Doch Gott sprach zu Gideon:
„Durch diese 300 Männer
will ich Israel retten.
Hab keine Angst!
Geh zum Lager der Midianiter
und horch, was sie dort reden!
Dann wirst du wieder Mut fassen."

Da schlich sich Gideon
mit seinem Diener bei Nacht
zum Lager der Feinde und lauschte.
Und er hörte, wie sie sagten:
„Gideon ist viel stärker als wir.
Gideon wird über uns siegen.
Denn Gott ist auf seiner Seite."

Als Gideon das hörte,
kniete er nieder und dankte Gott.
Danach kehrte er schnell zurück,
und sammelte seine 300 Männer
um sich.

„Auf", rief er,
„macht euch bereit!
Nehmt Posaunen und Tonkrüge
mit Fackeln in die Hand!
Und zieht mit mir
zum Lager der Feinde.
Da werdet ihr sehen,
was Gott für euch tut."

Da packten die 300 Männer
ihre Posaunen,
nahmen die Krüge und Fackeln
und zogen dem Feind entgegen.
Von drei Seiten schlichen sie sich
an das Lager heran.
Plötzlich blieben sie stehen,
bliesen in ihre Posaunen
und zerschmetterten ihre Krüge.
Dazu schrien sie laut:
„Für Gott und für Gideon!"
„Für Gott und für Gideon!"
So schallte es
von den Bergen zurück.
Es war ein Lärm,
als ob Tausende anrückten.

Da wurde es auf einmal
lebendig im Lager der Midianiter.
„Hilfe! Hilfe!", schrien sie.

„Wir sind verloren.
Die Israeliten sind da.“
Sie packten ihre Schwerter,
schlugen wild um sich,
hieben aufeinander ein
und sahen im Dunkeln gar nicht,
dass sie nur ihre eigenen Leute trafen.
Sie schrien vor Angst,
ließen alles stehen und liegen
und flohen davon.

*

Als aber Gideon
mit seinen Männern heimkehrte,
kamen die Israeliten zu ihm
und baten ihn:
„Gideon, sei unser König!
Denn du hast uns gerettet.“

Aber Gideon wehrte erschrocken ab.
„Ich will kein König sein.
Begreift doch:
Nicht ich habe euch gerettet.
Gott hat es getan.
Er ist euer König.“

Von diesem Tag an
fielen keine Midianiter mehr
in das Land ein.
Das Volk Israel
hatte endlich Frieden.

Rut

Rut 1

Bald brach ein neues Unglück
über das Land herein.
Der Regen blieb aus.
Das Gras wurde welk.
Und auf den Feldern
wuchs kein Korn mehr.

Zu der Zeit lebte in Bethlehem
eine Frau, die hieß Noomi.
Ihr Mann war ein Bauer.
Er hatte sein Feld vor der Stadt.
Aber in diesem Jahr
hatte sein Feld kein Korn getragen.
Und Noomi hatte kein Mehl
und kein Brot mehr im Haus.

Da sagten sich die beiden:
„Was sollen wir machen?
Wir können nicht
in Bethlehem bleiben.
Sonst müssen wir
am Ende verhungern.
Wir wollen ins Ausland gehen,
solange hier Hungersnot ist.“
So packten sie ihre Habe
und zogen ins Nachbarland Moab.
Ihre zwei Söhne begleiteten sie.

Jahre vergingen.
Da starb Noomis Mann.
Die Söhne aber wuchsen heran.
Sie heirateten Frauen
aus dem Land Moab,
Rut und Orpa mit Namen.
Doch nach zehn Jahren
starben auch beide Söhne.
Noomi blieb allein
mit ihren Schwiegertöchtern zurück.
Aber diese gehörten nicht
zum Volk Israel wie Noomi.

Da sagte Noomi eines Tages
zu Rut und Orpa:
„Warum soll ich noch länger

im fremden Land bleiben?
Die Hungersnot ist vorüber.
Ich will wieder nach Bethlehem
in meine Heimat zurückkehren."
„Dann begleiten wir dich",
sagten Rut und Orpa.
Und sie machten sich mit ihr
auf den Weg.

Als sie schon ein gutes Stück
miteinander gegangen waren,
blieb Noomi plötzlich stehen
und wandte sich zu den beiden:
„Kehrt nun um!
Geht zurück in euer Land
und werdet glücklich dort!
Gott sei mit euch!"

„Aber nein! Wir gehen mit dir",
sagten die beiden.
Doch Noomi schüttelte den Kopf.
„Warum wollt ihr denn mit mir
in ein fremdes Land ziehen?
Seht, ich bin alt.
Ich kann euch
keinen Mann mehr geben.
Geht in euer Land zurück!
Heiratet dort wieder
und fangt ein neues Leben an!"

Da nahm Orpa Abschied,
weinte und küsste Noomi
und kehrte um.
Rut aber blieb stehen.
„Nein", sagte sie fest,
„ich lasse dich nicht allein.
Ich gehe mit dir.
Wo du hingehst,
da will ich auch hingehen.
Dein Volk ist auch mein Volk.
Und dein Gott ist auch mein Gott."
So gingen die beiden miteinander.

Nach vielen Tagen kamen
die beiden in Bethlehem an.
Im Nu sprach es sich
in der ganzen Stadt herum:
„Habt ihr gehört?
Noomi ist wieder da!"
Von allen Seiten
eilten die Leute herbei,
um Noomi zu begrüßen,
Freunde, Nachbarn und Verwandte.
Aber wie erschraken sie,
als sie Noomi sahen!
„Ist das wirklich Noomi?",
fragten sie einander.
„Seht doch, wie alt sie geworden ist!
Und wo hat sie ihren Mann
und ihre beiden Söhne gelassen?"

„Ja, ich bin es wirklich",
sagte Noomi bitter.
„Aber ich bin nicht mehr
dieselbe wie früher.
Alles ist anders geworden.
Reich zog ich damals
aus Bethlehem aus.
Ich hatte meinen Mann
und meine beiden Söhne.
Doch nun kehre ich arm,
ohne Mann und Söhne zurück.
Gott hat mir bitteres Leid zugefügt."

Rut aber stand bei ihr und schwieg.
Niemand ahnte, wer sie war
und warum sie mit Noomi
nach Bethlehem gekommen war.

Rut und Boas

Rut 2–4

Es war gerade Erntezeit,
als Rut und Noomi
nach Bethlehem kamen.
Überall auf den Feldern
waren die Schnitter am Werk.
Sie schnitten das Korn mit der Sichel
und banden die Ähren
in Garben zusammen.
Aber einige Ähren blieben
am Boden liegen.
Die durften die Armen aufsammeln,
die selbst kein Feld besaßen.
So war es in Israel Gesetz.

Da sagte Rut zu Noomi:
„Was sollen wir essen?
Wir haben kein Brot im Haus
und auch kein Mehl und kein Korn.
Darum will ich morgen früh
auf die Felder gehen
und Ähren auflesen."
„Ja, geh nur!", meinte Noomi.
„Mir ist es recht."

Am nächsten Morgen
stand Rut früh auf.
Sie ging auf ein Feld,
das nahe bei Bethlehem lag,
und machte sich an die Arbeit.
Sie bückte sich unermüdlich
und las auf, was sie fand:
goldgelbe Ähren, kleine und große,
und sammelte sie in ihr Tuch.
Sie ruhte nicht und schaute nicht auf,
bis das Tuch voll war.

Darüber wurde es Mittag.
Da kam Boas aufs Feld,
der Bauer, dem das Feld gehörte.
Als er Rut sah,
ging er zu seinen Knechten
und fragte sie leise:
„Sagt, wer ist diese Frau,
die dort Ähren aufliest?"
Sie antworteten:
„Es ist die Frau aus Moab,
die mit Noomi hierher kam.
Sie ist schon
vom frühen Morgen an hier
und arbeitet, ohne sich eine
Pause zu gönnen."

Da ging Boas zu Rut hin,
grüßte sie freundlich und sagte:
„Wenn du willst, kannst du immer
auf meinen Feldern Ähren auflesen.
Meine Knechte und ich sorgen dafür,
dass dir kein Leid geschieht.
Und wenn du Durst hast,
dann geh zu den Knechten
und trink aus ihrem Krug!"

Da verneigte sich Rut so tief,
dass ihr Gesicht
fast die Erde berührte.
„Mein Herr", fragte sie leise,
„warum bist du so gütig zu mir?
Womit habe ich das verdient?
Ich bin doch nur
eine Fremde für dich."

„Man hat mir erzählt,
was du für Noomi getan hast",
antwortete Boas.
„Gott segne dich dafür!
Komm, steh auf!
Es ist Mittagszeit.
Iss mit uns
und lass es dir schmecken!"

Da setzte sich Rut
zu den Knechten und Mägden.
Und Boas legte ihr Brot
und geröstete Körner vor,
so viel sie wollte.
Danach aber stand Rut
gleich wieder auf
und sammelte weiter.
Boas sah ihr verwundert zu.
Und er sagte zu seinen Knechten:
„Sorgt nur immer dafür,
dass sie auch genug Ähren findet!
Lasst ab und zu
ein paar Ähren absichtlich fallen,
damit sie mehr findet!
Und seid auch stets freundlich zu ihr!"

Als es Abend wurde,
hatte Rut einen ganzen Sack
voller Ähren gesammelt.
Sie klopfte das Korn aus den Ähren
und brachte es zu Noomi.
„So viel Korn?", staunte Noomi.
„Wo hast du das alles gefunden?"
„Auf dem Feld von Boas",
antwortete Rut und erzählte Noomi,
was Boas zu ihr gesagt hatte.
„Gott sei Dank!", rief Noomi froh.
„Nun sehe ich,
dass Gott uns nicht vergessen hat.
Bleib nur immer in Boas' Nähe!
Er meint es gut mit uns.
Er ist sogar mit uns verwandt."

Von da an ging Rut
jeden Tag zu Boas aufs Feld.
Als aber die Erntezeit vorüber war,
holte Boas Rut zu sich ins Haus
und nahm sie zur Frau.

Bald darauf gebar Rut einen Sohn.
Da kamen alle Nachbarn
und Freunde zu Noomi
und riefen voll Freude:
„Gelobt sei Gott!
Er hat dich wieder getröstet.
Rut hat dir einen Enkelsohn geschenkt.
Der wird dich froh machen."
Und alle in der Stadt
freuten sich mit Noomi und Rut
und dankten Gott für dieses Kind.

Aber noch ahnte niemand in Bethlehem,
wer einmal der Enkelsohn
dieses Kindes sein würde:
David, der künftige König,
den Gott für sein Volk bestimmt hatte.

Samuel

1. Samuel 1–2, 10

Zur selben Zeit lebte in Israel
ein Mann namens Elkana,
der hatte zwei Frauen.
Die eine hieß Hanna,
die andere Peninna.
Peninna hatte viele Kinder,
aber Hanna hatte kein Kind.
Es schien, als hätte Gott
ihren Leib verschlossen.

Jedes Jahr zog Elkana mit seinen Frauen,
seinen Söhnen und Töchtern
zum Haus Gottes nach Silo,
wo die Lade Gottes stand.
Dort brachte Elkana Gott ein Opfer.
Danach gab es vor dem Haus Gottes
für alle ein festliches Mahl.
Elkana teilte das Opferfleisch aus.

Peninna und ihren Kindern
gab er je ein Stück Fleisch.
Aber Hanna gab er traurig
nur ein einziges Stück.
Denn er hatte Hanna sehr lieb,
obwohl sie ihm kein Kind
geboren hatte.
Doch Peninna sah auf Hanna herab.
Sie stichelte: „Was bist du schon wert!
Kein einziges Kind hast du geboren.
Gott hat deinen Leib verschlossen."
So kränkte sie Hanna jedes Jahr,
wenn sie beim Opfermahl saßen.

Einmal setzte sie Hanna wieder so zu,
dass diese in Tränen ausbrach.
Das Essen blieb ihr im Hals stecken.
„Aber Hanna", fragte Elkana besorgt.
„Warum weinst du?
Warum isst du nichts?
Warum ist dein Herz so betrübt?
Bin ich dir nicht mehr wert
als zehn Söhne?"

Da hielt es Hanna nicht mehr aus.
Sie sprang auf,
ging zum Haus Gottes,
warf sich davor auf die Erde
und weinte und schluchzte:
„Ach, Herr", betete sie leise,
„schenk mir einen Sohn!
Ich will ihn nicht für mich behalten.
Er soll dir gehören
und dir sein Leben lang dienen.
Das gelobe ich dir."

Während sie so betete,
saß der alte Priester Eli
an der Tür und beobachtete sie.
Wie sonderbar!, dachte er.
Die Frau liegt am Boden
und bewegt ihre Lippen.
Sicher ist sie betrunken.
Und er fuhr Hanna an:
„Was fällt dir ein?
Du bist ja betrunken!
Spuck den Wein aus,
den du getrunken hast!"

„Aber nein", sagte Hanna traurig,
„ich bin nicht betrunken.
Ich habe nur einen großen Kummer.
Darum habe ich mein Herz
vor Gott ausgeschüttet."

Da ahnte Eli,
was Hanna beschwerte.
Und er sprach zu ihr:
„Geh hin in Frieden.
Gott hat dein Gebet erhört."

Hanna horchte auf.
Wollte Gott ihr wirklich
noch ein Kind schenken?
Sogleich stand sie auf,
ging zu den andern zurück,
aß und trank mit ihnen,
voller Freude über das Wort,
das ihr der Priester gesagt hatte.

*

Nach einem Jahr wurde
endlich das Kind geboren,
auf das Hanna
so lange gewartet hatte.
„Da ist er endlich", rief Hanna,
„der Sohn, den ich
von Gott erbeten habe!"
Samuel nannte sie ihn,
das heißt: „von Gott erbeten".

Und Hanna dankte Gott
mit diesem Lied:

„Mein Herz ist voll Freude
über den Herrn.
Denn der Herr macht arm
und macht reich.
Er erniedrigt und er erhöht.
Die Schwachen hebt er
aus dem Staub
und er erhöht die Armen."

Samuel wird berufen

1. Samuel 2,12–3,21

Drei Jahre blieb Samuel
zu Hause bei seiner Mutter.
Danach zogen Hanna und Elkana
mit ihm zum Haus Gottes nach Silo
und brachten das Kind
zu Eli, dem Priester.
„Ach, mein Herr!", sagte Hanna zu ihm.
„Erkennst du mich wieder?
Ich bin die Frau, die vor dir stand.
Und das ist mein Sohn,
um den ich damals Gott bat.
Er hat mir meine Bitte erfüllt.
Nun gebe ich ihm meinen Sohn wieder.
Er soll ein Priester werden
und Gott sein Leben lang dienen."

Von diesem Tag an
blieb Samuel bei Eli in Silo.
Dort lehrte Eli ihn alles,
was ein Diener Gottes zu tun hatte.
Und Gott hatte Gefallen an ihm.

Nun aber hatte Eli zwei Söhne.
Sie waren auch Priester.
Aber sie hörten nicht auf Gottes Gebot.
Sie fragten auch nicht danach,
was einem Priester erlaubt war.
Wenn einer aus dem Volk
ein Opfer darbringen wollte,
nahmen sie das Opferfleisch weg
und aßen es selbst auf.
Vergeblich warnte sie Eli, ihr Vater:
„Was macht ihr da?
Das dürft ihr nicht tun!"
Aber die Söhne hörten nicht auf ihn.

Samuel aber wuchs heran
und wurde ein Diener Gottes.
Von früh bis spät war er im Haus Gottes.
Nachts schlief er auch dort,
neben der Lade Gottes.

Eines Nachts aber hörte Samuel
plötzlich eine Stimme:
„Samuel! Samuel!"

Samuel fuhr hoch.
Wer hatte ihn gerufen?
Es war niemand zu sehen.
Schnell stand er auf,
lief zu Eli und sagte:
„Hier bin ich.
Du hast mich gerufen."

Doch Eli erwiderte:
„Nein, ich habe dich nicht gerufen.
Leg dich nur wieder hin und schlaf!"
Da legte sich Samuel wieder hin
und schlief ein.

Aber auf einmal hörte er wieder:
„Samuel! Samuel!"
Schnell stand er auf,
lief zu Eli und sagte:

„Hier bin ich wieder.
Du hast mich gerufen."

Doch Eli antwortete:
„Nein, ich habe dich nicht gerufen.
Leg dich nur wieder hin und schlaf!"

Aber kaum lag Samuel
auf seinem Lager,
da hörte er schon wieder:
„Samuel! Samuel!"
Und wieder lief er zu Eli
und sagte: „Hier bin ich.
Du hast mich gerufen."

Da begriff Eli auf einmal,
woher die Stimme kam.
Und er sagte zu Samuel:
„Leg dich nur wieder hin!
Aber wenn du noch einmal
die Stimme hörst,
dann antworte darauf:
‚Rede, Herr!
Dein Knecht hört.'"

Nun ahnte auch Samuel,
wer ihn gerufen hatte.
Still ging er zurück,
legte sich hin,
wartete und lauschte.

Da – auf einmal rief es wieder:
„Samuel! Samuel!"
Samuel richtete sich auf.
„Rede, Herr!", antwortete er.
„Dein Knecht hört."

Da hörte Samuel,
wie Gott zu ihm sprach:
„Hör zu, Samuel!
Bald wird ein großes Unglück
über dieses Haus kommen.
Eli und seine Söhne
werden alle umkommen.
Und es wird keinen Priester mehr
im Haus Gottes geben."

Samuel erschrak.
War das wirklich Gott,
der zu ihm gesprochen hatte?
Er konnte nicht mehr einschlafen.

Am nächsten Morgen
stand Samuel früh auf
und öffnete leise die Tür.
Doch Eli hatte ihn schon gehört.
„Komm her, Samuel!", rief er.
„Was hat Gott zu dir gesagt?
Erzähl mir alles!
Verschweige mir nichts!"

Da erzählte ihm Samuel alles,
was Gott zu ihm gesagt hatte.
Eli aber hörte aufmerksam zu.
„Wie Gott will",
sagte er leise.
„Sein Wille geschehe!"

Und wie Gott gesagt hatte,
so traf es auch ein:
Bald danach fielen die Philister
in das Land ein.
Sie kämpften gegen das Volk Israel
und töteten beide Söhne Elis
und nahmen die Lade Gottes
als Beutestück mit.

Als aber Eli hörte,
was mit der Lade geschehen war,
fiel er vor Schreck
von seinem Stuhl,

brach sich das Genick
und starb.

Seit dieser Zeit gab es in Silo
keinen Priester mehr,
der Gott diente.

Aber Samuel diente Gott,
solange er lebte.
Und Gott war mit ihm.
Und alle Israeliten
hörten auf ihn.

5

Gott setzt Könige ein

Schon viele Jahre
wohnten die Israeliten
im eigenen Land.
Aber immer wieder
bedrohten Feinde das Land.
Da sagten sich die Israeliten:
„Wenn wir doch einen König hätten,
der über uns regiert!
Dann hätten wir endlich
wieder Frieden im Land."
Und sie baten Samuel:
„Gib uns einen König!
Der soll über uns herrschen
und unsere Feinde vertreiben."
Aber Samuel antwortete:
„Wozu braucht ihr einen König?
Habt ihr vergessen?
Gott ist euer König.
Er hat euch bisher geführt
und alle eure Feinde vertrieben."
Doch die Israeliten drängten Samuel:
„Einen anderen König wollen wir haben,
einen richtigen König
wie alle anderen Völker."

Da sprach Gott zu Samuel:
„Tu, was sie sagen!
Sie sollen ihren König haben.
Aber ich will ihn für sie auswählen."

1. Samuel 8

Zu diesem Kapitel vergleiche die Hinweise im dritten Teil Seite 273ff.

Saul

1. Samuel 9–15

Zu der Zeit lebte in Israel
ein junger Mann namens Saul.
Er war der Sohn eines Bauern,
hoch gewachsen,
einen Kopf größer als alle andern.

Eines Tages machte sich Saul auf,
um die Eselinnen zu suchen,
die seinem Vater entlaufen waren.
Saul und sein Knecht
suchten das ganze Gebiet ab,
aber die Eselinnen fanden sie nicht.

Da schlug der Knecht vor:
„Lass uns in den nächsten Ort gehen!
Dort hält sich gerade Samuel auf.
Vielleicht weiß er, wo die Esel sind."
So zogen die beiden zu der Stadt,
um Samuel zu befragen.

Als sie durch das Stadttor gingen,
kam ihnen Samuel schon entgegen.
Aber Saul erkannte ihn nicht.
Er fragte: „Weißt du,
wo Samuel wohnt?"
„Ich bin es selbst", antwortete Samuel.
„Kommt mit mir! Seid meine Gäste!
Ich lade euch ein.
Wir feiern heute ein Fest.
Morgen früh könnt ihr weiterziehen.
Und sorgt euch nicht um die Esel!
Sie sind längst gefunden."

Danach führte Samuel die beiden
in eine große Halle,
wo der Tisch festlich gedeckt war.
Samuel bot Saul
den Ehrenplatz neben sich an
und legte ihm
das beste Stück Fleisch vor.
„Was hat dies zu bedeuten?",
fragte sich Saul verwundert.
„Warum ehrt mich Samuel
vor allen anderen?
Er kennt mich doch gar nicht."
Aber Gott hatte zuvor
zu Samuel gesagt:
„Der ist es!
Der soll König werden
über das Volk Israel."

Am nächsten Morgen
stand Saul früh auf,
rief seinen Knecht
und machte sich mit ihm
auf den Weg nach Hause.
Samuel begleitete ihn
bis vor das Stadttor.

Dort blieb Samuel stehen.
Er befahl Saul:
„Schick deinen Knecht voraus!
Du aber bleib hier und höre,
was Gott dir verkündet:
Gott salbt dich heute zum König.
Du sollst König über Israel werden."
Dazu holte er ein Gefäß, gefüllt mit Öl,
unter seinem Mantel hervor
und goss das Öl auf Sauls Haare.

Saul wusste nicht, wie ihm geschah.
Er lief über die Berge zurück,
jubelte und lobte Gott.
Und alle, die ihn sahen,
wunderten sich und fragten:
„Was ist nur in Saul gefahren?"
Aber Saul verriet niemandem,
was geschehen war
und was Samuel zu ihm gesagt hatte.

*

Nicht lange danach
brach im Grenzland ein Krieg aus.
Als Saul davon hörte,
dachte er daran, dass Gott ihn
zum König gesalbt hatte.
Er schickte Boten ins ganze Land
und ließ allen Israeliten sagen:
„Kommt alle und folgt mir!“

Da kamen sie von Norden und Süden,
von Osten und Westen
und sammelten sich um Saul.
Gemeinsam zogen sie
mit ihm in den Kampf
und besiegten die Feinde.

Nun war die Freude
bei allen Israeliten groß.
„Saul hat uns befreit“, riefen alle.
„Saul soll unser König sein!“
Und sie feierten miteinander
ein großes Fest.
Sie jubelten ihrem König zu
und dankten Gott, der ihnen
diesen König geschenkt hatte.

*

Aber danach vergaß Saul
den Herrn, seinen Gott,
der ihn zum König gemacht hatte.
Er tat nur noch,
was ihm selber gefiel,
und fragte nicht mehr nach Gott.

Da kam Samuel zu Saul und sprach:
„Warum hast du Gott verlassen?
Nun wird sich Gott
einen anderen König wählen,
einen König, der auf ihn hört.“
Und Samuel ging weg von Saul.
Saul aber sah ihn nie mehr wieder.

David

1. Samuel 16,1–13

In jenen Tagen lebte in Bethlehem
ein junger Hirte, der hieß David.
Sein Vater war Isai,
ein Enkel von Boas und Rut.
Isai hatte acht Söhne.
David war der jüngste von allen.

Jeden Tag war David draußen
auf der Weide bei seinen Schafen.
Meist war er dort ganz allein.
Aber David hatte keine Angst.
Wenn sich ein wildes Tier
auf die Schafe stürzte,
sprang er hinzu und vertrieb es
mit seinem Stock.
Und wenn die Schafe unruhig wurden,
spielte er auf seiner Harfe
und sang dazu dies Lied:

„Der Herr ist mein Hirte.
Mir wird nichts mangeln.
Er weidet mich auf einer grünen Aue
und führet mich zum frischen Wasser.
Er erquicket meine Seele.
Er führet mich auf rechter Straße
um seines Namens willen.
Und ob ich schon wanderte
im finsteren Tal,
fürchte ich kein Unglück,
denn du bist bei mir,
dein Stecken und Stab trösten mich.“

Psalm 23

Eines Tages meldete sich
bei Davids Vater hoher Besuch an.
Samuel kam nach Bethlehem,
um mit Isai und seinen Söhnen
ein Opferfest zu begehen.
Isai sah ihn schon von fern kommen.
Er eilte ihm entgegen.
„Welch seltener Besuch!“, rief er.
„Bringst du uns gute Nachricht?“
Samuel nickte: „Ja!
Ruf schnell alle deine Söhne herbei!“

Isai wunderte sich.
Was hatte Samuel vor?
Warum wollte er seine Söhne sehen?
Isai wusste ja nicht,
dass Samuel von Gott geschickt war.
Gott hatte zu Samuel gesagt:
„Geh nach Bethlehem!
Denn aus Bethlehem
wird der König kommen,
den ich erwählt habe.
Ein Sohn Isais wird es sein.“

Da rief Isai seine Söhne herbei
und stellte sie Samuel vor.
Zuerst rief er den Ältesten.
Er war groß und kräftig.

Als Samuel ihn sah, dachte er:
„Wahrhaftig, der ist es!
Der wird König werden.“

Aber Gott sprach zu Samuel:
„Nein, der ist es nicht!
Ich habe ihn nicht erwählt.
Du siehst nur auf das Äußere.
Aber ich schaue ins Herz.“

Da rief Isai den zweiten Sohn.
Aber der war es auch nicht,
den Samuel suchte.
Gott hatte ihn nicht erwählt.

Da rief Isai den dritten Sohn.
Aber der war es auch nicht,
den Samuel suchte.
Gott hatte ihn nicht erwählt.

Da rief Isai die anderen Söhne herbei.
Aber keinen von ihnen
hatte Gott erwählt.

Zuletzt fragte Samuel:
„Sind das alle deine Söhne?“
„Nein“, sagte Isai.
„Es fehlt noch der jüngste.
Er ist draußen bei den Schafen.“
„Dann holt ihn!“, befahl Samuel.
„Ich muss ihn sehen.“
Da holten sie David von der Weide
und brachten ihn zu Samuel.

Als aber Samuel David sah,
braun gebrannt und strahlend,
da wusste er auf einmal,
wen Gott meinte.
„Der ist es“, sprach Gott.
„Den habe ich erwählt.
Auf, salbe ihn zum König!“

Da holte Samuel ein Horn
unter seinem Mantel hervor,
das mit Öl gefüllt war.
Er goss das Öl auf Davids Haare
und sagte feierlich:
„David, Gott salbt dich zum König.
Du sollst König werden
über das ganze Volk Israel.“

David war sprachlos.
Er sollte König werden?

Es gab doch schon
einen König im Land!
Wenn Saul erfuhr,
was Samuel getan hatte,
wer weiß, was dann
mit David geschah?

David bei König Saul

1. Samuel 16,14–23

Saul saß in seinem Haus
und starrte vor sich hin.
Er dachte an das Wort,
das Samuel ihm gesagt hatte:
Ein anderer wird König werden,
der, den Gott dazu bestimmt hat.

Mit Sorge sahen seine Ratgeber,
wie sich Saul quälte.
Schließlich fassten sie sich ein Herz.
Sie rieten dem König:
„Lass einen Mann kommen,
der sich aufs Harfespielen versteht.
Sein Spiel wird dir guttun
und deine dunklen Gedanken
vertreiben."

„Gut", meinte Saul.
„Kennt ihr einen Mann,
der Harfe spielen kann?"
„Ja, David aus Bethlehem,
der Sohn Isais.
Er ist klug und mutig,
ein Meister im Harfespiel.
Und Gott ist mit ihm."

Da ließ der König
David an seinen Hof holen.
Und Saul gewann ihn
mit jedem Tag lieber.

Und sooft sich die Schwermut
wieder auf Saul legte,
spielte David auf seiner Harfe.
Dann wurde es Saul leichter ums Herz.
Seine dunklen Gedanken verschwanden.

Aber Saul ahnte nicht,
dass David an seiner Stelle
zum König über Israel bestimmt war.

David und Goliat

1. Samuel 17

In jenen Tagen fielen die Philister
erneut ins Land Israel ein.
Die Philister waren ein mächtiges Volk,
viel mächtiger als die Israeliten.
Sie rückten mit einem gewaltigen Heer
gegen die Israeliten vor.

Da sammelte Saul sofort
alle seine Männer um sich
und zog den Philistern entgegen.
In einem Tal trafen
beide Heere aufeinander.
Die Israeliten hatten ihr Lager
auf der einen Seite des Tals,
die Philister auf der anderen Seite.

Unter den Philistern aber
war ein mächtiger Krieger,
mit Namen Goliat,
der war größer und stärker
als alle anderen Philister.
Er hatte einen ehernen Helm
und eine eherne Rüstung,

hundert Pfund schwer.
Und auf seiner Schulter trug er
einen langen Wurfspeer
mit eherner Spitze.

Jeden Tag trat Goliat
vor das Heer der Philister.
Und jeden Morgen und Abend
schrie er zu den Israeliten hinüber:
„He, ihr Feiglinge!
Wer von euch wagt es,
mit mir zu kämpfen?“
Und jedes Mal zitterten
die Israeliten vor Angst und flohen,
wenn sie ihn kommen sahen.
Keiner wagte mit ihm zu kämpfen,
auch nicht der König
und auch nicht Jonatan,
sein tapferer Sohn.

So vergingen Tage und Wochen.
Nach vierzig Tagen aber
kam David zum Heerlager,
um nach seinen Brüdern zu schauen.
Als er dort ankam,
stand Goliat wieder
auf dem Hügel,
breitbeinig und riesig.
„Ihr Feiglinge!“, brüllte Goliat.
„Kommt doch und kämpft mit mir!
Warum traut ihr euch nicht?
Hilft euch euer Gott nicht?“

Als David das hörte,
packte ihn der Zorn.
Wie? Goliat machte sich
über Gott lustig?
Gab es denn keinen,
der ihm wehrte?
Nein, alle zitterten vor ihm
und flohen, wenn sie ihn sahen.

„Und wenn ich mit ihm kämpfe?“,
fragte David.
„Dann macht dich der König reich
und gibt dir seine Tochter zur Frau.“
Doch Eliab, Davids ältester Bruder,
fuhr ihn an: „Was fällt dir ein?
Warum bist du hierher gekommen?
Ich kenne dich:
Du machst dich nur wichtig
und willst dem Kampf zusehen.“
„Was habe ich denn getan?
Ich habe doch nur gefragt“,
entgegnete David.

Da führten sie David zu Saul.
Der saß in seinem Zelt
und ließ den Kopf hängen.
„Nur Mut!“, rief David ihm zu.
„Ich will mit Goliat kämpfen.“

Aber Saul sah David ungläubig an.
„Unmöglich!“, meinte er.
„Du bist viel zu jung.
Goliat aber ist ein erfahrener Krieger.
Keiner kann so kämpfen wie er.“
Doch David antwortete:
„Ich habe schon
mit Löwen und Bären gekämpft.
Ich habe keine Angst
vor diesem Philister.
Gott wird mir helfen.“

Da willigte Saul ein.
„Gut, dann nimm wenigstens
meine Rüstung und meinen Helm.“
Aber David konnte darin nicht gehen.
Er gab beides dem König zurück.
Nur seinen Hirtenstab
und seine Schleuder nahm er
mit sich hinab ins Tal,
suchte sich im Bachbett

fünf glatte Steine
und steckte sie in seine Hirtentasche.
So zog er dem Philister entgegen.

Da stand Goliat auf einmal vor ihm,
massig und riesig.
„Wie?“, höhnte der Riese.
„Bin ich etwa ein Hund,
dass du mit einem Stock zu mir kommst?
Bei meinem Gott,
dich mache ich fertig.
Komm näher, Bürschchen!
Ich will dein Fleisch den Vögeln
und wilden Tieren zum Fraß geben.“

Doch David rief ihm entgegen:
„Du kommst zu mir
mit Schwert, Lanze und Speer.
Aber ich komme zu dir
im Namen des starken Gottes,
den du verhöhnt hast.“

Blitzschnell holte er
einen Stein aus der Tasche,
legte ihn in seine Schleuder –
und schon sauste der Stein durch die Luft
und traf den Riesen an seiner Stirn.
Goliat schwankte, stürzte
und schlug mit dem Kopf
auf die Erde.

Da lag er nun,
der riesige Goliat,
und rührte sich nicht.
David aber lief schnell hinzu,
packte sein großes Schwert
und hieb ihm den Kopf ab.

Als die Philister das sahen,
flohen sie alle in wilder Panik.
Aber die Israeliten jagten ihnen nach
bis über die Grenze.

Da war der Jubel groß
bei allen Israeliten.
Fröhlich kehrten sie heim
und erzählten allen,
was Gott durch David getan hatte.

David muss fliehen

1. Samuel 18–20

David war plötzlich berühmt.
Im ganzen Land sprach man von ihm.
Der König setzte ihn
über alle seine Soldaten
und gab ihm seine Tochter zur Frau.
Und Jonatan, der Sohn des Königs,
wurde sein bester Freund.
Er schenkte David
seinen Umhang und seine Rüstung,
dazu Schwert, Pfeil und Bogen.
Als sei David der Kronprinz, nicht er,
so ehrte er David vor allen.
Ja, er liebte ihn mehr
als sein eigenes Leben.

In jenen Tagen trug es sich zu,
dass David wieder zum Kampf auszog
und die Philister besiegte.
Als er vom Kampf heimkehrte,
zogen ihm aus allen Städten
die Frauen im Tanz entgegen,
begleitet von Zimbeln und Pauken.
Dazu stimmten sie ein neues Lied an:
„Saul hat tausend erschlagen.
David aber hat zehntausend erschlagen.“

Als aber Saul davon erfuhr,
packte ihn die Wut.
Wie, dachte er grimmig,
diese Frauen ehren David
mehr als ihren eigenen König?
Ist David denn besser als ich?
Es sieht fast so aus,
als sei er der König im Land.
Saul konnte das Lied
nicht mehr vergessen.
Auf einmal wurde ihm klar,
wer der andere war,
von dem Samuel gesprochen hatte.
David war es!

Von diesem Tag an
war es um Saul geschehen.
Er konnte David nicht mehr
freundlich ansehen.
Eines Tages brach er
in einen furchtbaren Wutanfall aus.
Er tobte durchs ganze Haus
wie von Sinnen.
David aber spielte auf seiner Harfe,
als sei nichts geschehen.
Da packte Saul rasender Zorn.
Er zückte seinen Spieß
und zielte auf David.
Der aber wich blitzschnell aus,
rannte aus dem Haus
und verbarg sich vor Saul.

*

Lange Zeit hielt sich David versteckt.
Nur Jonatan wusste,
wo er sich aufhielt.
Er suchte ihn heimlich auf
und warnte ihn:
„Mein Vater sucht dich überall.
Er ruht nicht eher, bis du tot bist.
Aber ich weiß,
Gott wird es nicht zulassen.
Er wird dich zum König machen.
Doch versprich mir,
dass wir auch dann Freunde bleiben."

David versprach es.
Darauf fielen sich beide um den Hals,
weinten und nahmen traurig Abschied.
Jonatan kehrte zu Saul zurück.
David aber floh in die Berge.

David in der Höhle

1. Samuel 24

Es war ein heißer Tag.
David wanderte über die Berge.
Eine Schar Männer begleitete ihn.
Plötzlich – was war das?
In der Ferne entdeckte er
Saul mit seinen Soldaten!
Er war gekommen,
um David zu fangen.

Schnell versteckte sich David
mit seinen Begleitern in einer Höhle.
Da saßen sie nun im Dunkeln
und sahen gespannt
auf den Weg hinaus.
Keiner rührte sich.
Keiner sagte ein Wort.

Plötzlich stand Saul
am Eingang der Höhle.
Er schaute hinein.
Den Männern stockte der Atem.
Ob Saul sie entdeckte?
Nein, er bemerkte sie nicht!
Er rief seinen Soldaten zu:

„Steht still!
Wir machen hier Pause."
Darauf er zog sich allein
in die Höhle zurück.

David und seine Männer
trauten ihren Augen nicht.
Saul war in ihrer Höhle!
Er ahnte ja nicht,
dass sie sich hier versteckt hielten!
„Auf, David!", flüsterten die Freunde.
„Jetzt ist Saul in deiner Hand.
Töte ihn auf der Stelle!
Jetzt oder nie!
Warum zögerst du noch?"

Da stand David auf.
Leise machte er sich an Saul heran,
packte sein Schwert –
und schlug zu.
Zitternd hielt er in seinen Händen
ein Stück von Sauls Mantel.
Sein Herz klopfte.
Ob Saul ihm vergeben würde,
was er getan hatte?
Leise schlich er sich wieder zurück.

Aber seine Freunde waren empört.
„David, was soll das?
Warum hast du Saul nicht getötet?
Traust du dich nicht?
Dann tun wir es für dich."
Doch David hielt sie zurück.
„Nein", flüsterte er,
„tut es nicht!
Dazu habt ihr kein Recht.
Ich warne euch.
Habt ihr vergessen,
dass Gott ihn zum König gemacht hat?"

Still warteten sie im Dunkeln,
bis Saul die Höhle wieder verließ,
um weiter nach David zu suchen.

Da wagte sich David endlich
aus der Höhle hervor.
„Mein König!",
rief er laut hinter Saul her.
„Warum jagst du mich
wie deinen schlimmsten Feind?
Sieh doch!
Ich war in derselben Höhle wie du.
Ich hätte dich töten können.
Aber ich habe dir nichts getan.
Nur dieses Mantelstück
habe ich abgeschnitten.
Glaub mir doch endlich:
Ich bin nicht dein Feind."

„David", rief Saul,
„jetzt sehe ich:
Du bist besser als ich.
Ich habe dir Unrecht getan."
Und er fügte leise hinzu:
„Ich weiß, du wirst einmal König.
Aber bitte versprich mir:
Wenn du König bist,
verschone meine Familie!"

David versprach es.
Saul aber zog wieder heim.
Und er nahm sich vor,
David nicht mehr zu verfolgen.

David in der Wüste

1. Samuel 26

Nicht lange danach
kamen Boten zu Saul,

die meldeten ihm:
„Wir haben David gesehen.
Er hat sich in der Wüste versteckt."
„Dann will ich ihn suchen
und fangen", rief Saul.
„Diesmal entkommt er mir nicht."

Darauf sammelte Saul in aller Eile
3000 Soldaten um sich
und zog mit ihnen in die Wüste,
um David zu suchen.
Den ganzen Tag marschierten
die Soldaten durch die Wüste,
bis es Abend wurde.
Aber David fanden sie nicht.
Da schlugen sie ihre Zelte auf,
legten sich nieder
und schliefen erschöpft ein.

Auch Saul schlief bald ein.
Er lag in seinem Königszelt.
Sein Speer steckte
neben ihm in der Erde.
Daneben stand ein Krug,
der mit Wasser gefüllt war.
Draußen vor dem Zelt
hielten Soldaten Wache.
Aber auch ihnen fielen
die Augen bald zu.

Plötzlich raschelte es.
Zwei Männer schlichen sich
an das Lager heran.
Sie schlüpften an der Wache vorbei
und drangen in Sauls Zelt ein.
David war es und sein Freund Abischai.
Niemand hatte bemerkt,
wie sie ins Lager gekommen waren.
Auch Saul hatte nichts bemerkt.
Er lag auf der Erde
und rührte sich nicht.
Abischai zeigte auf Saul.
„Soll ich ihn töten?", fragte er leise.
„Nein", flüsterte David.
„Was fällt dir ein?
Fass ihn nicht an!
Nur Gott darf das tun."
Dann nahm David den Speer
und den Wasserkrug an sich,
huschte aus dem Zelt
und machte sich mit Abischai
schnell wieder davon.

Als es Morgen wurde,
war David längst entkommen.
Er stand oben auf dem Berg
und rief laut zu den Zelten hinab:
„Hört, ihr Soldaten!
Ihr bewacht euren König schlecht.
Ich war heute Nacht bei ihm
und hätte ihn töten können.
Seht den Speer und den Krug!
Das ist der Beweis."

Da wachte auch Saul auf.
„David", rief er erschrocken,
„ist das deine Stimme?"
„Ja", antwortete David.
„Glaubst du jetzt endlich,
dass ich nicht dein Feind bin?"

Da schämte sich Saul und rief:
„Es tut mir leid, David.
Ich habe dir Unrecht getan.
Komm her! Ich tu dir nichts an."

Aber David kam nicht.
Er wusste:
Saul würde wieder nicht halten,
was er versprochen hatte.

So gab er einem Soldaten
den Krug und den Speer.
Der brachte beides zu Saul zurück.

David aber floh
ins Land der Philister.
Er sah Saul nie mehr wieder.

David wird König

2. Samuel 1–5

Danach brach wieder ein Krieg aus.
Die Philister zogen
mit ihrem ganzen Heer
gegen die Israeliten.

Da sammelte Saul alle seine Soldaten
und rückte gegen die Philister vor.
Sein Sohn Jonatan zog
mit ihm in den Kampf.
Doch David war nicht dabei.
Er hielt sich immer noch
bei den Philistern versteckt.
Dort wartete er bange
auf Nachricht von den Israeliten.
Was würde aus Israel
und was würde aus Saul und Jonatan,
wenn die Philister siegten?

Nach drei Tagen
kam endlich ein Bote zu David.
Der rief: „Aus! Aus!
Der Krieg ist aus!
Die Philister haben gesiegt.
Die Israeliten sind alle geflohen.
Und Saul und Jonatan sind tot."

„Was?", schrie David entsetzt.
„Woher weißt du das?
Wer hat es dir gesagt?"
„Ich habe es selbst gesehen",
sagte der Bote.

Da zerriss David sein Gewand,
weinte und klagte.
Und er dichtete
für Saul und Jonatan dieses Lied:

„Ach, wie sind die Helden gefallen!
Es tut mir leid um dich,
mein Bruder Jonatan.
Du warst mir sehr lieb."

*

Danach kehrte David nach Israel zurück
und wohnte in der Stadt Hebron.
Dort wartete er, bis er erfuhr,
was Gott mit ihm vorhatte.

Endlich, nach sieben Jahren,
kamen die Israeliten zu David
und baten ihn:
„Sei du jetzt unser König!"

„Ja", antwortete David.
„Ich will euer König sein."
Und er dachte daran,
was der alte Samuel
vor vielen Jahren gesagt hatte:
„Du, David, sollst König sein
über das Volk Israel."

David in Jerusalem

2. Samuel 6

David zog in die Stadt Jerusalem ein
und machte sie zu seiner Königsstadt.
Dort umgab er sich mit

Ministern und Ratgebern
und einem Heer von Soldaten,
die ihm alle dienten.

Aber David dachte bei sich:
Ich bin zwar der König in dieser Stadt,
und alle müssen mir dienen.
Aber ich will Gott dienen.
Er ist der wahre König in meiner Stadt.
Das sollen auch
die anderen Leute erfahren.
Darum will ich die Lade Gottes
nach Jerusalem holen.
Dann können alle erkennen:
Gott ist der König und Herr,
dem ich diene.

Da rief David die Priester herbei
und machte sich mit ihnen auf den Weg,
um die Lade Gottes zu holen.
Aber den Leuten in Jerusalem
ließ er sagen: „Macht euch bereit!
Bald kommt die Lade Gottes
in eure Stadt."

Da legten alle
ihre schönsten Festkleider an
und zogen hinaus vor die Stadt,
voller Erwartung,
was nun geschehen würde.

Plötzlich hörten sie fröhliche Musik.
Ein Festzug kam ihnen entgegen.
Priester in festlichen Gewändern
trugen die Lade Gottes
auf ihren Schultern daher.
Andere Priester folgten ihnen
und bliesen dazu in ihre Posaunen.
David aber lief vor der Lade her,
hüpfte und tanzte wie ein Kind.
Er trug nur einen einfachen Rock,
wie ihn sonst nur Priester tragen.
So lief und tanzte er
auf die Stadt zu.
Jubelnd folgten die anderen.
Gemeinsam stimmten sie das Lied an:

> *„Machet die Tore weit*
> *und die Türen in der Welt hoch,*
> *dass der König der Ehre einziehe!"*
> Psalm 24,7

Da gingen die Tore weit auf,
und die Priester zogen
mit der Lade in die Stadt ein.
Dort feierten sie miteinander
das Königsfest Gottes,
Alte und Junge, Große und Kleine.
An diesem Fest dankten sie Gott,
ihrem König und Herrn,
dass er zugesagt hatte,
bei ihnen zu wohnen.

Als aber David am Abend
nach Hause kam,
rief ihm seine Frau Michal
spöttisch entgegen:
„Du bist mir ein feiner König!
Du hast dich heute
vor allen entblößt und getanzt
wie das Volk auf der Straße."

Aber David antwortete:
„Ich habe vor Freude getanzt,
weil Gott bei uns wohnt.
Vor ihm will ich gern
noch viel niedriger sein."

David erhält ein Versprechen

2. Samuel 7

Endlich kehrte Ruhe und Frieden
im Land ein.
Aber David fand noch keine Ruhe.
Er fragte sich:
Wie kann Gott unter uns wohnen?
Für ihn gibt es noch kein Haus
in unserer Stadt.
Die Lade Gottes steht
noch immer in einem Zelt.
Aber ich weiß, was ich tun werde:
Ich will für Gott ein Haus bauen.

David bat Nathan,
den Propheten, zu sich.
„Hör zu, Nathan", sagte er.
„Komm, setz dich zu mir!
Ich muss dir etwas Wichtiges sagen:
Sieh, ich wohne in diesem Haus
aus edlem Zedernholz.
Aber die Lade Gottes
hat noch immer kein Haus.
Darum will ich für Gott ein Haus bauen.
Einen prächtigen Tempel
will ich ihm schenken."

„Nur zu!", meinte Nathan erfreut.
„Das wird Gott gefallen.
Tu, was du vorhast!
Gott ist mit dir."

Aber am nächsten Morgen
kam Nathan noch einmal zu David
und sprach: „Hör zu, David!
In dieser Nacht hat Gott
zu mir gesprochen.
Gott lässt dir sagen:
‚Du sollst mir kein Haus bauen
und musst mir nichts schenken.
Denk doch daran:
Alles, was dir gehört,
habe ich dir geschenkt.
Aber ich verspreche dir
noch viel mehr:
Ich will dir ein Haus bauen,
ein Königshaus, das ewig besteht.
Ich will dir einen Sohn schenken,
der wird nach dir König sein.
Und der wird mir ein Haus bauen.
Ich will sein Vater sein
und er soll mein Sohn sein
und meine Gnade soll nicht
von ihm weichen.
Ich will mit ihm sein
und mit allen Königen,
die nach ihm kommen
und dein Königsthron
soll ewig bestehen.'"

Da verneigte sich David vor Gott,
der ihm dieses große Versprechen
gegeben hatte.
Und er betete und sprach:
„Ach, Herr, Herr!
Wer bin ich,
dass du mich bis hierher gebracht hast?
Doch nun hast du
noch Größeres versprochen.
Wie groß bist du, Herr!
So mache nun wahr,
was du versprochen hast,
und gib deinen Segen dazu,
damit dein Name von allen gelobt wird."

David und Batseba

2. Samuel 11–12 / Psalm 51,2ff

Bald darauf geschah,
was niemand erwartet hätte.

Es war ein kühler Abend.
David blickte von seiner Burg
auf Jerusalem herab.
Da entdeckte er eine Frau,
die sich gerade wusch.
Sie war so schön, dass David
alles andere darüber vergaß.
„Wer ist diese Frau?“,
fragte sich David erregt.
„Ich muss sie haben,
ganz gleich, wer sie ist.“
David war Feuer und Flamme.
Sogleich ließ er die Frau holen
und ohne zu fragen,
schlief er mit ihr.

Aber die Frau, Batseba mit Namen,
war verheiratet mit Uria,
einem Soldaten des Königs.
Der ahnte von alledem nichts.
Er war in den Krieg gezogen
und kämpfte für David.
Und es war ungewiss,
wann er wieder zurückkehrte.

Indessen ließ Batseba
den König wissen:
„Ich bin von dir
schwanger geworden.“
Da erschrak David.
Was tun?
Niemand durfte erfahren,
was er getan hatte.
David überlegte nicht lange.
Er schickte einen geheimen Brief
an seinen General,
der für ihn Krieg führte,
und ließ ihm sagen:
„Sorge dafür, dass Uria
nie mehr zurückkommt!“

Und so geschah es.
Nicht lange danach
wurde David gemeldet:
„Uria ist im Kampf gefallen.“

Nun hatte David erreicht,
was er wollte:
Uria war tot.
Batseba gehörte ihm ganz.
David holte sie in sein Haus.
Dort gebar sie ihm
bald darauf einen Sohn.
Und niemand ahnte,
was David getan hatte.

Aber Gott hatte alles gesehen.
Er sandte noch einmal
seinen Propheten Nathan zu David,
der sprach zu ihm:
„Hör zu, König David!
In deinem Königreich
ist etwas Unerhörtes geschehen.“
„Was denn?“, fragte David erstaunt.

Da erzählte Nathan:
„Zwei Männer lebten in einer Stadt.
Der eine war reich,
der andere arm.
Der eine besaß viele Schafe.
Der andere besaß nur
ein einziges Schaf.
Der Arme liebte sein Schaf über alles
und hütete es von früh bis spät.
Aber eines Tages kam Besuch
zu dem Reichen.

Da ging der Reiche zum Armen,
nahm ihm sein Schaf weg,
sein einziges Schaf,
schlachtete es und briet es
und setzte es seinem Gast vor."

Als David das hörte,
rief er empört: „Unerhört!
Der Mann muss sterben,
der das getan hat,
so wahr ich König bin!"

„Du bist der Mann!",
antwortete Nathan.
„Du hast es getan.
Du hast Uria das Liebste,
was er hatte, weggenommen,
seine Frau, seine einzige Frau,
und hast ihn getötet."

„Wahrhaftig, du hast recht",
rief David zu Tode erschrocken.
„Jetzt sehe ich:
Ich habe ein großes Unrecht getan.
I c h habe den Tod verdient.
I c h sollte sterben, nicht Uria."

Bald darauf wurde David gemeldet:
„Dein kleiner Sohn ist todkrank.
Er wird bald sterben."

Als David das hörte,
schloss er sich ein,
warf sich auf die Erde
und rang mit Gott im Gebet.
Tag und Nacht lag er da:
„Ach Herr, vergib meine Schuld,
Gott, sei mir gnädig!"

Nach sieben Tagen starb das Kind,
das ihm Batseba geboren hatte.
Da stand David auf
und ging zu Batseba,
um ihr in ihrer Trauer nahe zu sein.

Aber bald darauf wurde Batseba
erneut schwanger
und gebar einen Sohn: Salomo.
Er war der Sohn,
den Gott David verheißen hatte.

Da spürte David:
Gott hatte sich über ihn erbarmt,
wie sich ein Vater
über seine Kinder erbarmt.

David und Absalom

2. Samuel 15–19

David hatte viele Söhne.
Einer von ihnen hieß Absalom.
Er war der Schönste von allen Söhnen.
Kein anderer konnte sich
mit ihm messen.
Wahrhaft königlich sah er aus,
wenn er mit seinem wallenden Haar
durch die Straßen schritt.

Absalom hatte alles,
was er sich wünschte.
Er hatte ein eigenes Haus
und eigene Diener und Knechte.
Aber Absalom wollte noch mehr:
Er wollte selbst König sein
und auf dem Königsthron sitzen.

So schaffte er sich
einen prächtigen Wagen an
mit schnellen Pferden.
Und er sammelte 50 Soldaten um sich,

die ihn als Wache umgaben.
Von nun an fuhr er nur noch
in seinem Wagen durch die Stadt,
begleitet von seinen Soldaten.
Die Leute blieben stehen,
wenn sie ihn sahen
und zeigten bewundernd auf ihn.
„Seht Absalom!“, riefen sie dann.
„Wie ein König kommt er daher.“

Jeden Morgen ging Absalom
in der Frühe zum Stadttor.
Dort empfing er die Leute,
die von weither kamen,
um sich beim König zu beklagen.
Er fragte sie freundlich:
„Woher kommt ihr?
Was fehlt euch?
Kann ich euch helfen?“
Das gefiel den Leuten.
„Ach“, sagten sie sich,
„wäre doch Absalom unser König!
Dann ginge es uns besser im Land.“

Eines Tages bereitete Absalom
in der Stadt Hebron
ein großes Fest vor.
Er lud viele Gäste dazu ein.
Aus dem ganzen Land kamen sie an
und feierten fröhlich mit ihm.
Doch mitten im Fest
rief Absalom plötzlich:
„Auf, blast in die Posaunen!
Jetzt ist es so weit.“
Und als die Posaunen ertönten,
riefen alle im Chor:
„Hoch lebe Absalom, unser König!“

Wie ein Lauffeuer breitete sich
die Nachricht im ganzen Land aus.
Einer rief es dem anderen zu:
„Hast du schon gehört?
Absalom ist König geworden.“

Da kam ein Bote zu David
und meldete ihm:
„Absalom hat sich selbst
zum König gemacht.
Das ganze Land fällt ihm zu.“

Als David das hörte,
erschrak er und rief:
„Auf, flieht mit mir aus der Stadt!
Denn Absalom will sicher
Krieg mit mir führen.“
Und er verließ eilig
mit seinen Freunden die Stadt.
Er floh und ruhte nicht eher,
bis er jenseits der Grenze war.
Wie ein Dieb musste David
vor Absalom fliehen –
und war doch sein Vater,
den Gott erwählt
und zum König gesalbt hatte!

Bald darauf rückte Absalom
mit seinem Heer an,
um gegen David zu kämpfen.
Da stellten Davids Männer
in aller Eile ein Heer auf
und zogen gegen Absalom
in den Kampf.
„Aber gebt acht auf Absalom!“,
rief David ihnen nach.
„Tut ihm nichts an!
Vergesst nicht: Er ist mein Sohn!“

Viele Stunden vergingen.
Unruhig wartete David auf Nachricht.
Endlich kam ein Bote atemlos an.
Fröhlich rief er David entgegen:

„Gute Nachricht!
Wir haben gewonnen."

„Und was ist mit Absalom?",
fragte David bange.
„Ich weiß es nicht", sagte der Bote.

Da kam schon wieder ein Bote gelaufen,
der rief David zu:
„Gute Nachricht für dich!
Wir haben gewonnen!"
„Und was ist mit Absalom?",
fragte David voll Sorge.

Da erzählte der Bote,
was mit Absalom geschehen war:
Auf einem Maultier war er geflohen.
Aber auf einmal hatte er sich
in einer dichten Eiche verfangen.
Dort hatten ihn Davids Männer entdeckt
und auf der Stelle getötet.

Als David das hörte, schrie er auf,
weinte und schluchzte:
„O Absalom, mein Sohn Absalom!
Ach, wäre doch ich
an deiner Stelle gestorben!
O Absalom, mein Sohn, mein Sohn!"
Und niemand konnte ihn trösten.

Bald darauf kamen Davids Soldaten
vom Kampf zurück.
Fröhlich winkten sie ihrem König zu.
Doch als sie sahen,
wie David weinte und klagte,
verstummten sie
und wussten nichts mehr zu sagen.

Von diesem Tag an
herrschte wieder Frieden im Land.
David kehrte nach Jerusalem zurück
und regierte dort wieder wie vorher.
Doch Absalom lebte nicht mehr.
David hatte seinen Sohn
für immer verloren!

Aber Gott hielt
an seinem Versprechen fest.
Sein Segen blieb über David
und seinen Kindern.

Salomo

1. Könige 3

Als David gestorben war,
wurde sein Sohn Salomo König.
Aber Salomo war noch sehr jung.
Wie sollte er über
das große Volk herrschen?
Salomo wusste es selbst nicht.
Wenn Gott mir doch zeigte,
was ich tun soll,
sagte er sich.

Eines Nachts hatte Salomo
einen besonderen Traum.
Gott sprach zu ihm: „Salomo!
Ich will dir etwas schenken.
Sag, was willst du von mir?"

„Ach Herr!", betete Salomo.
„Du hast mich zum König
über dieses große Volk gemacht,
wie du es David versprochen hast.
Aber ich bin noch zu jung.
Ich weiß nichts und kann nichts.
Schenk mir doch bitte,
dass ich auf dich höre
und dass ich ein weiser
und gerechter König werde!"

Da sprach Gott zu Salomo:
„Ich will dir geben,
was du dir erbeten hast.
Ich will dich klug und weise machen
wie keinen anderen Menschen zuvor.
Und ich will dir noch mehr geben,
alles, was du dir nicht gewünscht hast.
Reich und mächtig sollst du werden,
reicher als alle anderen Könige
auf dieser Welt.
Bleibe nur gehorsam
und halte meine Gebote!“

*

Bald danach zeigte sich,
wie weise Salomo war:

Es war an einem Tag,
da der König Gericht hielt.
Salomo saß auf seinem Thron
und empfing seine Untertanen.

Da stürzten zwei Frauen herein.
Aufgeregt rief die eine:
„Ach mein Herr und König!
Wir beide wohnen
in ein und demselben Haus.
Und wir haben beide ein Kind geboren.
Doch in dieser Nacht starb ihr Kind.
Sie hat es im Schlaf erdrückt.
Da nahm die Frau meinen Sohn,
als ich schlief, und legte ihn zu sich.
Aber das tote Kind legte sie zu mir.
Und als ich am Morgen aufstand,
um meinen Sohn zu stillen,
da sah ich mit Schrecken,
dass das Kind tot war.
Doch als ich genauer hinschaute,
sah ich: Es war gar nicht mein Sohn.“

„Das ist nicht wahr!“,
rief die andere.
„Mein Sohn lebt! Dein Sohn ist tot!“
„Nein, dein Sohn ist tot. Mein Sohn lebt.“
So schrien sie einander an.

Da unterbrach sie der König:
„Wem soll ich glauben?
Die eine sagt dies, die andere das.
Wer von euch beiden hat recht?
Bringt mir ein Schwert!
Teilt das lebendige Kind
gerecht in zwei Teile
und gebt jeder Mutter ein Teil!“

Aber die Mutter des Kindes
schrie vor Entsetzen laut auf:
„Nein, tut’s nicht!
Tötet das Kind nicht!
Gebt es lieber lebendig
der anderen Frau!“
Der Schmerz um ihren Sohn
zerriss ihr das Herz.

Doch die andere entgegnete kalt:
„Warum nicht?
Lass uns teilen!
Dann gehört das Kind
keiner von uns beiden.“

Da wusste Salomo,
wer die wahre Mutter war.
Er befahl seinen Dienern:
„Tötet das Kind nicht!
Gebt es lebendig
seiner Mutter zurück!“

Bald sprach es sich
im ganzen Königreich herum,
wie der König geurteilt hatte.
Und alle, die es hörten,

rühmten sein weises Urteil.
Denn sie erkannten,
dass Gottes Weisheit in ihm regierte.

Salomo baut den Tempel

1. Könige 5–11

Salomos Weisheit wurde bald
in allen Ländern bekannt.
Viele Völker schickten Gesandte zu ihm
und schlossen ein Bündnis mit ihm.
Auch große Gelehrte
und vornehme Fürsten besuchten ihn
und bewunderten seine Klugheit.

Salomo hatte jeden Tag
so viele Gäste an seinem Tisch,
dass er täglich neunzig Säcke Mehl
für sein Königsmahl brauchte.
Auch hatte er viele Tausend Pferde
in seinen Reitställen
und noch mehr Knechte,
die sie versorgten.
Salomo führte keinen Krieg.
So wurde er immer reicher,
und seine Schatzkammern
wurden von Jahr zu Jahr voller.

*

Eines Tages reiste eine Königin
aus dem fernen Arabien an
mit großem Gefolge.
Sie brachte Salomo kostbare Geschenke,
Edelsteine und duftende Salben
und viele Säcke voll Gold.
Die Königin hatte in ihrem Land
von Salomos Weisheit gehört.
Nun war sie gekommen,
um seine Weisheit zu prüfen.
Salomo empfing sie
in seinem prächtigen Palast
und lud sie zum Festmahl
an seinen Tisch.
Da stellte ihm die Königin
viele schwierige Fragen.
Aber Salomo wusste auf alle Fragen
die richtige Antwort.
„Wie weise und reich du bist!“,
staunte die Königin.
„Viel weiser und reicher
als alle anderen Menschen!
Gelobt sei dein Gott,
der dich zum König gemacht hat!“

So wurde Salomos Name
in aller Welt gerühmt.
Aber Salomo sagte sich:
Nicht mein Name
soll gerühmt werden.
Gottes Name soll allein
geehrt werden.
Denn was ich habe,
das habe ich alles von Gott.
Darum will ich für Gott
einen Tempel bauen.
Der soll die Mitte
in meinem Königreich sein,
damit dort Gottes Name geehrt wird.

Da ließ Salomo einen Tempel bauen,
größer und prächtiger,
als sein Vater David
es jemals gekonnt hätte.

Er schickte Holzfäller in die Berge
und Steinhauer in die Steinbrüche.
Und ein Heer von Lastträgern
brachte Steine und Holz nach Jerusalem.

Sieben Jahre lang
wurde am Tempel gebaut.
Die Bauleute setzten Stein auf Stein,
fügten das Holz zusammen
und schmückten es mit Gold
und kunstvollem Schnitzwerk.
Sie arbeiteten so leise,
dass man kein Hämmern und Sägen
auf dem Tempelberg hörte.

Endlich stand der Tempel fertig da.
Prachtvoll sah er aus,
hoch oben auf dem Berg,
schon von Weitem für alle sichtbar.
Innen aber war ein dunkler Raum,
der war für die Lade Gottes bestimmt.
Nur der Hohepriester sollte
dieses „Allerheiligste" sehen.

Danach feierte Salomo
mit seinem ganzen Volk
ein großes Tempelweihfest.
In einem fröhlichen Festzug
zogen alle zum Tempel.
Und Priester trugen die Lade Gottes
ins Allerheiligste hinein.
Salomo aber stellte sich
vor den großen Altar,
hob seine Hände auf und betete laut
vor der ganzen Gemeinde:

„Herr, wer ist dir gleich?
Kein Himmel kann dich fassen.
Wie kann dich dann
dieser Tempel fassen?
Doch bitten wir dich:
Sieh auf dieses Haus
bei Tag und bei Nacht!
Höre auf uns,
wenn wir hier deinen Namen anrufen!"
1. Könige 8,23ff

Danach breitete Salomo seine Hände
über der Gemeinde aus,
segnete sie und rief laut:

„Gelobt sei der Herr, unser Gott,
der alles erfüllt hat,
was er versprochen hat!
Der Herr sei mit uns, wie er
mit unseren Vorfahren gewesen ist.
Er schenke uns,
dass wir immer bei ihm bleiben
und nur auf ihn hören."
1. Könige 8,56ff

Acht Tage lang feierte Salomo
mit seinem Volk das Tempelweihfest
voll Freude über all das Gute,
das Gott ihnen geschenkt hatte.
Danach gingen alle fröhlich
und mit neuem Mut an ihre Arbeit.

*

Als aber Salomo älter wurde,
vergaß er, was er versprochen hatte.
Er baute Altäre für andere Götter,
opferte ihnen und betete sie an.

Da sprach Gott zu Salomo:
„Warum hast du nicht
dein Versprechen gehalten?
Nun bleibt auch dein Königreich
nicht erhalten.
Dein Sohn wird nur einen Teil
von deinem Königreich erben.
Und ein anderer wird König
neben ihm sein."

6

Gott sendet seine Propheten

Als Salomo gestorben war,
traf ein, was der Prophet
zu Salomo gesagt hatte:
Das große Königreich
wurde in zwei Teile geteilt.
Im Reich J u d a regierten Könige,
die aus der Familie Davids stammten.
Sie wohnten in Jerusalem
wie einst ihre Väter David und Salomo.
Im Reich I s r a e l aber
regierten andere Könige,
die nicht zu Davids Familie gehörten.
Sie regierten in der Stadt Samaria
und gingen eigene Wege.
Sie kümmerten sich nicht um Gott,
sondern holten andere Götter
in ihr Land und dienten ihnen
mehr als dem Gott Israels.

Aber Gott sandte ihnen
immer wieder Propheten.
Die verkündeten ihnen Gottes Wort
und riefen das Volk zu Gott zurück.

Zu diesem Kapitel vergleiche die Hinweise im dritten Teil Seite 276ff.

Elia

1. Könige 16,29–17,1

Im Reich Israel herrschte lange Zeit
ein mächtiges Königspaar:
König Ahab und seine Frau Isebel.
Sie wohnten in der Stadt Samaria
in einem großen Königspalast
und hatten dort alles,
was sie sich wünschten.
Aber einen Tempel hatten sie
in Samaria nicht.

Da sagte sich Ahab:
„Ich will nicht, dass mein Volk
zum Tempel nach Jerusalem geht.
Mein Volk soll einen eigenen Tempel
und einen eigenen Gott haben,
der besser ist als der Gott,
dem unsere Väter gedient haben.
Aber welchen Gott soll ich nehmen?“
„Nimm doch meinen Gott Baal!“
riet ihm Isebel.
Isebel stammte nämlich
aus einem Land,
wo man andere Götter verehrte.
„Baal ist besser als euer Gott.
Er gibt Sonnenschein und Regen.
Er lässt die Früchte reifen
und auch das Korn auf dem Feld.“

Das gefiel Ahab gut.
Er ließ in Samaria für Baal
einen großen Tempel bauen.
Dort stellte er
ein Bild von Baal auf.
Und er setzte viele Priester ein,
die ihm dienten.
Dann schickte er Boten
in das Land Israel
und ließ allen sagen:
„Kommt und betet Baal an!
Der gibt euch, was ihr braucht.“
Da kamen sie alle nach Samaria
und beteten Baal an
und vergaßen den Herrn, ihren Gott.

So ging es viele Jahre in Israel zu.
Eines Tages aber kam ein Mann
zu Ahab in den Königspalast.
Er sah ganz anders aus
als die Diener des Königs
und seine Priester.
Er trug einen rauen Mantel
und einen ledernen Gürtel
um seine Hüften.
Elia war es,
der Prophet Gottes.
Er stellte sich Ahab in den Weg,
sah ihn ernst an und sprach:
„So wahr der Herr,
der Gott Israels, lebt,
dem ich diene:
Von jetzt an wird es
keinen Regen mehr geben
und keinen Tau am Morgen,
so lange, wie Gott es bestimmt.“
Dann drehte er sich um
und ging wortlos hinaus.

Einen Augenblick lang
war es ganz still im Palast.
Aber dann lachte der König.
Und seine Diener riefen: „Ach was!
Was kümmert uns sein Gott!
Wir haben ja Baal!
Der gibt uns genug Regen,
wenn wir ihn darum bitten.“

Doch an den folgenden Tagen
regnete es nicht.
Wochen vergingen.

Es regnete immer noch nicht.
Jeden Tag strahlte die Sonne.
Die Erde wurde trocken.
Die Bäche trockneten aus.
Das Gras verdorrte.
Die Blumen verwelkten.
Die Blätter fielen von den Bäumen.
Und das Korn verbrannte
auf den Feldern.

Da erkannte der König:
Elia hatte die Wahrheit gesagt.
Zornig befahl er:
„Auf, sucht Elia
und bringt ihn hierher!
Elia ist an allem Unglück schuld."

Aber Elia war nirgends zu finden.
Gott hielt seine Hand
über seinen Propheten.

Elia im fremden Land

1. Könige 17

Elia hielt sich am Bach Krit
in einem entlegenen Tal versteckt.
Dort gab es noch Wasser.
Jeden Tag ging er zum Bach
und trank sich satt.
Und jeden Tag
kamen Raben geflogen,
morgens und abends.
Die brachten Brot und Fleisch
in ihrem Schnabel
und ließen es vor Elia fallen.

Aber nach einiger Zeit
trocknete der Bach aus.
Da sprach Gott zu Elia:
„Steh auf und zieh weg von hier!
Geh in die Stadt Sarepta,
die im Nachbarland liegt!
Dort wirst du eine Witwe finden,
die wird für dich sorgen."

Da brach Elia auf
und wanderte nach Sarepta.
Als er an das Stadttor kam,
sah er eine Frau,
die gerade Holz auflas.
Elia ging auf sie zu und fragte sie:
„Hast du ein wenig Wasser für mich?
Ich komme von weit her
und habe großen Durst."

Da ging die Frau zu ihrem Haus,
um einen Krug Wasser zu holen.
„Warte!", rief Elia hinter ihr her.
„Bring mir auch einen Bissen Brot mit!
Ich habe schon lange
nichts mehr gegessen."

Aber die Frau sah ihn traurig an.
„Mein Herr", sagte sie,
„ich habe kein Brot mehr im Haus,
kein einziges Stück.
Ich habe nur noch
ein wenig Mehl im Topf
und ein paar Tropfen Öl im Krug.
Davon kann ich gerade noch
für mich und meinen Sohn
etwas backen.
Darum habe ich soeben
Holz aufgelesen,
damit ich Feuer machen
und das Brot backen kann.
Danach haben wir beide
nichts mehr zu essen
und müssen verhungern."

Da wusste Elia: Dies war die Witwe,
zu der Gott ihn geführt hatte.
Er sagte zu ihr:
„Sorge dich nicht!
Geh in dein Haus
und tu, was du vorhast!
Aber back zuerst etwas für mich
und bring es zu mir heraus!
Danach magst du für dich
und deinen Sohn sorgen.
Denn so spricht der Herr:
Das Mehl im Topf
wird nicht ausgehen
und das Öl im Krug
wird nicht versiegen,
bis zu dem Tag, da Gott, der Herr,
wieder Regen auf Erden geben wird!"

Da ging die Frau in ihr Haus
und bereitete das Essen zu,
wie Elia ihr befohlen hatte.
Alle drei aßen davon
und alle drei wurden satt,
Elia, die Frau und ihr Sohn.
Auch an den folgenden Tagen
war für alle genug da.
Das Mehl und das Öl gingen nicht aus,
solange Elia in Sarepta war.

*

Lange Zeit wohnte Elia
bei der Witwe in Sarepta.
Aber eines Tages wurde
der Sohn der Witwe schwer krank.
Und bald darauf starb er.

Als aber die Frau sah,
dass ihr Sohn tot war,
weinte sie und schrie:
„Was habe ich getan,
dass dein Gott mich so straft?
Wärst du doch nie zu mir gekommen!"

Elia aber nahm den Sohn
auf seine Arme,
trug ihn in seine Kammer,
legte ihn auf sein Bett
und betete laut: „Ach Herr,
lass das Kind wieder leben!"

Da kam auf einmal wieder
Leben in den Jungen.
Er atmete,
schlug seine Augen auf
und richtete sich auf.
Sogleich trug ihn Elia
zu seiner Mutter zurück.
„Sieh", sagte Elia, „dein Sohn lebt!"

Die Mutter aber war sprachlos.
Ihr Sohn, ihr einziger Sohn, lebte!
„Ja", rief sie voll Staunen,
„nun glaube ich wirklich,
dass du ein Prophet bist.
Denn was du sagst, das ist wahr
und kommt wahrhaftig von Gott."

Elia auf dem Berg Karmel

1. Könige 18

Schon drei Jahre hielt die Dürre
im Königreich Israel an.
Und noch immer zeigte sich
keine Wolke am Himmel.
Eine schwere Hungersnot
suchte das Land heim.
Menschen und Tiere litten
unsägliche Qualen.

Nach drei Jahren aber
wurde Ahab gemeldet:
„Elia ist wieder im Land.
Er ist auf dem Weg zu dir."
Da zog ihm Ahab entgegen.
Zornig rief er ihm zu:
„Du Unglücksmensch,
bist du endlich gekommen!
Sieh, welches Unglück
du über uns gebracht hast."

Aber Elia entgegnete:
„Nein, nicht ich,
sondern du und dein Königshaus,
ihr habt das Land
ins Unglück gestürzt.
Ihr habt Gottes Gebote verachtet
und Baal stattdessen verehrt.
So lass nun sehen, wer recht hat:
Bestelle deine Baalspriester
auf den Berg Karmel.
Und lade das ganze Volk dazu ein.
Dann werden wir sehen,
wer der wahre Gott in Israel ist."

Da willigte der König ein.
Er schickte Boten durchs Land
und ließ überall ausrufen:
„Kommt alle zum Karmel!"

Und so geschah es.
Bald darauf strömten die Menschen
von allen Seiten herbei.
Auf dem Berg wartete schon ein Heer
von Baalspropheten auf sie,
450 an der Zahl.
Sie drängten sich um den Altar,
der Baal und Aschera geweiht war.
Elia aber stand abseits
bei dem zerstörten Altar,
der dem Gott Israels geweiht war.
Seit Langem wurde dort
kein Opfer mehr dargebracht.

Inzwischen hatte sich
eine große Menschenmenge
auf dem Berg Karmel versammelt.
Alle blickten voller Erwartung auf Elia.
Der aber rief laut in die Menge:
„Ihr Leute, hört her!
Wie lange noch wollt ihr
hin und her schwanken?
Ist der Herr euer Gott,
dann folgt ihm nach!
Ist es aber Baal,
dann folgt ihm nach!"

Doch alle schwiegen betroffen.
Niemand sagte ein Wort.
Niemand wagte, sich öffentlich
zu dem Gott Israels zu bekennen,

„Seht", fuhr Elia fort,
„nur ich alleine diene noch Gott.
All die anderen Propheten dort,
sie dienen ihrem Gott Baal.
Doch nun lasst sehen,
wer der wahre Gott ist:
Bringt uns zwei junge Stiere!
Den einen für die Baalspriester.
Den sollen sie schlachten
und auf ihrem Altar opfern.
Aber sie sollen kein Feuer anzünden.
Den anderen Stier schlachte ich
und lege ihn auf diesen Altar.
Auch ich lege kein Feuer daran.
Dann werden wir sehen,
wer der wahre Gott ist.
Der wird es sein,
der uns Feuer vom Himmel schickt."
„Ja, das ist gut so!", riefen alle.
„Der ist der wahre Gott."

Da führten sie zwei Stiere herbei.
Den einen Stier
schlachteten die Baalspriester,
legten ihn auf ihren Altar
und riefen ihren Gott an.
Vom frühen Morgen bis zum Mittag
hinkten und tanzten sie um den Altar
und riefen in einem fort:
„Baal, erhöre uns!
Baal, erhöre uns!"
Doch nichts geschah.

„Ruft lauter!", spottete Elia.
„Vielleicht ist euer Gott in Gedanken.
Oder er macht gerade ein Geschäft.
Vielleicht ist er auch verreist?
Oder er schläft?
Los, weckt ihn auf!"

Da riefen sie noch lauter
und ritzten ihre Haut mit Messern,
bis das Blut herabfloss.
Doch nichts, gar nichts geschah.

Schon war der Mittag vorüber.
Da rief Elia:
„Kommt alle zu mir!"
Vor ihren Augen baute er
den zerfallenen Altar wieder auf.
Und rings um den Altar
grub er einen breiten Graben.
Dann schlachtete er den Stier,
legte ihn auf den Altar
und goss dreimal Wasser darüber,
sodass das Wasser den Graben füllte.
Und Elia betete laut:

> „Herr, du Gott Abrahams,
> Isaaks und Jakobs!
> Zeige heute dem Volk,
> dass du der wahre Gott in Israel bist
> und dass ich dein Knecht bin!
> Erhöre mich, Herr! Erhöre mich!"

Da – plötzlich schreckten alle zurück.
Feuer fiel vom Himmel herab.
Das Opfer verbrannte
mitsamt dem Altar.
Sogar das Wasser im Graben
war vom Feuer verschluckt.

Als die Menschen das sahen,
warfen sie sich auf die Erde,
beteten Gott an
und riefen alle begeistert:
„Der Herr ist Gott!
Ja, er ist der wahre Gott!"

*

Danach stieg Elia zum Gipfel hinauf.
Dort warf er sich auf die Knie
und bat Gott um Regen.
Lange Zeit kniete er auf der Erde,
betete und wartete.
Aber nichts geschah.
Der Himmel blieb blau wie zuvor.

Endlich, nach vielen Stunden,
zog eine Wolke über dem Meer auf.
Sie wurde größer und größer.
Mit einem Mal war der Himmel
schwarz von Wolken.
Und schon brach der Regen los.
Es schüttete. Es goss in Strömen.
Es hörte gar nicht mehr auf.
Die Erde trank das Wasser.
Die Flüsse füllten sich.
Die welken Halme
richteten sich wieder auf.
Alle tranken sich satt,
Menschen und Tiere.

Da erkannte das Volk Israel,
dass der Herr, ihr Gott,
auch Herr über Wind und Wetter war.

Elia in der Wüste

1. Könige 19

Als aber die Königin Isebel hörte,
was auf dem Karmel geschehen war,
packte sie furchtbarer Zorn.
Sie schickte einen Boten zu Elia
und ließ ihm ausrichten:
„Bei meinen Göttern!
Morgen um diese Zeit bist du tot."

Da war es um Elia geschehen.
Aller Mut war plötzlich dahin.
Todesangst überfiel ihn.
Sogleich machte er sich auf
und floh in die Wüste.
Dort warf er sich unter einen Strauch,
zu Tode erschöpft.
„Es ist genug!", rief er.
„Ich kann nicht mehr.
Herr, lass mich sterben!
Ich bin auch nicht besser,
als meine Vorfahren waren."
Danach fiel er
in einen langen, tiefen Schlaf.

Doch plötzlich rührte ihn jemand an.
Elia schlug die Augen auf.
Da sah er einen Mann vor sich,
einen Engel Gottes.
„Elia", sprach der Engel,
„steh auf und iss!"
Elia schaute sich um.
Tatsächlich!
Da lag ein geröstetes Brot.
Auch ein Wasserkrug stand dabei.
Elia aß von dem Brot
und trank das Wasser.
Dann legte er sich wieder hin
und schlief ein.

Aber der Engel Gottes
berührte ihn wieder und sprach:
„Elia, steh auf und iss!
Denn du hast einen weiten Weg vor dir."

Da stand Elia auf, aß und trank
und machte sich auf den Weg.
Vierzig Tage lang
wanderte er durch die Wüste,
bis er zum Berg Gottes kam,
wo Gott einst Mose erschienen war.
Dort zog er sich über Nacht
in eine Höhle zurück.

Aber Elia konnte nicht schlafen.
Ob Gott sich an diesem Ort
auch ihm zeigen würde?

Da kam ein großer Sturm auf.
Draußen vor der Höhle
rauschte und brauste es.
Steine lösten sich vom Berg
und donnerten herab.
Sicher ist Gott im Sturm,
dachte Elia erschrocken.
Aber Gott war nicht im Sturm.

Da kam plötzlich ein Erdbeben.
Der Boden wankte und bebte.
Sicher ist Gott im Erdbeben,
dachte Elia erschrocken.
Aber Gott war nicht im Erdbeben.

Da brach ein Unwetter los.
Der Blitz schlug ein.

Draußen brannte es lichterloh.
Sicher ist Gott im Feuer,
dachte Elia erschrocken.
Aber Gott war nicht im Feuer.

Schließlich kam ein sanfter Wind.
Da hüllte Elia sein Gesicht
in seinen Mantel.
Er spürte:
Gott war ihm ganz nah.

Und Gott sprach:
„Elia, was machst du hier?"
„Ach Herr", antwortete Elia,
„ich habe mich mit Eifer
für dich eingesetzt.
Denn das Volk Israel
hat dich verlassen und vergessen.
Ich bin der Einzige,
der noch zu dir hält.
Doch mich wollen sie töten."

Da sprach Gott zu Elia:
„Geh wieder zurück
und mach Elisa zum Propheten
an deiner Stelle!
Geh nur und vergiss nicht:
Du bist nicht allein.
Es gibt noch andere,
die nicht Baal,
sondern mir dienen.
Siebentausend sind es,
die mir dienen.
Ich will sie alle bewahren."

Da gehorchte Elia
und kehrte ins Land Israel zurück.
Dort fand er Elisa, einen jungen Mann,
der gerade sein Feld pflügte.
Elia ging auf ihn zu,
nahm seinen Mantel
und legte ihn über Elisa.

Da wusste Elisa:
Gott hatte ihn zum Propheten berufen.
Er ließ seinen Pflug stehen,
nahm Abschied von seinen Eltern
und zog mit Elia.

*

Nicht lange danach
nahm Gott Elia zu sich.
Gott holte ihn im Gewitter heim,
in einem feurigen Wagen
mit feurigen Pferden.
Elisa aber wurde an Elias Stelle
Gottes Prophet.

2. Könige 2,11

Elisa und Naaman

2. Könige 5,1–19

Bald darauf fielen
Soldaten aus Syrien
in das Land Israel ein
und raubten alles, was ihnen gefiel.
Auch ein junges Mädchen
nahmen sie als Gefangene mit
und brachten es nach Syrien
zu ihrem General namens Naaman.
Der nahm das Mädchen
als Sklavin in sein Haus auf.

Naaman war in seinem Land
ein hochgeachteter Mann,
aber schwer krank.
Er hatte den Aussatz.
An seinen Händen und Füßen

und in seinem Gesicht
faulte die Haut.
Kein Arzt konnte ihm helfen.

Als aber das Mädchen aus Israel
von seiner Krankheit erfuhr,
sagte es traurig:
„Ach, könnte mein Herr
doch nach Israel fahren!
Dort gibt es einen Propheten,
der könnte ihm helfen."

Da zögerte der General nicht lange.
Er bat seinen König um Urlaub,
ließ die Pferde anspannen,
lud kostbare Geschenke
auf seinen Wagen
und fuhr nach Israel.

Aber wo sollte er dort
den Propheten finden?
Naaman wusste ja gar nicht,
was ein Prophet ist.
So fuhr er in die Hauptstadt Samaria,
ging in den Königspalast
und bat den König um Hilfe.

„Wie?", fragte der König empört.
„Ich soll dir helfen?
Ich bin doch kein Gott.
Ich kann dich nicht heilen."

Das hörte Elisa.
Er sandte einen Boten zum König
und ließ ihm ausrichten:
„Warum empörst du dich?
Schicke Naaman zu mir.
Dann wird er erfahren,
dass ein Prophet in Israel lebt."

Da fuhr Naaman zum Haus des Elisa,
mitsamt seinen Begleitern.
Elisa aber schickte ihm
seinen Diener entgegen
und ließ ihm ausrichten:
„Geh zum Jordan
und tauche dort siebenmal unter.
Dann wird deine Haut wieder rein."

„Unerhört!", rief Naaman.
„Ich soll mich im Jordan waschen?
In diesem dreckigen Fluss?
Dazu bin ich doch nicht
aus Syrien gekommen!
Ich dachte, der Prophet
kommt zu mir heraus.
Er betet für mich
und macht mich gesund!
Aber er hat mich nicht einmal begrüßt.
Auf, wir fahren nach Syrien zurück!
Dort gibt es besseres Wasser als hier."

Aber seine Diener redeten ihm zu:
„Ach, lieber Vater Naaman!
Versuch's doch einmal!
Es kann dir nicht schaden.
Tu, was der Prophet sagt,
und wasch dich im Jordan!
Wer weiß,
vielleicht hilft es dir doch?"

Da hörte Naaman auf seine Diener.
Er fuhr zum Jordan,
stieg in das Wasser
und tauchte siebenmal unter.
Und sieh da!
Seine Haut wurde ganz rein.
An den Händen und Füßen
und auch im Gesicht
war nichts mehr zu sehen.

Als aber Naaman sah,
dass er geheilt worden war,
fuhr er sogleich zu Elisa zurück.
Dort breitete er seine Geschenke aus,
Säcke voll Gold und Silber
und kostbare Kleider.
„Das alles gehört dir“,
sagte Naaman glücklich.
„Nimm dies zum Dank!“
Doch Elisa wies alles zurück.
„Nein, ich nehme nichts an,
kein einziges Stück,
so wahr der Gott lebt,
dem ich diene.“

„Ja“, sagte Naaman.
„Dein Gott lebt wirklich.
Ihm will auch ich dienen,
solange ich lebe.“

Jona

Jona 1–2

Zu jener Zeit gab es
noch ein anderes Volk,
das Israel bedrohte:
das Volk der Assyrer.
Das war viel größer
als das syrische Volk
und mächtiger
als alle anderen Völker ringsum.
Es hatte einen König,
der herrschte in der Stadt Ninive
wie ein Gott
und war Herr über ein riesiges Heer.
Die Israeliten zitterten vor Angst,
wenn sie an die Assyrer dachten.
Sie sagten sich:
„Wenn die Assyrer Krieg mit uns führen,
dann sind wir verloren.“
Und sie erzählten sich
schlimme Geschichten
von den Assyrern,
und ihrer großen Stadt Ninive.

Aber eine Geschichte
war anders als alle anderen:
die Geschichte von Jona,
den Gott nach Ninive sandte.
Und dies ist seine Geschichte:

Im Land Israel lebte ein Prophet,
der hieß Jona.
Eines Tages sprach Gott zu ihm:
„Jona, steh auf!
Verlasse dein Land
und geh in die Stadt Ninive!
Warne die Menschen dort!
Denn sie richten großes Unheil an.“

Da erschrak Jona.
„Nach Ninive?“, sagte er sich.
„Nein, da gehe ich nicht hin.
Dort wohnen doch meine Feinde!
Sollen die Menschen dort machen,
was sie wollen!
Mich geht das nichts an.
Nach Ninive gehe ich nicht.
Aber ich weiß, was ich mache:
Ich laufe einfach davon.
Dann kann mich
Gott nicht mehr finden.
Dann muss ich auch nicht
nach Ninive gehen.“

Da stand Jona auf und lief weg.
Aber nicht nach Ninive,
sondern zum Meer lief er.
Dort fand er ein Schiff im Hafen,
das fuhr zu der fernen Stadt Tarsis,

die im äußersten Westen lag.
Jona zahlte das Fahrgeld,
stieg in das Schiff
und fuhr auf und davon.

Da zog plötzlich ein Unwetter auf.
Der Himmel wurde ganz schwarz.
Es blitzte. Es donnerte.
Der Sturm brauste
und peitschte über das Wasser.
Und haushohe Wellen
schlugen gegen das Schiff.
Die Matrosen schrien vor Angst.
Sie hoben die Hände zum Himmel
und beteten zu ihren Göttern:
„Rettet uns!
Helft uns, ihr Götter!"

Aber Jona lag unten im Schiff.
Er schlief tief und fest.
Da stieg der Kapitän zu ihm hinab,
rüttelte ihn wach und rief:
„Wie kannst du jetzt schlafen?
Steh auf! Ruf deinen Gott an!
Vielleicht hilft er uns."

Da stand Jona schnell auf
und ging zu den anderen an Deck.
Als er aber den Sturm
und die Wellen sah,
da wusste er plötzlich:
Gott hatte ihn gefunden.

„Bist du schuld an dem Sturm?",
fragten ihn die Matrosen.
„Ja", bekannte Jona,
„ich bin es."

„Aber wer bist du?", fragten sie.
„Und woher kommst du?"

Jona antwortete:
„Ich komme aus dem Land Israel.
Und ich glaube an Gott,
den Herrn, der die Erde
und alle Meere gemacht hat.
Vor ihm bin ich geflohen.
Darum hat er diesen Sturm geschickt."
„Aber", so fragten die anderen,
„was sollen wir nun mit dir machen?"

Jona schlug vor:
„Werft mich ins Wasser!
Dann hört der Sturm sicher auf."
Aber die Matrosen
wollten es anders versuchen.
Sie legten sich in die Ruder
und ruderten mit aller Kraft.
Doch sie kamen nicht
gegen den Wind an.

Schließlich wussten sich die Matrosen
keinen Rat mehr.
„Ach Herr", beteten sie,
„vergib uns, was wir jetzt tun!"
Und sie packten Jona
und warfen ihn in das Wasser.

Da hörte der Sturm plötzlich auf.
Die Wellen legten sich.
Und der Himmel hellte sich auf.

Als die Matrosen das sahen,
beteten sie Gott an
und brachten ihm Opfer dar.

Aber Jona?
Was wurde aus ihm?
Ertrank er im Meer?
Nein, Gott schickte
einen riesigen Fisch,
der verschluckte Jona

mit Haut und mit Haar.
Und noch bevor Jona begriff,
was mit ihm geschah,
saß er im Bauch des Fisches.
Es war dunkel um Jona her
und sehr eng.
Aber er war gerettet!

Da sang Jona ein Danklied
und sprach dieses Gebet:

> *„Ich rief zu dem Herrn*
> *in meiner Angst.*
> *Und er antwortete mir.*
> *Wasser umgaben mich*
> *und gingen mir ans Leben.*
> *Aber du hast mein Leben*
> *aus dem Verderben geführt,*
> *Herr, mein Gott!"*

Jona in Ninive

Jona 3–4

Nach drei Tagen
spuckte der Fisch Jona aus
und schleuderte ihn an die Küste.

Und Gott sprach noch einmal:
„Jona, steh auf!
Geh nach Ninive!
Sag den Menschen dort alles,
was ich dir sagen werde!"

Da gehorchte Jona,
stand auf und ging nach Ninive.
Aber wie staunte er,
als er die Stadt sah!
Sie war viel größer und schöner
als alle anderen Städte.
Drei Tage brauchte man,
um von einem Ende
zum anderen zu kommen.

Jona ging in die Stadt hinein.
Entsetzt sah er, wie es dort zuging.
Die Menschen waren brutal
und schreckten auch nicht
vor dem Schlimmsten zurück.
Und plötzlich wusste Jona,
was er diesen Menschen
von Gott mitteilen sollte.
Er stellte sich auf den Marktplatz
und rief laut:
„So spricht Gott, der Herr:
Es sind noch vierzig Tage,
dann wird Ninive untergehen."

Da horchten die Menschen auf.
Sie blieben stehen
und hörten, was Jona rief.
„Was sollen wir tun?",
fragten alle erschrocken.
„Wir haben Gott beleidigt."
„Wir wollen beten."
„Wir wollen uns ändern."

Als aber der König davon hörte,
legte er seinen Königsmantel ab,
zog ein Trauerkleid an
und befahl allen:
„Lasst euer Streiten, Schlagen,
Stehlen und Morden!
Und betet zu Gott!
Vielleicht wendet er das Unglück
noch einmal von uns ab."
Und alle, die in Ninive wohnten,
beteten zu Gott,
Frauen, Männer und Kinder.

Jona aber baute sich draußen
vor der Stadt eine Hütte.
Dort setzte er sich hin
und wartete darauf,
dass die Stadt zerstört würde.
Endlich sollten die Menschen
ihre gerechte Strafe bekommen!
Aber es geschah nichts.
Ninive stand immer noch
in seiner Pracht da.

Da packte Jona der Zorn.
Er klagte Gott an:
„Ich hab's mir ja gleich gedacht.
Darum wollte ich auch nicht
nach Ninive gehen.
Du tust ja doch nicht, was du sagst.
Du lässt dich wieder überreden.
Und am Ende vergibst du
den Menschen."

Auf einmal sah Jona eine Pflanze,
die sich an seiner Hütte hochrankte.
Ihre Zweige reichten schon
über das Dach.
Jona wunderte sich.
Er hatte gar nicht bemerkt,
wie sie gewachsen war.
„Nun habe ich endlich
Schatten vor meiner Hütte",
sagte er zu sich.

Aber am nächsten Morgen
waren die Blätter welk.
Da tat es Jona leid
um die Staude.
Er schimpfte:
„Warum lässt Gott die Pflanze wachsen,
wenn er sie doch wieder nimmt?
Nun habe ich keinen Schatten mehr.
Ich mag nicht mehr.
Am liebsten möchte ich sterben."

Aber Gott sprach zu Jona:
„Wie, Jona?
Dir ist es leid um die Pflanze,
weil sie verdorrt ist?
Aber um die Menschen in Ninive
ist es dir nicht leid?
Du kannst ruhig zusehen,
wie sie sterben?
Ich kann das nicht.
Ich kann nicht mit ansehen,
wie sie verderben,
Menschen und Tiere."

Da schwieg Jona und dachte bei sich:
Wie geduldig und barmherzig
ist Gott mit seinen Menschen
– und sogar mit mir!

Jesaja und König Hiskia

2. Könige 18–20

Eines Tages brach ein großes Unglück
über das Land Israel herein.
Die Assyrer kamen
mit ihrem gewaltigen Heer
und nahmen das ganze Land ein.
Sie zerstörten die Städte,
zündeten die Häuser an
und verwüsteten das Land.
Viele Menschen wurden
gefangen genommen
und nach Assyrien verschleppt.
Nur das Königreich Juda
blieb noch verschont.
Dort regierte zu jener Zeit König Hiskia.

Aber bald darauf fielen die Assyrer
auch in sein Land ein
und rückten bis nach Jerusalem vor.
Dort schlugen sie ihr Kriegslager auf.
Ihre Anführer aber ritten
bis an das Stadttor heran.
Sie schrien zu den Männern hoch,
die die Mauer bewachten:
„He, ihr da oben,
verlasst euch nicht
auf euren König Hiskia!
Hört nicht auf ihn!
Er ist ein Verführer.
Er lügt, wenn er sagt:
Gott wird euch helfen.
Euer Gott kann euch nicht retten.
Er ist genauso schwach
wie alle anderen Götter."
Sie schrien so laut,
dass alle auf der Mauer es hörten.
Doch keiner der Männer sagte ein Wort.
Stumm warteten sie,
bis die Reiter wieder abzogen.
Denn Hiskia hatte ihnen geboten:
„Antwortet ihnen kein Wort!"

Doch bald darauf kamen sie wieder,
höhnten und spotteten noch mehr.
Sie überbrachten Hiskia
einen Drohbrief von ihrem König.
Hiskia aber nahm den Brief,
ging damit zum Tempel
und breitete ihn dort vor Gott aus.
„Ach Herr!", so betete er.
„Sieh, wie der assyrische König
dich verhöhnt und verspottet.
Lass es nicht zu!
Rette uns aus seiner Hand.
Dann werden alle erkennen,
dass du, Herr, der wahre Gott bist
und Herr über alle Könige auf Erden."
Stundenlang rang der König
mit Gott im Gebet.
Da ließ der Prophet Jesaja ihm sagen:
„So spricht der Herr:
Ich will diese Stadt beschirmen
und sie retten, wie ich
David zugesagt habe."

Als aber Hiskia am nächsten Morgen
auf das assyrische Lager herabschaute,
da traute er seinen Augen nicht.
Alle Assyrer waren verschwunden.
Da glaubte Hiskia:
Gott hatte sein Gebet erhört.
Er hatte seine Hand schützend
über Jerusalem gehalten.

*

Aber nicht lange danach
wurde Hiskia todkrank.
Da kam der Prophet Jesaja
zu ihm und sagte:
„So spricht der Herr:
Mach dich bereit!
Bald wirst du sterben."

Als Hiskia das hörte,
drehte er sich zur Wand,
weinte und betete:
„Ach Herr, denk doch an mich
und lass mich nicht sterben!"

Da kam Jesaja noch einmal
zu ihm und sprach:
„Gott hat dein Gebet erhört.
Er wird dich wieder gesund machen.
Fünfzehn Jahre wirst du noch leben."

Aber bald danach kamen Gesandte
aus dem fernen Babylon

zu König Hiskia.
Da fühlte sich dieser geschmeichelt.
Er führte die Fremden
in sein Schatzhaus
und zeigte ihnen stolz
alle seine Waffen und Schätze.

Als aber Jesaja davon hörte,
kam er ein letztes Mal
zu König Hiskia und sprach:
„Warum hast du das getan?
Warum hast du den Fremden
deine Schätze und Waffen gezeigt?
Darum höre, was Gott dir sagen lässt:
Bald wird ein großes Heer
aus Babylon kommen
und die Stadt Jerusalem einnehmen
und alle deine Schätze wegtragen,
auf die du so stolz bist.“

Da merkte der König,
dass er sich mehr
auf seine Schätze verlassen hatte
als auf den Herrn, seinen Gott,
der ihn und sein Volk
aus großer Not gerettet hatte.

König Josia und die Schriftrolle

2. Könige 22–23

Auf König Hiskia folgte sein Sohn
Manasse auf dem Thron.
55 Jahre regierte Manasse
über das Königreich Juda,
länger als alle Könige zuvor.
Aber Manasse hörte nicht auf Gott
wie sein Vater Hiskia,
sondern diente anderen Göttern.
Sogar im Tempel ließ er einen Altar
für Baal und Aschera errichten.
Und er verführte sein Volk,
dass es seinen Gott vergaß,
der es aus großer Not errettet hatte.

So ging es im Königreich Juda
immer mehr bergab.
Der Tempel in Jerusalem
verfiel von Jahr zu Jahr mehr.
Es gab dort keinen Gottesdienst mehr.
Und niemand in Jerusalem wagte,
sich zu dem wahren Gott zu bekennen.

Danach bestieg Amon,
der Sohn Manasses, den Thron.
Aber auch er hörte nicht auf Gott,
sondern trieb es genauso schlimm
wie sein Vater Manasse.
Da empörte sich das Volk
gegen den König, tötete ihn
und machte Josia, den Sohn Amons,
zum König an seiner Stelle.

Erst acht Jahre alt war Josia,
als er den Thron bestieg.
Aber schon in jungen Jahren
nahm sich Josia fest vor,
allein seinem Gott zu dienen
und keine anderen Götter zu ehren.
Kaum war er erwachsen,
beschloss er, den Tempel
von Grund auf zu erneuern.
Er rief seinen Vertrauten,
den Schreiber Schafan, zu sich
und weihte ihn in seinen Plan ein.
„Hör Schafan!“, sprach er,
„sieh dir den Tempel an!
Ich will, dass der Tempel
wieder ein Haus wird,
in dem Gott gerne wohnt.
Er soll wieder so schön werden,

wie er am Anfang war.
Darum ruf alle herbei,
Zimmerleute und Bauleute,
und Handwerker aller Art.
Sag ihnen, sie sollen den Tempel
von Grund auf erneuern."

Da rief Schafan alle herbei,
Maurer, Maler und Schreiner,
Zimmerleute und Goldschmiede.
Alle kamen zum Tempel
und machten sich sofort an die Arbeit.
Der Priester Hilkia aber holte Geld
aus dem großen Opferkasten hervor,
damit die Bauleute Holz und Steine
für den Tempel besorgten.
Doch als er das Geld ausschüttete,
da traute er seinen Augen nicht:
Eine Schriftrolle fiel ihm entgegen.
Es war das Gesetzbuch Moses,
das seit Jahren verschollen war.
Und sogleich ließ er Schafan rufen,
zeigte ihm die Schriftrolle und bat ihn:
„Sieh, diese Schrift
habe ich im Tempel gefunden.
Bring sie sofort zum König!
Er muss wissen, was darin steht."

Da eilte Schafan zum König
und übergab ihm die Schriftrolle.
Der bat seinen Schreiber,
sie ihm ganz vorzulesen,
von Anfang bis Ende.

Und so lauten die Worte der Schrift,
die Schafan dem König vortrug:

„Höre Israel, der Herr, unser Gott
ist der einzige Gott.
Ihn sollst du lieben von ganzem Herzen,
mit ganzer Seele und mit all deiner Kraft.
Präge es deinen Kindern ein!
Dann werdet ihr in dem Land bleiben,
das euch euer Gott gab.
Wenn ihr ihn aber vergesst
und anderen Göttern folgt,
dann werdet ihr
in alle Länder zerstreut."
5. Mose 6,4ff

Als der König diese Worte hörte,
zerriss er sein Gewand,
so erschrocken war er.
Und entsetzt rief er aus:
„Wir haben Gott verlassen.
Wir haben nicht mehr
auf seine Gebote gehört
und seinen Bund gebrochen.
Was wird nun aus uns?
Geht und fragt einen Propheten!
Vielleicht kann er sagen,
was Gott von uns will."

Da ging der Priester Hilkia
mit einer Gesandtschaft des Königs
zu einer Prophetin, Hulda mit Namen.
Sie gehörte noch zu den Wenigen,
die auf Gott und seine Gebote hörten.
Als diese von der Schriftrolle erfuhr,
ließ sie dem König ausrichten:
„So spricht der Herr,
der Gott Israels:
Dieses Volk hat mich verlassen.
Darum wird ein großes Unglück
über diesen Ort hereinbrechen.
Aber dich wird es nicht treffen.
Denn du hast auf Gottes Stimme
gehört."

Darauf schickte der König
seine Boten ins ganze Land Juda,
in alle Städte und Dörfer.

Und er ließ überall ausrufen:
„Kommt alle zum Tempel und hört,
was Gott euch verkündet!“

Da kamen sie in Scharen zum Tempel
aus Jerusalem und allen Städten Judas.
Alte und Junge, Große und Kleine,
Priester, Leviten und das einfache Volk
füllten den Vorhof des Tempels.
Der König aber stand an der Säule
vor dem Eingang des Tempels.
Und vor allen Ohren ließ er
das Gesetzbuch vorlesen.

„Hört“, rief der König,
„ihr Leute von Jerusalem
und ihr vom ganzen Land Juda:
Heute will Gott aufs Neue
seinen Bund mit euch schließen.
Ich frage euch:
Wollt ihr ganz zu ihm gehören?
Wollt ihr seine Gebote achten
und keine anderen Götter ehren?“
„Ja“, antworteten alle im Chor,
„wir wollen nur auf ihn hören
und keine anderen Götter ehren.“

An diesem Tag
erneuerten sie den Bund,
den ihre Vorfahren am Sinai
mit Gott geschlossen hatten.
Sie zerstörten die Götzenaltäre,
die im Tempel aufgestellt waren,
warfen die Götterbilder hinaus
und verbrannten sie im Feuer.

Darauf feierten alle miteinander
im Tempel das Passafest,
so fröhlich wie nie zuvor.
Es war das fröhlichste Fest,
das je im Tempel gefeiert wurde.

Jeremia

Jeremia 7 und 26

Bald darauf vergaßen
die Menschen wieder,
was sie Gott versprochen hatten.
Sie dachten nur noch an sich
und an das, was ihnen selbst nützte.
Sie bauten sich prächtige Häuser,
kauften sich kostbare Kleider
und aßen nur erlesene Speisen.
Dabei redeten sie sich ein:
„Uns kann kein Unglück geschehen.
Wir sind ja reich.
Wir nehmen uns, was wir brauchen.
Gott hat gewiss nichts dagegen.
Wenn wir ihm nur ab und zu
im Tempel ein Opfer bringen,
dann ist er sicher zufrieden mit uns.“

So ging es lange Zeit in Jerusalem zu.
Die Reichen wurden
mit jedem Tag reicher.
Aber die Armen wurden
mit jedem Tag ärmer.

Da schickte Gott seinem Volk
einen Propheten: Jeremia.
Der redete den Menschen
ins Gewissen und erinnerte sie
an ihr Versprechen.
Er sprach sie überall an,
auf ihren Straßen und Gassen,
auf ihren Märkten
und an den Stadttoren.
Er rief es sogar in ihre
Häuser und Paläste hinein:
„Ihr Leute von Jerusalem,
hört alle auf Gottes Wort!“

Eines Tages kam Jeremia zum Tempel.
Da sah er, wie die Leute
in ihren prunkvollen Kleidern
zum Gottesdienst gingen.
Wie sie sich aufspielten!
Wie sie sich an den Bettlern
vorbeidrückten und so taten,
als seien sie Luft!
Jeremia packte der Zorn,
als er sie sah.
Er blieb am Tempeltor stehen
und rief ihnen laut entgegen:

„Ihr feinen Leute, hört her!
Glaubt ihr denn,
Gott sei zufrieden mit euch,
wenn ihr ab und zu
zum Gottesdienst geht?
Nein! Bessert euer Leben!
Dann ist Gott mit euch.
Aber ihr hört nicht mehr
auf Gott und seine Gebote.
Diebe seid ihr, Lügner, Verbrecher!
Den ganzen Tag treibt ihr nur
eure krummen Geschäfte.
Aber dann kommt ihr
wieder zum Tempel
und fühlt euch dort sicher.
Glaubt ihr denn,
der Tempel sei eine Räuberhöhle,
ein Versteck für Verbrecher?
Macht euch nichts vor!
Bald werden Feinde
die Stadt einnehmen
und den Tempel zerstören."

Da horchten die Leute auf.
Erschrocken blieben sie stehen.
„Ist das nicht der Prophet Jeremia?",
fragte einer den anderen.
Die Priester aber schrien ihn an:
„Jeremia, was fällt dir ein?
Was hast du hier zu suchen
an diesem heiligen Ort?
Wer hat dir erlaubt,
unsere Gottesdienste zu stören?
Warte nur! Das sollst du büßen!"

Und schon drangen sie auf ihn ein,
packten ihn und schleppten ihn
vor die Richter der Stadt.
„Jeremia muss sterben!",
schrien sie wütend.
„Denn er hat Unheil über die Stadt
und den Tempel vorausgesagt."

Aber Jeremia verteidigte sich:
„Nicht ich habe es gesagt.
Gott hat es gesagt.
Ich habe sein Wort nur weitergegeben.
So hört doch endlich auf Gott
und tut, was er sagt!
Dann wird sich Gott
wieder zu euch wenden.
Mich könnt ihr zwar töten,
wenn es euch Spaß macht.
Aber was habt ihr davon?
Ihr macht euch nur
noch mehr schuldig."

Da wurde es auf einmal
ganz still in der Menge.
„Eigentlich hat er recht",
flüsterten einige.
„Vielleicht sollten wir wirklich tun,
was Jeremia sagt?"

Auch die Richter wurden nachdenklich.
Schließlich sagten sie:
„Jeremia hat recht.
Denn Gott spricht durch ihn.
Wir können ihm nicht widersprechen."

So ließen sie Jeremia frei.
Aber von diesem Tag an
durfte Jeremia nie mehr
den Tempel betreten.

Jeremia und Baruch

Jeremia 36

Eines Tages wurde in Jerusalem
ein Bußtag gefeiert.
Aus dem ganzen Land strömten
die Leute herbei,
um im Tempel zu beten
und Gott um seine Hilfe zu bitten.

Doch als sie zum Tempeltor kamen,
hörten sie jemand rufen:
„Ihr Leute, hört her!
Gott hat eine wichtige Botschaft
für euch."

Verwundert blieben sie stehen.
Wer rief da so laut?
Die Worte kannten sie doch!
Da entdeckten sie einen Mann,
der stand im Vorhof des Tempels
und las aus einer Schriftrolle vor.
Baruch war es, ein Freund
und Schüler des Propheten.

Neugierig kamen die Leute näher
und lauschten.
„Habt ihr gehört, was der liest?",
flüsterten sie erschrocken.
„Das muss der König erfahren!
Und auch seine Minister
müssen es wissen."
Und sogleich rannte einer
zum Königspalast,
wo gerade alle Minister
versammelt waren.
Dort meldete er aufgeregt:
„Baruch, der Freund Jeremias,
liest im Vorhof des Tempels
aus einer Schriftrolle vor.
Er hat eine Botschaft
von Gott."

Da horchten die Minister auf.
„Was sagst du da?
Eine Botschaft von Gott?
Die müssen wir hören.
Jetzt gleich! Auf der Stelle!"
Schnell ließen sie Baruch rufen
und baten ihn:
„Komm, setz dich zu uns!
Lies uns aus deiner Rolle vor!
Wir wollen dich hören."
Da las ihnen Baruch alles vor,
von Anfang bis Ende,
Wort für Wort.

Als aber die Minister hörten,
was Baruch las,
wurden sie ganz bleich.
„Sag", unterbrachen sie ihn,
„ist das wirklich wahr,
was du da liest?
Woher weißt du dies alles?"
„Von Jeremia", antwortete Baruch.
„Und der weiß es von Gott.
Jeremia hat mir alle Worte gesagt,
und ich habe sie mit Tinte
auf diese Rolle geschrieben,
damit sie niemand vergisst."

„Gib uns die Rolle!",
baten ihn die Minister.
„Wir wollen sie auch
dem König vorlesen.

Er muss wissen,
welch großes Unglück
uns allen bevorsteht.
Du aber geh schnell zu Jeremia
und versteck dich mit ihm!
Denn wer weiß,
was der König euch antut,
wenn er hört,
was in der Schriftrolle steht."

Sogleich gingen sie
zu Jojakim, ihrem König.
Der saß in seinem Winterpalast
und wärmte seine Hände
über dem offenen Feuer.
„O König", meldeten sie,
„wir haben eine dringende
Botschaft von Gott.
Sie steht in einer Schriftrolle."
„Dann lest sie mir vor!",
befahl ihnen der König.
„Ich will sie auch hören."

Da holte ein Diener die Rolle
und las dem König laut vor:

> *„So spricht der Herr:*
> *Ich will deinen Palast*
> *zur Wüste machen*
> *und deine Stadt*
> *zu einer Stadt ohne Bewohner.*
> *Fremde Völker werden kommen*
> *und diese Stadt zerstören*
> *und im Feuer verbrennen,*
> *weil sie den Bund mit Gott*
> *gebrochen hat."*
> Jeremia 22,6ff

Die Minister schauten
gespannt auf den König.
Was würde er tun?
Was würde er dazu sagen?
Der aber verzog keine Miene.
Ungerührt nahm er ein Messer,
schnitt Stück um Stück
von der Schriftrolle ab
und warf alle Stücke ins Feuer.

Den Ministern stockte der Atem.
Wie? Der König wagte es,
Gottes Wort zu verbrennen?
„O König", baten sie leise,
„tu's nicht! Bitte, hör auf!"
Doch der König hörte nicht auf sie.
Er ruhte nicht eher,
bis die ganze Rolle verbrannt war.

Da wurde es mit einem Mal
ganz still in der Runde.
Niemand wagte etwas zu sagen.
Niemand schrie auf.
Niemand weinte und klagte.
Es blieb totenstill in dem Saal.
Gottes Wort war endgültig verstummt.
Danach aber sprach Gott zu Jeremia:
„Schreib alles noch einmal auf,
alles, was ich geredet habe."

Da nahm Jeremia
eine neue Schriftrolle,
gab sie Baruch
und diktierte ihm alle Worte,
die Gott zu ihm geredet hatte.
Und er fügte noch hinzu:

> *„So spricht der Herr:*
> *Einst kommt die Zeit,*
> *da will ich mich wieder*
> *meinem Volk zuwenden*
> *und ich will sie*
> *zu mir heimbringen.*

Sie sollen mein Volk sein
und ich will ihr Gott sein.“
Jeremia 30,1ff

Noch war es ein Geheimnis,
was Baruch damals
auf die Schriftrolle schrieb.
Nur wenige Menschen ahnten,
was Gott dem Propheten
anvertraut hatte.
Aber einmal würde der Tag kommen,
da sich Gottes Wort an ihnen erfüllte.

7

Gott ist Herr über die Welt

Zu jener Zeit herrschte
im fernen Babylon
der mächtige König Nebukadnezar.
Er war mächtiger
als alle anderen Könige der Erde.
Er wohnte in einem prächtigen Palast.
Und er hatte ein gewaltiges Heer.
Seine Soldaten eroberten viele Länder
und unterwarfen sie für den König.
Sie fielen auch in das Land Juda ein,
belagerten Jerusalem
und nahmen es ein.
Sie rissen die Mauern ein,
drangen in die Stadt vor,
zündeten die Häuser an,
raubten den Tempel aus
und zerstörten ihn bis auf den Grund.
Und sie nahmen alles mit,
was sie dort fanden:
goldene Leuchter, silberne Becher
und Schalen aus Kupfer.
Auch viele Bewohner
nahmen sie gefangen
und verschleppten sie nach Babylon.

Nun war geschehen,
was die Propheten
vorhergesagt hatten.
Es gab kein Königreich
und auch keinen Tempel mehr.
Jerusalem war zerstört.
Das Land Juda war verwüstet.
Die Juden mussten von nun an
im fremden Land leben
und einem fremden König dienen.
Noch war ungewiss,
was sie dort erwartete.
Ob Gott auch im fremden Land
ihr Herr blieb?
Ob er auch Herr war
über den König von Babylon,
Herr über den mächtigsten
Herrscher der Welt?

Zu diesem Kapitel vergleiche die Hinweise im dritten Teil Seite 280f.

Daniel

Daniel 1

Dies ist die Geschichte von Daniel,
dem Gefangenen aus dem Land Juda,
der in jungen Jahren nach Babylon kam
und dort sein Leben lang
unter fremden Königen diente.

Daniels Geschichte beginnt mit dem Tag,
als König Nebukadnezar von Babylon
die Stadt Jerusalem eroberte
und viele seiner Bewohner
nach Babylon wegführen ließ.
Unter ihnen ließ der König
die besten und klügsten auswählen,
junge Leute von gutem Wuchs
und aus vornehmem Haus.
Drei Jahre lang sollten sie Unterricht
in babylonischer Sprache erhalten,
um danach am Hof des Königs zu dienen.
Und der König befahl
seinem Kämmerer Aschpenas:
„Man tische ihnen täglich das Beste auf,
Wein von meinem Wein
und Speise von meiner Speise."

Da wählte der Kämmerer
die besten unter den Gefangenen aus.
Zu ihnen zählten auch Daniel
und seine drei Freunde,
die einen neuen Namen erhielten:
Schadrach, Meschach und Abed-Nego.

Aber Daniel hatte sich vorgenommen,
auch am Hof des Königs
allein auf seinen Gott zu hören
und seine Gebote zu achten.
So bat er Aschpenas:
„Erlaube uns, dass wir nichts
von den Speisen des Königs essen,
auch nicht von seinem Wein trinken.
Unser Gesetz verbietet es uns."

„Wie?", fragte Aschpenas entsetzt.
„Ihr weist den Wein des Königs
und seine Speisen zurück?
Ihr bringt mich um Kopf und Kragen,
wenn der König das hört."

Aber Gott gab es,
dass der Kämmerer wohlwollend blieb.
Zehn Tage lang ließ er
Daniel und seine Freunde gewähren.
In dieser Zeit nahmen die vier
nur Wasser und Gemüse zu sich.
Und als zehn Tage um waren,
sahen sie kräftiger aus als alle,
die von den Speisen des Königs aßen.

Von diesem Tag an nahmen die vier
nur noch Wasser und Gemüse zu sich.
Und Gott gab ihnen große Weisheit
und Wissen in allen Fragen.
Daniel aber verlieh er zusätzlich
die Gabe, Träume zu deuten
und in die Zukunft zu schauen.

Nach drei Jahren aber wurden
Daniel und seine Freunde
vor den König geführt.
Da fand sie der König
zehnmal klüger als alle Gelehrten
und nahm sie in seinen Dienst.

So wurden Daniel und seine Freunde
Diener des mächtigen Nebukadnezar.
Von nun an sollten sie ihm allein dienen.
Aber in Wahrheit dienten sie allein
dem Herrn ihrem Gott,
dem alle Herrscher dieser Welt
untertan sind.

Daniel deutet einen Traum

Daniel 2

In jener Zeit hatte
König Nebukadnezar einen Traum.
Der erschreckte ihn so,
dass er alle Gelehrten des Landes,
Wahrsager und Traumdeuter,
zu sich bestellte und ihnen befahl:
„Ich hatte einen seltsamen Traum.
Sagt mir, was er bedeutet."

Aber die Gelehrten antworteten:
„Der König lebe ewig!
Er erzähle uns erst seinen Traum.
So wollen wir ihn deuten."

Aber der König rief zornig:
„Nein, ihr sollt den Traum erzählen
und mir sagen, was er bedeutet.
Ich will euch reich beschenken,
wenn ihr mir den Traum deutet.
Aber wenn ihr es nicht könnt,
dann lasse ich euch töten."

Da erschraken die Weisen
und verneigten sich noch tiefer.
„O König!", antworteten sie.
„Wie können wir wissen,
was der König geträumt hat?
Niemand auf der ganzen Welt
kann das wissen."

Aber der König schrie wütend:
„Ihr seid alle Betrüger!
Ihr behauptet, alles zu wissen.
Aber ihr wisst gar nichts."
Und er befahl seinen Soldaten:
„Zieht durch das Land!
Spürt alle Weisen auf
und tötet sie alle!"

Da zogen die Soldaten los
und suchten alle Weisen im Land,
auch Daniel und seine drei Freunde.

Als aber Daniel hörte,
was der König vorhatte,
eilte er zum König und bat ihn:
„O König, gebt mir ein wenig Zeit!
Dann will ich euch sagen,
was ihr geträumt habt."
Danach ging er schnell
zu seinen Freunden zurück,
kniete mit ihnen nieder
und betete zu Gott.
Die ganze Nacht lag er
auf seinen Knien.

Da, mitten in der Nacht,
sah Daniel auf einmal vor sich,
was der König geträumt hatte.
„Gelobt sei Gott!", rief er froh
und eilte zum König.
Der wartete schon ungeduldig auf ihn.

„Kannst du mir endlich sagen,
was ich geträumt habe?",
fragte der König.
„Nein", entgegnete Daniel,
„kein Mensch kann es.
Aber Gott im Himmel
hat mir den Traum gezeigt.
Er war es,
der euch den Traum geschickt hat.
Und das war der Traum:
Ein großes Standbild stand vor euch.
Es sah furchtbar aus.
Sein Kopf war aus Gold,
seine Brust aus Silber,
sein Bauch aus Kupfer,
und die Beine und Füße waren
aus Eisen und Ton.

Da löste sich ein Stein vom Fels,
der donnerte den Berg herab
und zerschlug die Füße
und das ganze Standbild.
Der Stein aber wurde
immer größer und größer.
Er wurde am Ende so groß,
dass er die ganze Welt ausfüllte.

Und das bedeutet der Traum:
Das Standbild verging.
Aber der Stein blieb
und wurde größer als alles.
So werden auch
die Königreiche vergehen.
Aber unser Gott bleibt.
Sein Königreich besteht ewig
und erfüllt die ganze Welt."

Da fiel König Nebukadnezar
auf seine Knie und rief:
„O Daniel, wie groß ist dein Gott!
Er ist mächtiger als alle Götter
und als alle Könige der Welt."

Und König Nebukadnezar
gab Daniel reiche Geschenke
und machte ihn zum Ratgeber
in seinem Palast.
Daniels Freunde aber erhob er
zu Fürsten in seinem Reich.

Daniels Freunde im Feuerofen

Daniel 3

Nicht lange danach
ließ König Nebukadnezar
ein riesiges Standbild bauen,
zwanzig Meter hoch
und ganz aus Gold.

„Ich will doch sehen,
wer hier Herr ist im Land",
sagte er zu sich.
Und er schickte Boten
in das ganze Land,
zu allen Mächtigen,
zu Richtern und Ratsleuten,
zu Fürsten und Vornehmen
in seinem Reich.
Und er ließ ihnen sagen:
„Kommt und weiht mit mir
das neue Standbild ein!"

Da eilten sie alle herbei,
die mächtigen Männer,
die Richter und Ratsleute,
die Fürsten und Vornehmen,
wie der König befohlen hatte.
Wie staunten sie alle,
als sie das Standbild sahen
in seinem goldenen Glanz!
Aber daneben – was war das?
Ein riesiger Ofen aus Stein!
Haushohe Flammen schlugen heraus.

Da rief der Herold des Königs:
„Passt auf, ihr Männer!
Gleich hört ihr Musik.
Dann kniet sofort nieder
und betet das Bild an!
So befiehlt es der König,
der mächtige Nebukadnezar.
Jeder muss knien.
Niemand darf stehen.
Sonst wird er im Feuerofen verbrannt."

Da zitterten alle vor Angst.
Es wurde ganz still.

Nur das Feuer knisterte laut.
Und auf einmal ertönte Musik:
Posaunen und Trompeten,
Harfen und Zithern,
Flöten und Lauten.
Sofort fielen alle auf ihre Knie.
Nein, nicht alle!
Drei blieben stehen: Daniels Freunde.

„Wie?", rief der König voll Zorn.
„Ihr wollt mein Bild nicht verehren?
Was fällt euch ein?
Aber ich will es noch einmal
mit euch versuchen.
Gebt acht!
Gleich spielt die Musik wieder.
Dann fallt sofort nieder
und betet das Bild an!
Sonst werfen wir euch in den Ofen.
Dort hilft euch niemand,
auch euer Gott nicht."

Aber die Freunde erwiderten:
„Nein, König Nebukadnezar!
Wir werden nicht niederknien.
Unser Gott will nicht,
dass wir andere Götter verehren.
Aber wenn unser Gott will,
dann kann er uns
auch aus dem Feuer erretten.
Und wenn er es nicht will,
dann fallen wir dennoch nicht nieder."

„Wie?", schrie der König wütend.
„Ihr wagt es, nicht zu gehorchen?"
Und er befahl seinen Soldaten:
„Heizt den Ofen
noch siebenmal stärker!
Und werft die Männer ins Feuer!"

Da warfen sie die Männer
in den brennenden Ofen
mit ihren Kleidern und Hüten,
an Händen und Füßen gebunden.
Die Flammen aber schlugen
so hoch aus dem Ofen heraus,
dass die Soldaten verbrannten.
Aber den König störte das nicht.
Er sah nur auf das Feuer
und auf die drei Männer im Feuer.

Doch plötzlich erschrak er.
Er rief: „Haben wir nicht
drei Männer ins Feuer geworfen?
Aber nun sind es vier!
Sie gehen im Feuer umher.
Und der vierte ist gar kein Mensch.
Er sieht aus wie ein Engel."
„Ihr Diener Gottes", rief er,
„kommt schnell aus dem Ofen!"

Da kamen sie heraus,
mit Kleidern und Hüten.
Nichts war verbrannt,
nicht ein einziges Haar.
Sie rochen auch nicht verbrannt.
Nichts war ihnen geschehen.

Da verkündete der König,
vor allen Ohren:
„Gelobt sei euer Gott!
Er hat euch gerettet.
Kein Gott ist so mächtig wie er."

Daniel in der Löwengrube

Daniel 6

Jahre vergingen.
Inzwischen herrschte König Darius
über das riesige Reich.
Darius achtete Daniel hoch.
Er war sein bester Minister.
Darum beschloss der König:
Daniel soll noch mehr Macht
in meinem Königreich haben.

Als aber die anderen Minister
und Fürsten das hörten,
wurden sie neidisch auf Daniel.
Und sie fragten sich:
„Warum nicht wir?
Wir sind doch viel besser!
Aber wir werden dem König zeigen,
wie schlecht Daniel ist.“

Von diesem Tag an suchten sie
einen Fehler an Daniel zu finden.
Aber sie konnten nichts finden.
„Daniel hat nur einen Fehler“,
meinten sie schließlich.
„Er betet zu viel.“

Und wirklich:
Daniel betete dreimal am Tag,
morgens, mittags und abends.
Er kniete am offenen Fenster,
wenn er mit seinem Gott sprach,
und schaute voll Wehmut nach Westen,
wo in der Ferne Jerusalem lag.
„Ach Herr“, so betete er,
„bring uns wieder nach Hause!“

Eines Tages dachten sich
die Minister und Fürsten
einen listigen Plan aus.
Sie gingen zum König,
verneigten sich tief und sprachen:
„O großer König Darius!
Dein Volk soll euch allein
und niemand sonst ehren.
Darum gebt den Befehl:
Niemand darf zu einem Menschen
oder zu einem Gott beten.
Nur euch allein darf man bitten.
Und dieses Gebot
soll 30 Tage lang gelten.
Wer sich aber nicht daran hält,
den sollen die Löwen fressen.“

Da fühlte sich der König
geschmeichelt und sprach:
„Gut, gut! Das gefällt mir!“
Er schickte Boten ins Land
und ließ überall ausrufen:
„Dies befiehlt König Darius:
Niemand darf zu einem Menschen
oder zu einem Gott beten.
Nur mich allein sollt ihr bitten.
Und dieses Gebot
soll 30 Tage lang gelten.
Und wer sich nicht daran hält,
den sollen die Löwen fressen.“

Daniel aber hörte nicht
auf des Königs Gebot.
Dreimal am Tag
kniete er nieder am offenen Fenster,
betete, lobte und dankte Gott,
wie er es gewohnt war.

Aber unter Daniels Fenster
hatten sich seine Gegner versteckt.
Als sie hörten,
wie Daniel sein Gebet sprach,
eilten sie sogleich zum König
und meldeten ihm: „O König!

Habt ihr nicht gesagt:
Niemand darf beten?“

„Ja“, sagte der König,
„das habe ich wirklich gesagt.“
„Und“, fuhren sie fort,
„habt ihr nicht auch gesagt:
Wer sich nicht daran hält,
den sollen die Löwen fressen?“
„Auch das habe ich gesagt“,
gab der König zur Antwort.
„Dann muss Daniel sterben“,
riefen die Fürsten.
„Denn Daniel betet zu seinem Gott,
dreimal am Tag.“

Da merkte der König,
dass die Fürsten ihm
eine Falle gestellt hatten.
„Nein, niemals“, rief er entsetzt.
„Das lasse ich nicht zu.“
Aber die Fürsten erwiderten:
„Ihr habt es befohlen.
Nun müsst ihr es tun.“

Vergeblich versuchte der König,
Daniel zu retten.
Aber die Fürsten gaben nicht nach.
Endlich, am Abend,
ließ der König Daniel holen.
„Daniel“, sagte er traurig,
„dein Gott, dem du dienst,
der muss dir jetzt helfen.“
Und er befahl seinen Soldaten:
„Werft ihn zu den Löwen!“
Da packten sie Daniel,
warfen ihn in die Löwengrube
und rollten einen schweren Stein
vor den Eingang.

Dann wurde es Nacht.
Aber der König konnte nicht schlafen.
Er aß nichts und trank nichts.
Er dachte die ganze Nacht
nur an Daniel.

Am anderen Morgen aber
stand der König früh auf
und eilte zur Grube.
„Daniel“, rief er in die Grube hinab,
„du Diener des lebendigen Gottes!
Hat dein Gott, dem du dienst,
dir auch jetzt geholfen?“
Er horchte gespannt.
Auf einmal hörte er Daniels Stimme:
„Ja, König, Gott hat mir geholfen.
Er hat seinen Engel geschickt.
Der hat den Löwen
das Maul zugehalten.
Sie haben mir nichts getan.“

„Daniel lebt!“,
rief der König erleichtert.
„Holt ihn sofort aus der Grube!“

Da zogen sie Daniel heraus.
„Seht“, staunte der König,
„Daniel ist unverletzt!
Was für ein Wunder!“

Und der König gab
im ganzen Reich den Befehl aus:
„Ehrt Daniels Gott!
Und fürchtet ihn mehr
als unsere Götter!
Denn er ist ein lebendiger Gott.
Er rettet und hilft.“

8

Gott bringt heim

Viele Jahre lang lebten die Juden
im fremden Land.
Wann durften sie endlich
wieder heimkehren?
Viele von ihnen hatten schon
alle Hoffnung verloren.

Da schickte Gott ihnen Propheten.
Die trösteten sie und sprachen:
„Fürchtet euch nicht!
Gott wird euch erlösen
und aus Babel befreien.
Er wird euch
in euer Land zurückführen,
wie er einst eure Vorfahren
aus Ägypten herausgeführt hat."
Jesaja 43,1ff

Da schöpften die Juden neue Hoffnung.
Voll Sehnsucht sangen sie
das Lied der Befreiung:

„Wenn der Herr
die Gefangenen Zions
erlösen wird,
so werden wir sein
wie die Träumenden.
Dann wird unser Mund
voller Lachen
und unsere Zunge
voller Rühmen sein.
Dann wird man sagen
unter den Völkern:
‚Der Herr hat Großes
an uns getan.'"
Psalm 126

Zu diesem Kapitel vergleiche die Hinweise im dritten Teil Seite 282.

Endlich kam der Tag,
auf den die Juden
so lange gewartet hatten.
Kyros, der König von Persien,
eroberte Babylon
und wurde Herrscher über das Land.
Er gab den Befehl aus:
„Alle Juden, die nach Babylon
verschleppt wurden,
dürfen heimkehren."

Da war die Freude groß
bei allen Juden.
Endlich waren sie frei!
Viele machten sich sofort auf den Weg
und zogen ins Land Juda zurück.

Aber das Land war noch verwüstet.
Jerusalem lag noch in Trümmern.
Und von dem herrlichen Tempel,
den Salomo einst gebaut hatte,
war nichts mehr zu sehen.

Da machten sie sich
gemeinsam an die Arbeit.
Zuerst bauten sie wieder
den zerstörten Tempel auf,
danach die Stadtmauern.
Viele Jahre lang bauten sie.
Oft wurden sie müde
und ließen die Arbeit liegen.
Manchmal verloren sie allen Mut
und seufzten: „Es hat keinen Sinn.
Wir schaffen das nie."

Aber Gott schickte ihnen
immer wieder Propheten,
die sprachen ihnen Mut zu:
„Fürchtet euch nicht!
Macht eure Hände stark!
Gott steht euch bei."
Sacharja 8,13b
Da bauten sie weiter,
bis der Tempel vollendet war.

Nun konnten die Juden
endlich wieder das Passafest feiern.
Sie feierten es so festlich,
wie es ihre Vorfahren
vor vielen Jahren gefeiert hatten.
Voller Freude dankten sie Gott,
der sie bis zu diesem Tag
wunderbar geführt hatte,
von dem Tag an,
als er sie aus Ägypten befreit hatte.
Und sie sagten zueinander:
„Einmal wird der Retter kommen,
der König,
den Gott uns versprochen hat.
Er wird zu uns
nach Jerusalem kommen
und für immer unser König sein.
Wer weiß?
Vielleicht wird er sogar
am Passafest kommen?"

So freuten sie sich auf den Tag,
an dem sich erfüllen würde,
was der Prophet Sacharja
vorausgesagt hatte:
„Jerusalem, freue dich sehr!
Denn siehe, dein König kommt zu dir,
ein Gerechter und ein Helfer."
Sacharja 9, 9
Aber wann würde der Retter kommen?
Niemand wusste es, noch niemand.

ZWEITER TEIL

Das Neue Testament

1

Jesus, der Retter, ist da!

Im Land der Juden
war eine schlimme Zeit
angebrochen.
Die Römer
hielten das Land besetzt.
Sie hatten Herodes
zum König gemacht.
Der regierte in Jerusalem
wie einst König David.
Aber Herodes war grausam.
Alle Menschen im Land,
sogar seine Freunde
und seine Familie
fürchteten sich vor ihm.
Niemand durfte offen sagen,
was er wirklich dachte.

Doch heimlich
fragten sich viele:
Wann wird diese schlimme Zeit
einmal zu Ende gehen?
Wann werden wir
endlich wieder frei sein?
Wann wird der König kommen,
den Gott uns versprochen hat,
der Retter,
der uns den Frieden bringt?
Immer ungeduldiger
fragten sie so.
Und immer sehnlicher
warteten sie auf den Retter.

Zu diesem Kapitel vergleiche die Hinweise im dritten Teil Seite 283ff.

Gute Nachricht für Zacharias

Lukas 1,5ff und 57ff

Nicht weit von Jerusalem
lebte ein Priester,
der hieß Zacharias.
Er und seine Frau Elisabeth
liebten Gott über alles
und lebten nach seinen Geboten.
Aber die beiden hatten
einen geheimen Kummer:
Sie hatten kein Kind.
Schon viele Jahre lang
beteten sie zu Gott:
„Herr, schenke uns ein Kind!“
Aber das Kind kam nicht.
Zacharias und Elisabeth
wurden älter und älter.
Es schien,
als hätte Gott sie vergessen.

Eines Tages zog Zacharias,
wie gewohnt, zum Tempel,
der in Jerusalem lag.
Dort wollte er Gott Opfer bringen,
wie es den Priestern befohlen war.
Schon von Weitem sah er den Tempel
hoch oben auf dem Berg.
Sein Dach glänzte
golden in der Sonne.
Zacharias eilte den Berg hinauf,
schritt durch ein großes Tor
und kam in den Vorhof des Tempels.

Dort waren schon
viele Leute versammelt.
Sie warteten auf den Priester,
der im Tempel
das Rauchopfer darbringen sollte.
Nur einer von allen Priestern
durfte hineingehen.
An diesem Tag war
Zacharias an der Reihe.
Feierlich zog er
sein Priestergewand an,
schritt durch die Menge,
stieg die Stufen zum Tempel hinauf,
öffnete die Tür und trat ein.

Wie still und dunkel
war es dort innen!
Zacharias sah sich andächtig um.
Auf dem Altartisch
stand eine Schale aus Gold.
In ihr brannte das Opferfeuer.
Zacharias trat näher,
nahm ein paar Weihrauchkörner
und streute sie in das Feuer.
Rauch stieg auf
und Wohlgeruch erfüllte den Raum.
Zacharias betete leise.

Aber plötzlich zuckte er zusammen.
Ein Mann stand neben dem Altar.
Zacharias erschrak.
Er zitterte am ganzen Leib.
Aber der Mann sprach:
„Fürchte dich nicht, Zacharias!
Gott hat dein Gebet erhört.
Deine Frau Elisabeth
wird einen Sohn bekommen.
Den sollst du Johannes nennen.
Du wirst große Freude an ihm haben.
Aber nicht nur du.
Auch viele andere
werden sich an ihm freuen.
Denn er wird allen
die gute Nachricht bringen,
dass der Retter bald kommt.“

Zacharias stand da
und konnte es nicht fassen.

„Aber wie kann das sein?“,
stammelte er.
„Ich bin schon sehr alt.
Und meine Frau ist auch alt.
Wie kann ich erkennen,
dass du die Wahrheit sagst?“

Da antwortete der andere:
„Ich bin Gabriel, ein Engel Gottes.
Gott hat mich zu dir geschickt.
Daran sollst du merken,
dass ich die Wahrheit sage:
Du wirst stumm sein
und nicht reden können,
bis alles geschieht,
was ich dir gesagt habe.“

Draußen vor dem Tempel
wurden die Leute allmählich unruhig.
„Wo bleibt der Priester nur so lange?“,
fragten sie ungeduldig.
„Wann kommt er endlich heraus
und spricht den Segen über uns aus?“

Da ging endlich die Tür auf.
Zacharias trat heraus.
Er hob seine Hände zum Segen,
öffnete seinen Mund
und wollte sprechen.
Aber er brachte nichts heraus,
kein einziges Wort.
Die Leute starrten ihn an.
„Wie seltsam“, flüsterten sie.
„Der Priester bewegt die Lippen.
Aber wir hören ihn nicht.
Vielleicht ist im Tempel
etwas mit ihm geschehen?“
Aber niemand ahnte,
was wirklich geschehen war.
Da winkte ihnen Zacharias,
dass sie heimgehen sollten.
Und nachdenklich ging
einer nach dem andern davon.

Auch Zacharias eilte nach Hause
zu Elisabeth, seiner Frau.
Und wie der Engel gesagt hatte,
so geschah es:
Elisabeth wurde schwanger.
„Gott sei Lob und Dank!“,
rief Elisabeth voll Freude.
„Gott hat uns nicht vergessen.“
Aber sie verriet niemandem,
was geschehen war.

Endlich kam der Tag,
an dem das Kind geboren wurde.
Ein Sohn war es,
wie der Engel gesagt hatte.
Nun war es kein Geheimnis mehr.
Im Nu sprach es sich
in der ganzen Gegend herum:
„Habt ihr schon gehört?
Zacharias und Elisabeth
haben einen Sohn!“
Da kamen sie
von allen Seiten herbei,
um das Kind zu begrüßen,
alle Nachbarn und Verwandten.
Und am achten Tag
feierten sie miteinander ein Fest.

„Wie soll denn das Kind heißen?“,
fragten die Nachbarn.
„Sicher Zacharias wie sein Vater?“
„Nein“, antwortete Elisabeth,
„Johannes soll es heißen.“
„Johannes?“, wunderten sich alle.
„So heißt doch niemand
in eurer Familie.
Warum gerade Johannes?

Wir wollen den Vater fragen,
was er dazu meint.“

Da gingen sie zu Zacharias
und fragten ihn:
„Wie soll das Kind heißen?“
Aber Zacharias konnte es
ihnen nicht sagen.
Er war immer noch stumm.
So nahm er eine kleine Tafel
und schrieb darauf:
„Er heißt Johannes.“
Und als er noch schrieb,
da geschah es:
Auf einmal konnte er
wieder sprechen.
„Ja“, rief er fröhlich,
„Johannes soll er heißen.“
Das heißt: „Gott ist gnädig.“
Und voll Freude stimmte er
ein Loblied an:

„Gelobt sei der Herr,
der Gott Israels,
denn er hat sein Volk
besucht und erlöst.
Und du, Kind,
wirst vor dem Retter hergehen.
Du wirst ihm den Weg bereiten.“

Da staunten alle, die es hörten,
und sie sagten zueinander:
„Das ist bestimmt ein besonderes Kind.
Wer weiß, was Gott mit ihm vorhat?“
Und überall, wohin sie kamen,
erzählten sie die Geschichte
von Zacharias und Elisabeth
und ihrem Sohn Johannes.

Gute Nachricht für Maria

Lukas 1,26–56

In jenen Tagen,
als Johannes noch nicht geboren war,
lebte in der kleinen Stadt Nazareth
eine junge Frau mit Namen Maria.
Sie war verlobt mit Josef,
einem Zimmermann,
der stammte von König David ab.

Eines Tages aber geschah
etwas Unglaubliches.
Maria saß in ihrem Haus.
Da hörte sie plötzlich eine Stimme:
„Sei gegrüßt, Maria, du Gesegnete!
Der Herr ist mit dir.“

Erschrocken fuhr Maria hoch.
Da sah sie: Ein Engel stand vor ihr,
der blickte sie freundlich an.
Maria war ganz verwirrt.
Was soll das bedeuten?,
dachte sie bei sich.
Ich soll gesegnet sein?

Aber der Engel sprach:
„Fürchte dich nicht, Maria!
Denn Gott hat dich gesegnet.
Du wirst einen Sohn bekommen,
den sollst du Jesus nennen.
Der wird ein König wie David sein.
Doch sein Königreich
wird ewig bestehen.“

Maria war sprachlos.
Sie sollte ein Kind bekommen?
Ein Kind, das einmal König würde?
Der Retter, auf den alle warteten?
„Wie soll das zugehen?“, fragte Maria.
„Ich lebe doch

mit keinem Mann zusammen?
Wer wird der Vater des Kindes sein?"

Der Engel sprach:
„Gottes Geist wird auf dich kommen.
Darum wird dein Sohn
auch Gottes Sohn heißen.
Und sieh,
auch Elisabeth, deine Verwandte,
bekommt einen Sohn,
obwohl sie schon alt ist.
Denn bei Gott ist nichts unmöglich!"

Da verneigte sich Maria
und sprach: „Ich bin bereit.
Wie du gesagt hast,
so soll es geschehen."

Und sie stand auf
und eilte zu Elisabeth,
ihrer Verwandten.
Als diese Maria sah,
rief sie ihr voll Freude entgegen:
„Gepriesen bist du, Maria!
Und gepriesen ist das Kind
in deinem Leib!
Denn als ich deine Stimme hörte,
hüpfte das Kind in meinem Leib.
Gesegnet bist du,
weil du geglaubt hast,
was Gott dir anvertraut hat!
Er wird es auch tun."

Als Maria das hörte,
dankte sie Gott
und pries ihn mit diesem Lied:

„Meine Seele erhebt den Herrn,
und mein Geist freut sich
über Gott, meinen Retter.
Denn er hat Großes an mir getan.
Er stößt die Mächtigen vom Thron
und erhebt die Niedrigen.
Er denkt an sein Versprechen
und hilft seinem Volk auf."

Jesus wird geboren

Lukas 2,1–7

Endlich war es soweit:
Der Retter kam in die Welt!

Zu jener Zeit aber
war Kaiser Augustus
der mächtigste Herrscher der Welt.
Er regierte in Rom
über ein riesiges Reich.
Und alle Welt musste tun,
was der Kaiser befahl.

Eines Tages schickte Augustus
Boten in alle Länder und Städte
und er ließ überall ausrufen:
„So befiehlt Kaiser Augustus:
Alle Menschen in meinem Reich
sollen gezählt werden.
Darum macht euch auf!
Zieht in eure Heimat,
in die Stadt eurer Vorfahren,
und lasst euch dort zählen
und eure Namen in Listen eintragen!"

Da machten sich alle auf den Weg
und zogen in ihre Heimat,
wie der Kaiser befohlen hatte.
Auch Josef machte sich
aus der Stadt Nazareth auf
und zog nach Bethlehem,
in die Stadt seiner Vorfahren.
Dort war einst König David geboren.

Maria, seine Verlobte,
begleitete ihn.
Sie war schwanger
und erwartete das Kind,
wie ihr der Engel gesagt hatte.

Als die beiden
nach Bethlehem kamen,
war die Stadt überfüllt.
Wo sollten sie nun unterkommen?
Maria spürte:
Bald würde ihr Kind
zur Welt kommen,
vielleicht schon in dieser Nacht.
Gab es denn für dieses Kind
keinen Raum in der Stadt?

Sie fragten und suchten
nach einer Herberge.
Aber am Ende
fanden sie nur einen Stall.
Stroh bedeckte den Boden.
Und eine Futterkrippe
stand in der Ecke.

Und da geschah es:
Mitten in der Nacht
wurde das Kind geboren,
von dem der Engel geredet hatte.
Maria wickelte es in Windeln
und legte es in die Krippe.
Es war ein hilfloses Kind
wie jedes andere.
Und doch war es
ein besonderes Kind:
das Kind, das der Welt
den Frieden Gottes bringen sollte.

Noch war es ein Geheimnis.
Niemand in Bethlehem ahnte,
was in dieser Nacht geschehen war.
Aber bald sollten es alle erfahren:
Jesus, der Retter der Welt,
war geboren.

Ehre sei Gott!

Lukas 2,8–20

Es war Nacht.
Draußen vor der Stadt
wachten Hirten bei ihren Schafen.
Ganz dunkel war es um sie her.
Aber plötzlich schreckten sie auf.
Was war das?
Mitten in der Nacht
wurde es hell, taghell.
Ein Licht leuchtete auf,
noch heller als die Sonne.
Und in dem Licht erschien
ein Engel vor ihnen.

Die Hirten wussten nicht,
wie ihnen geschah.
Sie waren geblendet von dem Licht
und zitterten vor Angst.
Aber der Engel sprach zu ihnen:

> *„Fürchtet euch nicht!*
> *Siehe, ich verkündige euch*
> *große Freude,*
> *die allen zuteilwerden soll.*
> *Denn euch ist heute*
> *der Retter geboren:*
> *Christus, der Herr,*
> *in der Stadt Davids.*
> *Und das ist das Zeichen,*
> *an dem ihr den Retter erkennt:*
> *Ihr werdet ein Kind finden,*
> *in Windeln gewickelt*
> *und in eine Krippe gelegt.“*

Als der Engel noch sprach,
sahen die Hirten plötzlich
noch viel, viel mehr Engel,
die sangen und jubelten:

„Ehre sei Gott in der Höhe
und Friede auf Erden
und den Menschen
sein Wohlgefallen."

Die Hirten standen da
und lauschten,
bis der Gesang verklungen war.
Dann wurde es wieder still
und dunkel um sie her.
Doch die Hirten riefen:
„Habt ihr gehört,
was der Engel gesagt hat?
Der Retter ist da!
In Bethlehem ist er geboren,
in dieser Nacht!
Auf, wir wollen gehen und sehen,
was dort geschehen ist."

Da ließen sie ihre Schafe zurück
und eilten nach Bethlehem
und fanden das Kind
mit Maria und Josef.
Es lag in der Krippe
und war in Windeln gewickelt,
wie der Engel gesagt hatte.

Da erzählten die Hirten,
was sie gesehen hatten
und was ihnen der Engel
von diesem Kind gesagt hatte.
Maria hörte ihnen zu,
staunte und schwieg.
Und sie dachte im Stillen daran,
was ihr der Engel gesagt hatte.

Die Hirten aber liefen hinaus
auf die Straßen der Stadt,
sangen und jubelten:
„Gelobt sei Gott!
Der Retter ist da!
Hier in Bethlehem
ist er geboren.
Wir haben ihn
mit eigenen Augen gesehen."

Jubelnd kehrten sie
zu ihren Schafen zurück.
Und als ihre Lieder
längst verklungen waren,
klang das Lied der Engel
immer noch weiter in ihren Ohren:

„Ehre sei Gott in der Höhe
und Friede auf Erden!"

Endlich ist er da!

Lukas 2,22–38

Jesus war in Bethlehem geboren.
Aber in der Stadt Jerusalem
wusste noch niemand,
was inzwischen geschehen war.
Dort herrschte immer noch
König Herodes in seinem Palast
und immer noch seufzten alle:
Wann kommt endlich der Retter,
der uns befreit?

Zu jener Zeit lebte in Jerusalem
Simeon, ein hochbetagter Mann.
Der wartete seit Jahren
auf den Retter Israels.
Jeden Tag betete er: „Herr,
lass mich den Retter sehen,

ehe ich sterbe!“
Und er glaubte fest,
Gott werde ihm seine Bitte erfüllen.
Oft ging er zum Tempel
und hielt nach dem Retter Ausschau.
Aber vergeblich.
Der Retter kam nicht.

Eines Tages trieb es
Simeon wieder zum Tempel.
Es war ihm, als hätte er
Gottes Stimme gehört:
„Heute wirst du den Retter sehen.“
Gespannt sah sich Simeon
im Vorhof des Tempels um.
Da entdeckte er
unter all den Menschen
Maria und Josef mit ihrem Kind.
Sie waren gekommen,
um Gott ein Dankopfer zu bringen.

Als Simeon das Kind sah,
da wusste er plötzlich:
Dies war der Retter,
den Gott seinem Volk schickte!
Voller Freude nahm er
das Kind auf seine Arme,
dankte Gott und sprach:

„Herr, nun kann ich
in Frieden sterben.
Denn wie du gesagt hast,
so ist es geschehen:
Meine Augen haben
deinen Retter gesehen.
Der wird Licht und Hoffnung
in unsere Welt bringen.“

Dann wurde Simeon
auf einmal ganz ernst.
Er sah Maria an.
„Dein Kind“, sagte er,
„wird einmal viele aufrichten.
Aber auch viele Menschen
werden sich an ihm stoßen.
Und du wirst seinetwegen
viel Kummer haben.“

Und als er noch mit ihr redete,
kam eine alte Frau hinzu,
Hanna, eine Prophetin.
Sie war schon 84 Jahre alt
und seit vielen Jahren Witwe.
Als sie das Kind sah,
rief sie glücklich:
„Da ist ja der Retter!
Endlich ist er gekommen.
Gott sei Lob und Dank!“
Und sie erzählte es allen,
die mit ihr auf den Retter hofften.

Der neue König

Matthäus 2,1–12

In einem fernen Land,
weit im Osten,
lebten damals kluge Gelehrte.
Sie waren Sterndeuter und
kannten jeden Stern am Himmel.
Sie wussten, wann er aufging
und wann er unterging
und was sein Lauf bedeutete.

Eines Nachts, als sie wieder
zum Himmel aufschauten,
entdeckten sie einen neuen Stern.
Der strahlte heller
als alle anderen Sterne.

„Was für ein Stern!“, riefen sie.
„Das muss ein Königsstern sein.
Sicher ist irgendwo
ein neuer König geboren.
Aber wo? In welchem Land?“
Sie forschten in ihren Schriften
und überlegten lange.
Da sagte einer:
„Vielleicht im Land der Juden?“
„Ja“, fielen die anderen ein,
„im Land der Juden muss es sein.
Auf, worauf warten wir noch?
Wir wollen das Kind suchen,
vor ihm niederknien
und ihm unsere Geschenke bringen.“

Da sattelten sie ihre Kamele,
luden kostbare Geschenke auf
und machten sich auf den Weg,
das Kind zu suchen.

Sie zogen durch weite Wüsten
und fremde Länder,
über hohe Berge
und durch tiefe Täler.
Wochenlang reisten sie,
bis sie endlich
ins Land der Juden kamen.
Aber wo sollten sie hier
das Königskind suchen?
„Sicher lebt es im Königspalast“,
sagten sie sich
und zogen nach Jerusalem,
wo König Herodes wohnte.

Als sie dort ankamen,
fragten sie die Leute
auf der Straße:
„Sagt uns! Wo ist
der neugeborene König der Juden?
Wir haben seinen Stern gesehen
und sind hergekommen,
um ihn anzubeten.“

Aber die Leute
sahen sie verlegen an.
Ein neugeborener König?
Sie kannten keinen neuen König.
Nur einen alten König
kannten sie: Herodes.
Und vor dem zitterten alle.

Bald darauf erfuhr König Herodes,
wer in die Stadt gekommen war.
„Wen suchen die Fremden?“,
fragte er erschrocken.
„Einen neuen König?
Ich bin doch
der einzige König im Land!“
Aber wenn es stimmte,
was die Fremden sagten?
Wenn es wirklich
noch einen anderen König gab?
Wenn gar der Retter geboren war,
auf den das Volk hoffte?

Und sogleich ließ Herodes
alle Priester und Gelehrten rufen
und befahl ihnen:
„Sagt mir die Wahrheit!
Was steht in eurer Heiligen Schrift?
Wo wird der Retter geboren?“
„In Bethlehem“, erwiderten sie
und zeigten auf ihre Schriftrollen.
„So steht es in der Heiligen Schrift.
So hat es der Prophet Micha
vor langer Zeit vorausgesagt:
‚Aus Bethlehem
wird der Retter kommen.‘“

Da lud der König heimlich
die Sterndeuter in seinen Palast

und fragte sie aus:
„Sagt mir doch bitte:
Wann habt ihr den Stern entdeckt?
Sagt, wann?
Ich muss es genau wissen.“

„Das ist schon länger her“,
antworteten die Sterndeuter.
„Damals waren wir noch
zu Hause in unserem Land.
Aber seitdem suchen wir
den neugeborenen König.“

„Ich will euch helfen“,
bot Herodes an.
„Ich weiß, wo er ist:
in der Stadt Bethlehem,
nicht weit von hier.
Dort werdet ihr ihn finden.“
Und listig fügte er hinzu:
„Aber kommt danach wieder
und sagt mir,
wo ihr ihn gefunden habt.
Dann will auch ich hingehen
und ihn anbeten.“

Da verneigten sich die Sterndeuter
und zogen nach Bethlehem,
wie der König gesagt hatte.

Als sie dort ankamen,
war es schon dunkel.
Am Himmel leuchteten die Sterne.
Und sieh da! Auf einmal stand
der Stern wieder am Himmel,
derselbe Stern,
den sie zu Hause gesehen hatten.
Es schien, als bliebe er
über einem Haus stehen.

Voller Freude ritten sie
auf das Haus zu,
stiegen von ihren Kamelen,
eilten hinein und fanden das Kind:
Jesus, Marias Sohn.
Es lag im Arm seiner Mutter
und sah aus
wie ein gewöhnliches Kind.
Und doch war es der König,
den sie suchten:
der König, den einmal
alle Könige anbeten sollten!

Da fielen sie auf die Knie,
beteten das Kind an
und breiteten ihre Geschenke aus,
ein Kästchen mit Gold,
eine Schale mit Weihrauch
und einen Krug mit Myrrhe.

Aber in derselben Nacht
sprach Gott im Traum
zu den Sterndeutern:
„Geht nicht zu Herodes zurück!
Glaubt ihm nicht!
Er will dem Kind nur schaden.“
Da hörten sie auf Gott
und zogen auf einem anderen Weg
zurück in ihr Land.

Auf der Flucht

Matthäus 2,13–23

König Herodes wartete lange Zeit.
Doch vergeblich.
Die Sterndeuter kamen nicht zurück.
Da verlor der König die Geduld.
Wütend schrie er:
„Sie haben mich betrogen!

Es hat sie jemand gewarnt.
Gewiss sind sie längst
wieder zu Hause."

Aber das Kind?
Der neue König?
Wie sollte er nun das Kind finden?
In Bethlehem gab es viele Kinder.
Herodes wusste nicht einmal
den Namen des Kindes.
Nur eines stand für ihn fest:
Ein Junge war es,
noch keine zwei Jahre alt.
Und dieser Junge musste verschwinden,
wenn er, Herodes, König bleiben wollte.

Da fasste Herodes
einen grausamen Entschluss.
Er befahl seinen Soldaten:
„Auf, zieht nach Bethlehem
und tötet dort alle Jungen,
die zwei Jahre und jünger sind!"

Doch bevor das geschah,
erschien Josef ein Engel im Traum,
der sprach zu ihm:
„Steh schnell auf
und flieh mit dem Kind
und seiner Mutter ins Land Ägypten!"

Da machte sich Josef
noch in derselben Nacht auf
und floh mit den beiden
nach Ägypten,
wie der Engel befohlen hatte.

Nach langer Zeit aber
erschien der Engel
noch einmal Josef im Traum
und sprach: „Kommt wieder zurück!
Denn Herodes ist tot."

Da kehrte Josef mit den beiden
nach Israel zurück
und zog in die Stadt Nazareth.
Dort wuchs Jesus auf
als Sohn von Maria und Josef,
ein Kind unter anderen Kindern.
Und niemand ahnte,
wer Jesus in Wahrheit war.

Auf dem Passafest

Lukas 2,41–52

Jedes Jahr wurde in Jerusalem
das Passafest gefeiert,
ein fröhliches Fest!
Aus dem ganzen Land strömten
die Menschen zusammen
und feierten viele Tage.

Als Jesus zwölf Jahre alt war,
zog er zum ersten Mal
mit seinen Eltern zum Fest.
Auch viele andere zogen mit ihnen,
Nachbarn und Freunde,
Männer und Frauen,
Alte und Junge.
In großen Scharen
wanderten sie auf Jerusalem zu.
Alle freuten sich schon auf den Tempel
und sangen fröhliche Lieder:

„Wie liebenswert, Gott,
ist deine Wohnung!
Meine Seele sehnt sich
nach den Vorhöfen des Herrn."
Psalm 84,2f

Endlich erblickten sie
in der Ferne den Tempel.
Jubel brach aus.

Alle eilten den Berg hinauf
und zogen voller Erwartung
in den Vorhof des Tempels.
Dort brachten sie ihre Opfer dar
und dankten Gott, der ihr Volk
einst aus Ägypten befreit hatte.
Auch Jesus dankte und sprach
mit seinem Vater im Himmel.
Hier war das Haus Gottes,
das Haus seines Vaters!
Hier wollte er bleiben.

Sieben Tage dauerte das Fest.
Danach brachen alle
wieder von Jerusalem auf.
Auch Maria und Josef
wollten heimkehren.
Aber Jesus war nirgends zu finden.
Da sagten sich seine Eltern:
Vielleicht ist er schon
mit Freunden vorausgegangen.
Und so machten sie sich
ohne ihn auf den Weg.

Unterwegs trafen sie
viele Verwandte und Bekannte.
„Habt ihr Jesus gesehen?“,
fragten sie alle.
Aber niemand von ihnen
hatte Jesus gesehen.
Da kehrten Maria und Josef um
und eilten nach Jerusalem zurück
und suchten die ganze Stadt ab.
Tagelang suchten sie.
Aber Jesus fanden sie nicht.

Nach drei Tagen aber gingen sie
noch einmal zum Tempel.
Dort waren kaum noch
Menschen zu sehen.
Nur einige Gelehrte
saßen beisammen.
Sie lasen und forschten
in der Heiligen Schrift.
Doch mitten unter ihnen
saß ein Junge,
der unterhielt sich eifrig
mit den Gelehrten.
Er stellte ihnen Fragen
und gab selbst Antwort,
so klug und verständig,
dass alle nur staunten.

Maria traute ihren Augen nicht.
War das nicht Jesus, ihr Sohn?
Sie lief auf ihn zu.
„Mein Sohn“, rief sie außer sich,
„warum hast du uns das angetan?
Wir waren in großer Sorge um dich
und haben dich überall gesucht.“

Jesus aber blickte
seine Mutter erstaunt an.
„Ihr habt mich gesucht?
Wisst ihr denn nicht,
dass ich hier sein muss,
im Haus meines Vaters?“

Danach aber stand Jesus auf
und ging mit seinen Eltern
nach Nazareth zurück.
Dort blieb er bei ihnen,
bis er erwachsen war.

Damals verstand Maria noch nicht,
was Jesus gesagt hatte.
Aber sie hütete seine Worte
wie ein Geheimnis.

Am Jordan

Lukas 3,1–22 (Matthäus 3,13–17)

Viele Jahre vergingen.
Jesus war inzwischen erwachsen.
Auch Johannes,
der Sohn von Elisabeth und Zacharias,
war nun ein erwachsener Mann.
Sein Vater hatte ihm alles erzählt,
was der Engel damals
zu ihm gesagt hatte:
„Der Retter
wird bald zu uns kommen,
der König,
den Gott uns versprochen hat.
Und du, Johannes,
sollst sein Bote sein."

Aber wie sollte das geschehen?
Johannes wusste es nicht.
Er wartete, bis Gott es ihm zeigte.
So zog er sich in die Wüste zurück
und lebte in einer einsamen Höhle.
Er aß nur Heuschrecken
und Honig von wilden Bienen.
Und er trug einen einfachen Umhang
aus Kamelhaaren.
Mehr brauchte er nicht.

Dort in der Wüste
sprach Gott zu Johannes:
„Jetzt ist es Zeit.
Geh zu den Menschen
und sag ihnen,
dass der König bald kommt,
der Richter und Retter der Menschen."

Da verließ Johannes die Wüste
und ging zum Jordan.
Dort stellte er sich an die Straße,
die nach Jerusalem führte.
Viele Menschen zogen
auf der Straße vorüber.
Johannes rief ihnen zu:
„Macht euch bereit!
Der König ist nah."

Da blieben die Leute stehen
und hörten Johannes zu.
Von allen Seiten kamen sie an.
„Macht euch bereit!",
rief Johannes erneut.
„Der König ist nah,
der Richter und Retter der Menschen.
Macht ihm den Weg frei!"

Als die Menschen das hörten,
dachten sie an alles,
was sie getan
und was sie versäumt hatten.
Und sie fragten erschrocken:
„Was sollen wir tun?"

„Kehrt um!", rief Johannes.
„Ändert euer Leben
und lasst euch taufen!
Gott will euch die Sünde vergeben."
Und den Reichen rief er zu:
„Teilt eure Kleider
und euer Essen mit den Armen!"
Den Männern vom Zoll befahl er:
„Nehmt den Leuten
nicht zu viel Geld ab!"
Und den Soldaten:
„Tut niemand Gewalt an!"

Danach taufte er sie.
Er ging mit ihnen zum Jordan hinab,
stieg in das Wasser
und tauchte sie unter.
Wie das Wasser
ihren Körper reinwusch,

so sollten sie rein werden
von ihrer Sünde.

Da dachten einige:
Wer weiß, vielleicht ist Johannes
selbst der König und Retter?
Aber Johannes merkte,
was sie über ihn dachten.
„Nein", rief er,
„ich bin nicht der König.
Ich bin nur sein Bote.
Der König ist viel größer als ich."

Bald darauf kam Jesus zum Jordan.
Da erkannte Johannes:
Das war der König!
Der Retter stand vor ihm!
„Taufe auch mich!", bat Jesus.
Doch Johannes wehrte ab.
„Ich soll dich taufen?
Nein, taufe du lieber mich!"
Aber Jesus erwiderte:
„Tu, was ich sage!
Gott will es."

Da hörte Johannes auf ihn
und taufte Jesus im Jordan.
Und Jesus ließ alles an sich geschehen.
Und sieh!
Der Himmel öffnete sich.
Eine Taube kam auf Jesus herab:
Gottes Geist erfüllte ihn.
Und eine Stimme
rief vom Himmel herab:
„Du bist mein Sohn.
Dich habe ich lieb."

Da erkannte Johannes:
Jesus war nicht nur der König,
der Richter und Retter der Menschen.
Er war Gottes Sohn!

In der Wüste

Lukas 4,1–14

Danach verließ Jesus den Jordan
und ging in die Wüste.
Dort in der Stille sprach Jesus
mit seinem Vater im Himmel.
Vierzig Tage und Nächte
hielt Jesus dort aus
in Hitze und Kälte
ohne Wasser und Brot.

Nach vierzig Tagen aber
litt Jesus großen Hunger.
Da hörte er eine Stimme,
die flüsterte ihm zu:
„Wenn du Gottes Sohn bist,
dann befiehl diesen Steinen
und mach aus ihnen Brot!"

Da horchte Jesus auf.
Wer sprach da mit ihm?
Das war nicht Gottes Stimme.
Der Versucher war es,
der sich ihm nahte.
Doch Jesus entgegnete:
„Nein, das tue ich nicht.
Denn in der Schrift steht:
‚Der Mensch lebt nicht
vom Brot allein,
sondern von jedem Wort,
das aus Gottes Mund kommt.'"

Aber der Versucher ließ Jesus
noch nicht in Frieden.
Er führte ihn
auf einen hohen Berg.
Dort oben zeigte er ihm
das weite Land.
Und wieder flüsterte er
Jesus zu:

„Dies alles und noch viel mehr
will ich dir geben.
Die ganze Erde soll dir gehören
mit allen Menschen,
die darauf wohnen.
Nur eins sollst du mir
dafür geben:
Knie vor mir nieder
und bete mich an!“

„Nein“, entgegnete Jesus.
„Das ist nicht Gottes Wille.
Denn in der Schrift steht:
‚Der Herr, unser Gott,
ist der einzige Gott.
Nur ihn allein
sollst du anbeten
und ihm allein dienen.‘“

Aber der Versucher ließ Jesus
noch nicht in Frieden.
Er entführte ihn nach Jerusalem
und stellte ihn
auf die Spitze des Tempels.
Und wieder sprach er
mit verlockender Stimme:
„Wenn du Gottes Sohn bist,
dann spring vom Tempel herab!
Versuch’s doch!
Du kannst es.
Denn in der Schrift steht:
‚Die Engel werden dich tragen,
und du wirst deinen Fuß
nicht an einen Stein stoßen.‘
Dann wird alle Welt sehen,
wie mächtig du bist.“

„Niemals!“, entgegnete Jesus.
„Denn die Schrift sagt:
‚Du sollst den Herrn,
deinen Gott, nicht versuchen.‘“

Da verstummte die Stimme.
Der Versucher ließ endlich
von Jesus ab.

Von nun an hatte Jesus
Ruhe vor seinem Widersacher.
Und Gottes Geist ruhte auf ihm,
wohin er auch ging.

Die ersten Jünger

Matthäus 4,18–22 / Markus 1,16–20

Nicht lange danach kam Jesus
zum See Genezareth.
Dort sah er ein Boot am Ufer.
Zwei Fischer saßen darin.
Die warfen gerade
ihre Netze ins Wasser.
Da rief Jesus zu ihnen hinüber:
„Kommt und folgt mir nach!
Ihr sollt meine Jünger sein.
Menschenfischer sollt ihr werden.“

Sogleich ließen die Fischer
das Boot und die Netze zurück
und folgten Jesus
und wurden seine Jünger.
Simon und Andreas
hießen die beiden.
Sie waren Brüder.
Simon war der Jünger,
der von Jesus
den Namen Petrus erhielt.

Ein Stück weiter
lag noch ein Boot am Ufer.
Ein alter Fischer saß darin
und seine zwei Söhne.
Sie flickten gerade ihre Netze.

Jesus rief ihnen zu:
„Kommt auch ihr!
Auch ihr sollt meine Jünger sein."

Da standen die beiden auf,
ließen ihren Vater zurück
und folgten Jesus
und wurden seine Jünger.
Johannes und Jakobus
hießen die beiden.
Auch sie waren Brüder.

Bald darauf rief Jesus
noch andere zu sich
und machte sie zu seinen Jüngern.
Zwölf Jünger waren es,
die ihm folgten.
Sie zogen mit ihm durch das Land
und waren immer bei ihm.
Sie sahen,
wie er den Menschen half,
und hörten,
was er ihnen von Gott erzählte.
Er war ihr Lehrer,
und sie waren seine Schüler.
Und sie liebten ihn mehr
als ihren besten Freund.

2

Jesus hilft

Jesus zog mit seinen Jüngern
durch Galiläa,
das Land am See Genezareth.
Er kam durch viele Städte
und kleine Dörfer.
Überall, wohin er kam,
warteten Menschen auf ihn
und baten ihn um Hilfe.

Viele von ihnen waren in großer Not,
einsame, kranke
und bekümmerte Menschen.
Aber Jesus sah ihre Not.
Er tröstete sie und rief ihnen zu:
„Kommt her zu mir,
ihr müden, belasteten Menschen!
Ich will euch erquicken
und will euch Ruhe geben."

Andere hatten seit Jahren
ein schweres Leiden.
Sie konnten nicht sehen
oder nicht hören
oder waren gelähmt.
Aber Jesus sah ihr Leid.
Ihr Schmerz tat ihm weh.
Er legte seine Hand auf sie
und heilte ihr Leiden.

Einige von ihnen
hatten alle Hoffnung verloren.
Sie sagten sich:
„Uns kann keiner mehr helfen.
Gott hat uns vergessen.
Wir haben ihn betrübt.
Er liebt uns nicht mehr."

Aber Jesus sah,
wie sie sich quälten.
Er sprach zu ihnen:
„Freut euch!
Gott ist euch nah.
Er vergibt euch die Sünde."

Da wurden sie frei und spürten,
wie die Lasten von ihnen fielen.
Und viele von ihnen glaubten an Jesus.

Zu diesem Kapitel vergleiche die Hinweise im dritten Teil Seite 286f.

Am See

Lukas 5,1–11

Es war früh am Morgen.
Am See Genezareth saßen
ein paar Fischer am Ufer
und wuschen ihre Netze.
Einer von ihnen war Petrus.
Er hatte die ganze Nacht gefischt.
Aber kein Fisch
war ins Netz gegangen,
kein einziger.
Mit leerem Boot
war Petrus zurückgekehrt.

Doch plötzlich blickte er auf.
In der Ferne sah er Jesus kommen.
Eine große Menge folgte ihm.
Was sucht Jesus hier
so früh am Morgen?,
fragte sich Petrus verwundert.
Jesus aber kam auf ihn zu,
stieg in sein Boot
und bat ihn:
„Fahr mich aufs Wasser!
Von dort aus will ich
zu den Menschen sprechen."

Da stieß Petrus das Boot
ein wenig vom Ufer ab.
Und Jesus sprach
zu den Menschen,
die sich am Ufer drängten.
Atemlos hörten die Leute,
was er ihnen erzählte.
Petrus aber saß im Boot
und lauschte gespannt.
Noch nie hatte er
so gewaltige Worte gehört.

Darüber wurde es Mittag.
Die Sonne brannte heiß
vom Himmel herab.
Da schickte Jesus
die Leute nach Hause.
Nur Petrus und die anderen Fischer
blieben am Ufer zurück.

Plötzlich wandte sich Jesus
zu Petrus und sprach:
„Nun fahr hinaus auf den See
und wirf dein Netz aus!
Dann wirst du
einen großen Fang tun."

Petrus sah Jesus groß an.
„Unmöglich!", wollte er sagen.
„Niemand fängt Fische
am helllichten Tag."
Doch er erwiderte nur:
„Meister, wir haben
die ganze Nacht gefischt
und nichts gefangen.
Aber wenn du es sagst,
dann will ich das Netz
noch einmal auswerfen."
Und Petrus fuhr hinaus
und warf das Netz aus,
wie Jesus befohlen hatte.

Da – plötzlich ein Ruck!
Im Netz wimmelte es
auf einmal von Fischen.
Petrus zog und zerrte.
Aber umsonst.
Das Netz war zu schwer.
Schon begann es zu reißen.
„So kommt doch und helft!",
rief Petrus den anderen zu.

Da ruderten sie schnell herbei
und füllten die Boote mit Fischen,
bis diese fast sanken.
„So viele Fische!", staunten alle.
So viele hatten sie noch nie
in ihrem Leben gefangen.

Petrus aber war sprachlos.
Er starrte auf Jesus.
Auf einmal ahnte er,
wer vor ihm stand.
Voll Ehrfurcht fiel er
vor Jesus nieder.
Und erschrocken stammelte er:
„Herr, geh von mir!
Ich bin ein sündiger Mensch.
Wie kann ich vor dir bestehen?"

Doch Jesus sprach zu ihm:
„Fürchte dich nicht!
Ich habe mit dir
noch viel Größeres vor.
Zum Menschenfischer
will ich dich machen."

Da ließ Petrus alles zurück
und zog mit Jesus.
Und mit eigenen Augen
sah er die Wunder,
die Jesus an Menschen tat.

Auf der Hochzeit

Johannes 2,1–11

Nicht weit vom See Genezareth
liegt das kleine Dorf Kana.
Dort wurde eines Tages
Hochzeit gefeiert.
Viele Verwandte und Freunde
waren zur Hochzeit geladen.
Auch Jesus kam
mit seinen Jüngern zum Fest.
Und Maria, seine Mutter,
war auch unter den Gästen.

Tagelang wurde gefeiert.
Diener trugen köstliche Speisen auf
und gossen Wein in die Becher.
Und der Speisemeister sorgte dafür,
dass den Gästen nichts fehlte.
Alle durften essen und trinken,
so viel sie wollten.
Dazu gab es Musik
und fröhliche Lieder.

Aber da geschah etwas,
was allen fast die Freude
verdorben hätte:
Der Wein ging zu Ende.
Es war kein Tropfen mehr
in den Krügen.
Die Diener merkten es zuerst.
Sie sahen sich ratlos an.
Was sollten sie tun?
Was sollten sie nun
den Gästen anbieten?

Auch Maria hatte bemerkt,
was geschehen war.
Sie flüsterte Jesus zu: „Sieh doch!
Sie haben keinen Wein mehr."
Aber Jesus wies sie zurück:
„Was willst du von mir?
Meine Zeit ist noch nicht gekommen."
Maria wollte es nicht glauben.
Konnte Jesus wirklich nicht helfen?
Sie ging zu den Dienern und sagte:
„Tut alles, was euch Jesus befiehlt!"

Kaum hatte sie das gesagt,
da kam auch schon Jesus
zu den Dienern heraus.
Er zeigte auf die Wasserkrüge,
die an der Tür standen,
sechs große Steinkrüge.
„Füllt die Krüge mit Wasser!“,
befahl er den Dienern.

Da füllten sie die Krüge
mit Wasser bis an den Rand.
„Nun schöpft daraus“, sagte Jesus,
„und bringt es dem Speisemeister!
Er soll davon kosten.“

Da füllten sie einen Becher
und brachten ihn dem Speisemeister.
Der nahm den Becher und trank.
„Ah“, rief er erstaunt,
„was für ein köstlicher Wein!
Wo habt ihr ihn her?“

Schnell rief er den Bräutigam,
hielt ihm den Becher hin
und sagte:
„Sieh, dieser Wein ist ja viel besser
als der vorige Wein!
Warum hast du diesen Wein
bis zuletzt aufgespart?
Jeder gibt zuerst den guten Wein aus,
danach den schlechteren.
Du aber hast es umgekehrt gemacht.“

Doch der Bräutigam wusste nicht,
woher der gute Wein kam.
Nur die Diener wussten,
woher der Wein kam.
Wasser hatten sie
in die Krüge geschüttet.
Und Wein hatten sie herausgeschöpft.
Jesus hatte ein Wunder getan.

Da wurde das Fest
noch viel fröhlicher als zuvor.
Alle tranken von dem köstlichen Wein
und wunderten sich,
woher er wohl kam.

Die Jünger aber sahen auf Jesus
und dachten bei sich:
Nun glauben wir,
dass Jesus der Retter ist.
Wir haben mit eigenen Augen gesehen,
was Jesus getan hat.

Ausgestoßen

Markus 1,40–45 / Lukas 5,12–15

In jener Gegend
lebte ein kranker Mann,
der wohnte draußen vor der Stadt
in einer einsamen Hütte.
Sein Gesicht, seine Hände und Füße
waren schrecklich entstellt.
Wenn die Leute ihn von fern sahen,
riefen sie erschrocken:
„Passt auf! Der ist aussätzig.
Geht ihm aus dem Weg!
Sonst steckt er uns an.“
Und sie machten alle
einen großen Bogen um seine Hütte.
Niemand wollte ihn besuchen,
nicht einmal seine Freunde.
Wenn sie ihm das Essen brachten,
stellten sie es nur
vor seiner Hütte ab.
Dann rannten sie gleich wieder weg.

Aber eines Tages kam Jesus
ganz nah an der Hütte vorbei.
Als der Aussätzige ihn sah,

durchfuhr es ihn: Wie?
Jesus machte keinen Bogen
um seine Hütte?
Hatte Jesus denn keine Angst
vor seiner Krankheit?
„Wer weiß", sagte er sich,
„vielleicht kann Jesus mir helfen?"

Der Kranke überlegte nicht lange.
Schnell lief er Jesus entgegen,
fiel vor ihm nieder,
streckte seine kranken Hände
nach ihm aus und bat ihn:
„Ach Herr, ich weiß,
du kannst mich heilen,
wenn du es willst."

Da blieb Jesus stehen.
Als er den Kranken sah,
ging es ihm durch und durch.
Voller Mitleid beugte er sich
zu ihm herab,
fasste seine Hände und sprach:
„Ich will es tun. Sei rein!"

Da spürte der Kranke auf einmal:
Er war geheilt!
Er spürte es
an seinen Händen und Füßen.
Er spürte es sogar im Gesicht.
„Ich bin gesund", rief er.
„Ich darf wieder nach Hause!"

„Ja", sagte Jesus zu ihm,
„geh nach Hause!
Aber sag keinem,
wer dich geheilt hat!
Es ist ein Geheimnis."

Aber der Mann hörte
schon gar nicht mehr zu.
Voll Freude lief er
zurück in die Stadt
zu seinen Freunden
und zu allen Verwandten.
„Seht mich an!", rief er fröhlich.
„Ich bin wieder gesund.
Ich kann wieder unter euch leben."

Die anderen aber
starrten ihn fassungslos an.
„Wie? Du bist wirklich gesund?
Verrate uns doch:
Wer hat dir geholfen?"

Da konnte der Mann sein Geheimnis
nicht länger bei sich behalten.
„Jesus!", rief er.
„Jesus hat mir geholfen.
Er hat mich berührt.
Da war ich geheilt."

Gelähmt

Markus 2,1–12 / Lukas 5,17–26

Am See Genezareth
liegt die Stadt Kapernaum.
Dort lebte ein Mann,
der war seit vielen Jahren gelähmt.
Er konnte nicht gehen
und auch nicht stehen.
Er konnte nicht einmal
seine Hände und Füße bewegen.
So musste er immer
auf einer Matte liegen.
Und wenn er Hunger hatte,
fütterten ihn seine Freunde
wie ein kleines Kind.

Eines Tages aber
kamen seine Freunde
und erzählten aufgeregt:
„Hast du schon gehört?
Jesus ist in der Stadt.
Er kann dir gewiss helfen."
Und bevor der Kranke
noch antworten konnte,
packten sie seine Matte
und schleppten ihn aus dem Haus.
Sie trugen ihn
durch viele Straßen und Gassen,
bis sie zu dem Haus kamen,
in dem Jesus war.

Aber wie sollten sie
zu Jesus hineinkommen?
Das Haus war überfüllt.
Sogar draußen standen noch Leute
und drängten hinein.
„Macht Platz!", riefen die Freunde.
„Wir wollen zu Jesus."
Aber niemand hörte auf sie.

Da schauten sich die Freunde um
und entdeckten eine Treppe
außen am Haus.
Sie führte auf das flache Dach.
Dorthin trugen sie
ihren gelähmten Freund.
Sie deckten das Dach ab,
machten ein Loch
und schauten von oben ins Haus.
Da sahen sie Jesus.
Er stand genau unter ihnen
und sprach zu den Leuten,
die sich um ihn drängten.
Vorsichtig machten die Freunde
das Loch größer,
knüpften die Matte an Seile
und ließen sie langsam
mit dem Gelähmten hinab,
bis er vor Jesus lag.

Da schaute Jesus auf.
Als er die Freunde sah,
die voller Erwartung auf ihn blickten,
wandte er sich zu dem Kranken
und sprach: „Mein Sohn!
Deine Sünden sind dir vergeben."

Auf einmal wurde es
ganz still in dem Haus.
Alle starrten auf Jesus.
Was hatte Jesus gesagt?
Deine Sünden sind dir vergeben?
Was sollte das heißen?
Einige Gelehrte waren dabei,
die murmelten empört:
„Unerhört!
Was erlaubt sich dieser Jesus?
Nur Gott kann Sünden vergeben.
Bildet sich Jesus etwa ein,
er sei Gott?"

Jesus aber wusste,
was die Gelehrten dachten.
„Was meint ihr?", fragte er sie.
„Was ist leichter:
die Sünden vergeben
oder die Krankheit heilen?
Aber ihr sollt wissen,
dass Gott mir die Macht gab,
beides zu tun."

Danach wandte er sich
zu dem Kranken und sprach:
„Steh auf!
Nimm deine Matte und geh!"

Da konnte der Mann
auf einmal wieder seine Beine

und seine Hände bewegen.
Sogleich stand er auf,
nahm seine Matte,
bahnte sich einen Weg
durch die Menschen
und ging fröhlich nach Hause.

Die Leute aber sahen fassungslos zu,
wie er davonging.
„Noch nie haben wir
so etwas gesehen“,
staunten alle.
Und einer nach dem anderen
fing an, Gott laut zu loben,
bis das ganze Haus
von ihren Lobliedern erfüllt war.

Sprich nur ein Wort!

Matthäus 8,5–13

Draußen vor Kapernaum
stand ein prächtiges Haus.
In diesem Haus wohnte
ein römischer Hauptmann,
ein angesehener Mann.
Er hatte hundert Soldaten,
die ihm gehorchten,
dazu viele Knechte und Mägde,
die in seinem Haus dienten.

Eines Tages aber wurde
einer seiner Knechte schwer krank.
Von Tag zu Tag
wurde es schlimmer mit ihm.
Bald wusste der Hauptmann
keinen Rat mehr.
Hilflos sah er zu,
wie sein Knecht litt.
Gerne hätte er
in der Stadt Hilfe geholt.
Aber er wusste:
Kein Jude würde
das Haus eines Römers betreten.

Da hörte der Hauptmann:
Jesus ist in der Stadt.
„Wer weiß“, sagte er sich,
„vielleicht kann Jesus
meinem Knecht helfen?“
Und sogleich machte er sich
auf den Weg
und suchte Jesus,
bis er ihn fand.
„Ach Herr“, bat der Hauptmann,
„mein Knecht liegt
zu Hause schwer krank.
Er hat große Schmerzen.“

„Ich komme“, sprach Jesus.
„Ich will ihn gesund machen.“
Aber der Hauptmann
wehrte erschrocken ab:
„Nein, Herr!
Ich bin es nicht wert,
dass du in mein Haus kommst.
Aber sprich nur ein Wort,
ein einziges Wort!
Dann wird mein Knecht gesund.
Denn ich weiß, was ein Wort
aus deinem Munde bewirkt.
Denn auch ich gehorche
meinen Vorgesetzten aufs Wort.
Und auch meine Soldaten
hören auf mein Wort.
Wenn ich zu einem sage:
‚Geh los!‘,
dann geht er auch los.
Und wenn ich ihn rufe:
‚Komm her!‘,
dann tut er’s sofort.

Und wenn ich sage:
‚Tu dies!‘ oder: ‚Tu das!‘,
dann hört er aufs Wort.“

Als Jesus das hörte,
sprach er voll Staunen:
„Wahrhaftig!
Solch einen Glauben
habe ich in ganz Israel
nicht gefunden.“
Und er wandte sich
zu dem Hauptmann
und sprach zu ihm:
„Geh in Frieden nach Hause!
Es soll so geschehen,
wie du geglaubt hast.“

Da kehrte der Hauptmann um
und eilte nach Hause.
Und sieh da!
Auf dem Weg kam ihm
sein Knecht schon fröhlich entgegen.
Da wusste der Hauptmann:
Jesus hatte ein Wunder getan.
Sein Wort hatte den Knecht
in dieser Stunde geheilt.

Zu spät?

Markus 5,21–43

Damals lebte in Kapernaum
ein Mann, der hieß Jairus.
Er war Vorsteher der Gemeinde
und in der ganzen Stadt
ein geachteter Mann.
Er hatte ein großes Haus
mit vielen Knechten und Mägden.
Dort wohnte er mit seiner Frau
und seiner kleinen Tochter,
die war zwölf Jahre alt.

Doch eines Tages wurde
seine Tochter schwer krank.
Von Tag zu Tag wurde sie schwächer.
Jairus war ratlos.
Was sollte er tun?
Wenn keine Hilfe kam,
musste sein Kind sterben.

Da hörte Jairus von anderen:
„Jesus ist wieder in der Stadt.“
„Ja“, sagte er sich,
„Jesus muss kommen,
bevor es zu spät ist!“
Schnell machte er sich auf,
um Jesus zu suchen.
Er lief durch die ganze Stadt
und suchte Jesus
auf allen Plätzen und Straßen.
Endlich fand er ihn draußen am See.

Aber viele Menschen umringten Jesus.
Sie versperrten Jairus den Weg.
Da drängte sich Jairus
durch die Menge hindurch,
fiel vor Jesus nieder
und bat ihn:
„Herr, bitte, komm schnell!
Meine Tochter ist todkrank.
Leg deine Hände auf sie!
Dann wird sie wieder gesund.“

Da ließ Jesus die Leute stehen
und ging mit Jairus.
Aber er kam nur langsam voran.
Immer wieder hielt ihn jemand auf
und bat ihn um Hilfe.
Wenn wir nur nicht zu spät kommen!,
dachte Jairus.

Aber da kamen ihm
schon seine Knechte entgegen,
die riefen ihm zu:
„Zu spät! Zu spät!
Jesus muss nicht mehr kommen.
Deine Tochter ist tot.“

Aber Jesus sprach zu Jairus:
„Fürchte dich nicht!
Vertraue mir nur!“
Dann ging er mit ihm
zu seinem Haus.
Dort waren schon
viele Menschen versammelt,
die heulten und klagten
und jammerten laut.
Das ganze Haus war erfüllt
von ihrem Klagegeschrei.

Als Jesus sah,
wie sie lärmten und klagten,
fuhr er sie an:
„Was macht ihr für ein Geschrei?
Das Kind ist nicht tot.
Es schläft nur.“
Aber die Leute lachten ihn aus:
„Was sagt der?
Das Kind schläft?
Was für ein Unsinn!
Es ist tot.
Es wacht nie mehr auf.“
Doch Jesus jagte sie alle hinaus.

Nun war es auf einmal ganz still.
Nur die Eltern und drei Jünger
waren mit Jesus im Haus.
Da ging Jesus mit ihnen
in den Raum, wo das Kind lag.
Ruhig lag es auf seinem Bett.
Es rührte sich nicht.
Aber Jesus ging zu dem Kind hin,
fasste seine Hand und rief laut:
„Mädchen, ich sage dir:
Steh auf!“

Und sieh da!
Auf einmal rührte sich das Kind.
Die Augen öffneten sich.
Die Lippen bewegten sich.
Das Mädchen stand auf
und lief seinen Eltern entgegen.

Die Eltern aber waren wie erstarrt.
Sie wussten nicht, wie ihnen geschah.
„Euer Kind hat Hunger“,
sagte Jesus zu ihnen.
„Gebt ihm zu essen!“

Da kam auf einmal wieder
Leben in die Eltern.
Schnell holten sie etwas zu essen
und sahen voll Freude,
wie es ihrem Kind schmeckte.
Am liebsten hätten sie
allen Menschen verkündet:
„Seht, was Jesus getan hat!
Er hat unserem Kind
das Leben geschenkt.“
Aber Jesus hielt sie zurück.
„Sagt es nicht weiter!“, befahl er.
„Es soll ein Geheimnis bleiben.“

Weine nicht!

Lukas 7,11–17

Eines Tages wanderte Jesus
mit seinen Jüngern
zu der kleinen Stadt Nain.
Da kam ihnen aus dem Stadttor
ein Trauerzug entgegen.

Voran schritten Männer
mit einer Bahre.
Darauf lag ein toter Junge.

Viele Menschen folgten der Bahre.
Unter ihnen war auch
die Mutter des Jungen.
Ihr Mann war längst tot.
Nun hatte sie auch noch
den einzigen Sohn verloren.
Sie weinte und schluchzte
und vergrub ihr Gesicht
in den Händen.

Als Jesus sie weinen sah,
ging es ihm durch und durch.
Er hielt den Zug an,
ging auf die Mutter zu
und sprach zu ihr:
„Weine nicht!"

Da blickte die Frau auf.
Sie sah Jesus verwundert an.
Wer sprach so zu ihr?
Wer war dieser Fremde?
Sie kannte ihn nicht.

Jesus aber legte seine Hand
auf die Bahre
und rief laut
über dem Toten:
„Steh auf, Junge!
Ich sage dir: Steh auf!"
Und sieh da!
Der Junge setzte sich auf.
Er bewegte seine Lippen.
Er stieß Laute hervor,
sprach Wörter, sogar Sätze!
Da nahm ihn Jesus an die Hand
und gab ihn seiner Mutter zurück.

Als aber die anderen sahen,
was Jesus getan hatte,
jubelten sie und riefen:
„Gott sei Lob und Dank!
Er hat uns nicht vergessen.
Er hat Jesus zu uns geschickt."
Voll Freude zogen sie
zurück in die Stadt,
sangen und lachten
und riefen in alle Häuser hinein:
„Wie mächtig ist Jesus!
Mächtiger als der Tod!"

Da wurde aus dem Trauertag
ein Festtag,
wie ihn die Stadt
noch nie erlebt hatte.

Dein Glaube ist groß!

Markus 7,24–30 / Matthäus 15,21–28

Nördlich von Israel
liegt das phönizische Land.
Dort wohnten Menschen,
die nicht an Gott glaubten,
sondern andere Götter verehrten.
„Heiden" wurden sie
von den Juden genannt.

Unter ihnen lebte eine Frau,
deren Tochter hatte
ein schweres Leiden.
Wenn sie ihre Anfälle bekam,
schlug sie um sich
und wusste nicht, was sie tat.
Niemand konnte ihr helfen.
Auch die Mutter war ratlos.
Hilflos musste sie zusehen,
wie ihre Tochter sich quälte.

Die anderen Leute
trauten sich nicht einmal,
ihr Haus zu betreten.
Denn sie glaubten,
ein böser Geist
hätte ihre Tochter verhext.
Das bekümmerte die Mutter so sehr,
dass sie nicht mehr
aus noch ein wusste.

Da erfuhr die Mutter eines Tages:
„Ein Fremder ist
in unsere Gegend gekommen.
Er heißt Jesus
und stammt aus Israel.
Dort hat er schon
vielen Menschen geholfen."

Als die Mutter das hörte,
ließ sie alles stehen und liegen
und machte sich auf den Weg,
um Jesus zu suchen.
Endlich fand sie ihn
unterwegs auf der Straße.
Sie lief hinter ihm her,
weinte und schrie:
„Ach Herr, hilf meiner Tochter!
Vertreibe den bösen Geist,
der sie plagt!"
Verzweifelt warf sie sich
auf die Erde, Jesus zu Füßen.
Wenn er sie nur nicht abwies!
Wenn er sie nur nicht davonjagte,
weil sie zu den Heiden gehörte!

Da blieb Jesus stehen.
Er beugte sich zu der Frau herab
und er sprach zu ihr:
„Erst brauchen die anderen Hilfe.
Es ist nicht recht,
wenn man den Kindern
das Brot wegnimmt
und wirft es vor die Hunde."

Der Mutter stockte der Atem.
Wie? Sollte das heißen:
Jesus wollte nur
den Menschen in Israel helfen?
Und ihre Tochter?
War sie Jesus nicht wichtig?
War sie in seinen Augen
nur so viel wert wie ein Hund?
Die Mutter wollte es nicht glauben.
„Ja, Herr, ich verstehe", stammelte sie.
„Aber dennoch essen die Hunde
von den Krümeln der Kinder,
die vom Tisch herabfallen."
„O Frau", rief Jesus voll Staunen,
„dein Glaube ist groß.
Genauso soll es geschehen,
wie du gesagt hast."

Da glaubte die Mutter:
Jesus hatte sich
über ihre Tochter erbarmt.
Sogleich stand sie auf
und eilte nach Hause.
Dort fand sie die Tochter
auf ihrem Bett.
Ruhig und gelöst
lag sie da, völlig geheilt.

Die Jünger aber,
die Jesus gefolgt waren,
wussten nicht, wie ihnen geschah.
An diesem Tag hatten sie
mit eigenen Augen gesehen:
Jesus war nicht nur ihr Retter.
Er war auch zu den Heiden
als Retter gekommen.

Hefata!

Markus 7,31–37

Eines Tages zog Jesus
mit seinen Jüngern
in eine fremde Gegend
auf der anderen Seite des Sees.
Im Nu sprach es sich
in der ganzen Gegend herum.
Einer rief es dem anderen zu:
„Hast du gehört?
Jesus ist hier.
Komm, wir wollen ihn sehen!"
Und schon rannten sie los
und liefen Jesus entgegen.

Nur einer blieb am Weg sitzen
und rührte sich nicht.
Er hörte nicht,
was die anderen riefen.
Er verstand nichts,
kein einziges Wort.
Er sah nur,
wie die Leute vorbeieilten.
„Wohin geht ihr alle?",
wollte er fragen.
Aber er brachte kein Wort heraus,
nur unklare Laute.
Er war nicht nur taub.
Er war auch stumm.
Er hatte niemals gelernt,
richtig zu sprechen.

Als die Leute ihn sahen,
blieben sie stehen und fragten:
„Was sagt der?
Wir verstehen ihn nicht.
Aber wer weiß,
vielleicht versteht ihn Jesus?
Wir wollen ihn bitten,
dass er dem Taubstummen hilft."
Und sie nahmen ihn an der Hand
und führten ihn zu Jesus.
„Da, sieh her!", sagten sie.
„Dieser Mensch kann nicht hören.
Er kann auch nicht sprechen.
Aber leg deine Hand auf ihn
und mach ihn gesund!"

Da nahm ihn Jesus beiseite
und rührte seine Ohren
und seine Zunge an.
Und Jesus sah auf zum Himmel,
seufzte und sprach: „Hefata!"
Das heißt: „Tu dich auf!"

Da geschah es.
Auf einmal gingen die Ohren auf.
Und auf einmal
löste sich auch die Zunge.
„Ich kann hören!",
jubelte der Mann.
„Ich kann sogar sprechen!
Hört ihr mich?"

Und schon eilten die anderen herbei
und staunten ihn an:
„Wie ist das nur möglich?
Der Stumme kann reden.
Wir verstehen ihn alle.
Er redet richtige Worte,
ja, ganze Sätze.
Er stockt nicht einmal."
Und sie riefen voll Freude:
„Das hat Jesus getan.
Er ist der Retter.
Er öffnet den Tauben das Ohr
und löst den Stummen die Zunge."

Eine dunkle Macht

Markus 5,1–20 / Lukas 8,26–39

Am anderen Ufer des Sees
wohnte ein Mensch,
der litt furchtbare Qualen.
In ihm tobte
eine unheimliche Macht.
Wie ein gehetztes Tier
rannte er durch die Straßen.
Er raufte sich die Haare
und schlug sich mit Steinen.
Niemand konnte ihn zähmen.
Er zerriss alle Fesseln.
Sogar seine Kleider
riss er sich vom Leib,
wenn es über ihn kam.
Wo er auftauchte,
liefen die Leute davon.
Sie schrien vor Angst
und flüsterten entsetzt:
„Dieser Mensch ist
von allen guten Geistern verlassen.
Was ist nur in ihn gefahren?
Als ob tausend Teufel ihn plagten!"
Sogar seine eigene Familie
fürchtete sich vor ihm
und ließ ihn nicht mehr ins Haus.
So trieb sich der Mensch
draußen vor der Stadt herum.
Tagsüber streifte er ziellos umher
auf den Bergen,
wo auch die Schweine grasten.
Und nachts schlief er in Grabhöhlen.

Eines Tages aber fuhr Jesus
mit seinen Jüngern über den See.
Schon von Weitem sah ihn
der Mann kommen.
Wie ein Wilder rannte er
zum Ufer hinab
und warf sich vor Jesus nieder.
Gequält schrie es aus ihm heraus:
„Was willst du von mir,
Jesus, du Sohn Gottes,
des Allerhöchsten?
Ich bitte dich: Quäle mich nicht!"

Jesus aber blickte
voller Mitleid auf ihn herab.
Er sah, wie eine fremde Macht
in dem Mann tobte.
Und zornig rief er:
„Du dunkle Macht!
Lass diesen Menschen los!
Fahr in die Schweine!
Da magst du wüten.
Aber lass diesen Menschen
endlich in Frieden!"

Da war es auf einmal,
als ob unsichtbare Ketten sich lösten.
Endlich war der Mann
von seinen Qualen erlöst!
Ruhig saß er Jesus zu Füßen.

Aber droben am Berg,
bei den Schweinen,
da war plötzlich die Hölle los.
Die Tiere bäumten sich auf.
Sie rasten wild den Abhang hinab
und stürzten sich kopfüber ins Wasser.

Als die Schweinehirten das sahen,
packte sie die Panik.
Sie flohen in die Stadt
und berichteten allen entsetzt,
was mit den Schweinen geschehen war.

Da liefen die Leute in Scharen
hinaus vor die Stadt.
Dort fanden sie Jesus

und bei ihm den Mann,
den alle gemieden hatten.
Ganz gelöst sah er aus.
Er tobte nicht mehr.
Er schrie auch nicht mehr.
Er war sogar richtig gekleidet.
Als die Leute das sahen,
wurde es ihnen
ganz unheimlich zumute.
„Du Fremder", baten sie Jesus,
„geh und lass uns in Ruhe!"

Da ließ Jesus die Leute stehen
und stieg wieder ins Boot.
„Halt! Warte auf mich!",
rief der Geheilte.
„Ich gehe mit dir."
Doch Jesus erwiderte:
„Nein, bleibe du hier!
Geh zu deiner Familie zurück!
Und erzähle allen Menschen,
was Gott Großes an dir getan hat."

Da kehrte der Mann um
und erzählte in allen Städten ringsum,
was Jesus an ihm getan hatte.

Im Sturm

Markus 4,35–41 / Lukas 8,22–25

Es war Abend.
Jesus saß mit seinen Jüngern
am See Genezareth.
Er war sehr müde.
Viele Menschen waren
an diesem Tag zu ihm gekommen.
Auch jetzt noch
ließen sie ihm keine Ruhe.

Da sagte Jesus zu seinen Jüngern:
„Kommt, wir wollen
ans andere Ufer fahren!"
Sie stiegen ins Boot
und fuhren hinaus auf den See.
Jesus aber nahm ein Kissen,
legte sich hinten ins Boot
und schlief ein.

Es war ein ruhiger Abend.
Die Sterne leuchteten klar.
Die Wellen plätscherten leise.
Und der Wind blies sanft
in die Segel.

Aber plötzlich zog ein Sturm auf.
Der Himmel wurde ganz schwarz.
Es stürmte und brauste.
Das Segel zerriss.
Die Wellen tobten
und schlugen ins Boot.

Da überfiel die Jünger
furchtbare Angst.
Sie klammerten sich ans Boot.
Sie schrien um Hilfe.
Konnte denn Jesus nicht helfen?
Aber Jesus lag hinten im Boot
und schlief immer noch tief,
mitten im Sturm.
„Herr, hilf uns!",
schrien die Jünger.
„Siehst du denn nicht?
Wir gehen unter."

Da öffnete Jesus die Augen.
Er sah auf den Sturm,
der um sie tobte.
Und er sah die Angst
in den Augen der Jünger.
Er stand auf,

erhob seine Hand drohend
gegen den Sturm
und rief laut über die Wellen:
„Schweig und sei still!"

Auf einmal wurde es ganz still.
Der Wind legte sich.
Die Wellen wichen zurück.
Das Schiff glitt ruhig
durch das Wasser.

„Warum hattet ihr solche Angst?",
fragte Jesus die Jünger.
„Ich bin doch bei euch.
Vertraut ihr mir nicht?"

Die Jünger aber waren sprachlos.
Sie sahen einander an
und flüsterten erschrocken:
„Wer ist nur dieser Jesus?
Sogar der Wind und die Wellen
gehorchen ihm."

Alle werden satt

Markus 6,32–44 / Johannes 6,1–15

Einmal wollte Jesus
mit seinen Jüngern allein sein.
Er stieg in ein Boot
und fuhr mit ihnen über den See
zu einer verlassenen Gegend,
wo es keine Häuser
und keine Menschen gab,
nur einsame Berge.

Aber die Leute hatten gesehen,
wohin Jesus fuhr.
Sie wanderten um den See herum.
Und als Jesus ans andere Ufer kam,
standen sie schon da und warteten
auf ihn, Hunderte, sogar Tausende.
Und immer mehr kamen hinzu.

Als Jesus die Menschen sah,
Frauen und Männer,
Alte und Junge,
Gesunde und Kranke,
hatte er großes Mitleid mit ihnen.
Er spürte: Sie brauchten ihn alle.
Sie waren wie Schafe,
die keinen Hirten haben.
Da ging er zu ihnen,
heilte die Kranken,
tröstete die Traurigen
und erzählte ihnen von Gott.

Darüber wurde es Abend.
Die Sonne ging schon bald unter.
Aber immer noch standen
die Menschen bei Jesus
und hörten ihm zu.

Da kamen die Jünger
zu Jesus und sagten:
„Die Leute haben Hunger.
Es ist schon spät.
Bald wird es Nacht.
Und hier ist es einsam.
Schick sie endlich nach Hause!
Dann können sie unterwegs
noch etwas Brot kaufen."

Aber Jesus erwiderte:
„Gebt ihr ihnen zu essen!"
„Wie?", fragten die Jünger verwundert.
„Sollen wir denn Brot kaufen
für so viele Menschen?
Mindestens 200 Silberstücke
müssten wir dafür bezahlen.

Und es würde trotzdem
noch lange nicht reichen."

„Wie viele Brote habt ihr?",
fragte Jesus die Jünger.
„Seht nach
und sagt mir Bescheid!"

Da machten sich die Jünger
auf die Suche nach Brot.
Bald darauf kamen sie zurück
und meldeten Jesus:
„Wir haben einen Jungen gefunden,
der hat fünf Brote
und zwei Fische.
Aber was sind schon fünf Brote
und zwei Fische
für so viele Menschen?"

„Bringt mir das Brot und die Fische!",
befahl Jesus den Jüngern.
„Und sagt allen,
sie sollen sich setzen!"

Da setzten sich alle
in Gruppen ins Gras,
immer fünfzig
oder hundert zusammen.
Fast sah es so aus,
als ob sie sich
um einen gedeckten Tisch setzten.

Jesus aber nahm das Brot,
schaute auf zum Himmel,
dankte Gott,
brach es
und gab es den Jüngern.
Die teilten das Brot aus
und auch die Fische.
Alle aßen davon,
Männer, Frauen und Kinder.
Sie alle aßen und wurden satt,
ja, mehr als satt.

Danach sammelten die Jünger auf,
was übrig geblieben war.
Zwölf Körbe voll!
Nur fünf Brote und zwei Fische
waren es gewesen.
Aber Jesus hatte
mehr als 5000 Menschen
satt gemacht.

Als die Leute das sahen,
riefen sie begeistert:
„Jesus ist wirklich der Retter,
auf den wir warten.
Auf, wir wollen ihn
zu unserem König machen!"
Und sie umringten Jesus
und wollten ihn festhalten.

Aber Jesus ließ es nicht zu.
Er ließ die Leute stehen
und stieg allein
auf einen einsamen Berg.
Dort kniete er nieder und sprach
mit seinem Vater im Himmel,
er ganz allein.

Nachts auf dem See

Matthäus 14,22–33

Es war bereits Nacht,
als die Jünger
wieder in ihr Boot stiegen.
Jesus war noch nicht
vom Berg zurückgekehrt.
So fuhren sie ohne ihn los.
Sie ruderten hinaus

auf den dunklen See.
Aber sie kamen kaum voran.
Der Wind blies ihnen ins Gesicht.
Und die Wellen schlugen
von vorn gegen das Boot.
Sie ruderten und ruderten.
Doch es war, als ruderten
sie nur auf der Stelle.

Schon ging es auf den Morgen zu.
Aber das andere Ufer war noch fern.
Die Jünger spähten über das Wasser.
Plötzlich schrien sie auf.
Was war das?
Über dem Wasser leuchtete es hell.
„Hilfe!“, schrien die Jünger.
„Ein Gespenst!“
Doch da hörten sie Jesus:
„Seid getrost!
Ich bin es.
Fürchtet euch nicht!“

Die Jünger waren sprachlos.
Wie war das nur möglich?
Jesus war doch am Ufer geblieben!
Wie war er zu ihnen gekommen?

Als Erster fand Petrus wieder die Worte.
Mutig rief er über das Wasser:
„Herr, wenn du es bist,
dann befiehl mir,
dass ich zu dir aufs Wasser komme!“
„Komm zu mir!“, sprach Jesus.

Da stieg Petrus aus dem Boot,
setzte seine Füße aufs Wasser
und wirklich:
Das Wasser trug ihn – Jesus entgegen!

Aber plötzlich erschrak Petrus.
Der Wind blies ihm ins Gesicht.
Die Wellen schlugen
über ihm zusammen.
„Herr, hilf mir!“, schrie Petrus.
„Ich ertrinke.“

Da spürte er eine Hand
mitten im Wasser.
Sie hielt ihn fest
und trug ihn zum Boot.
Die Hand Jesu!
Sie hatte ihn
vor dem Ertrinken bewahrt.

„Petrus“, fragte Jesus,
„warum hast du mir
so wenig vertraut?“
Darauf stieg er
mit Petrus ins Boot
und der Wind legte sich.

Als die Jünger das sahen,
fielen sie vor Jesus nieder
und riefen voll Staunen:
„Du bist wirklich Gottes Sohn.“

3

Jesus erzählt

Immer wieder kamen Menschen
zu Jesus und baten ihn:
„Erzähl uns vom Vater im Himmel!
Zeig uns,
was wir tun sollen
und wie wir beten sollen.
Wir möchten es Gott
gerne recht machen."

Da erzählte ihnen Jesus
von seinem Vater,
der die Menschen unendlich liebt.
Er lehrte sie,
was sie tun sollten
und wie sie beten sollten
und dass sie Gott
über alles lieben sollten.

Viele hörten Jesus zu.
Aber einige waren dabei,
die verstanden nicht,
was er meinte.
Sie schüttelten den Kopf,
wunderten sich und fragten:
„Was will dieser Jesus
uns eigentlich sagen?"

Andere waren dabei,
die ärgerten sich über Jesus.
Sie ballten die Fäuste
und schimpften:
„Jesus spielt sich auf,
als ob er selbst Gott sei.
Wir wollen ihn nicht mehr hören."

Aber dann gab es auch einige,
die spitzten die Ohren.
Sie hörten die gute Nachricht
von Gott, der sie liebt,
und änderten ihr Leben.

Zu diesem Kapitel vergleiche die Hinweise im dritten Teil Seite 288f.

Freut euch, ihr Armen!

Lukas 6,12ff / Matthäus 5,3ff und 7,24ff

Einmal stieg Jesus auf einen Berg,
um dort zu beten.
Die ganze Nacht sprach er
mit seinem Vater im Himmel.
Als es aber Morgen wurde,
ging er mit seinen Jüngern
hinunter ins Tal.
Dort wartete schon
eine große Menschenmenge auf ihn.
Viele waren von weither gekommen,
um Jesus zu hören.
Als sie ihn sahen,
liefen sie ihm entgegen,
streckten die Hände nach ihm aus
und baten: „Jesus, hilf uns!
Erzähl uns von Gott!“

Da wandte sich Jesus an alle,
die sich um ihn geschart hatten.
Und laut rief er über die Menge hinweg:

> *„Freut euch, ihr Armen!*
> *Denn ihr gehört zu Gott.*
> *Freut euch, ihr Hungrigen!*
> *Denn ihr sollt satt werden.*
> *Freut euch, ihr Weinenden!*
> *Denn ihr werdet lachen.*
> *Freut euch, auch wenn euch*
> *die Menschen hassen!*
> *Freut euch dennoch*
> *und jubelt vor Freude!*
> *Denn der Vater im Himmel*
> *gibt euch, was euch fehlt.*
> *Er wird euch*
> *über Erwarten beschenken.“*

Atemlos lauschten die Leute.
Das waren neue, unerhörte Worte,
die Jesus zu ihnen sprach!
Noch nie hatte ein Lehrer
so zu ihnen gesprochen.

Und Jesus fuhr fort:

> *„Hört, was ich euch sage:*
> *Liebt eure Feinde!*
> *Tut denen Gutes,*
> *die euch hassen!*
> *Segnet die,*
> *die euch verfluchen!*
> *Und bittet für die,*
> *die euch beleidigen!*
> *So werdet ihr Gottes Kinder sein.*
> *Und seid barmherzig,*
> *wie auch euer Vater im Himmel*
> *barmherzig ist!“*

Noch viel mehr sagte Jesus.
Und er schloss seine Rede:

> *„Wer meine Worte hört,*
> *gleicht einem Menschen,*
> *der klug war.*
> *Er baute sein Haus auf Fels.*
> *Und als ein Unwetter kam,*
> *blieb das Haus stehen.*
> *Es stand auf felsigem Grund.*
> *Wer aber nicht auf mich hört,*
> *gleicht einem Menschen,*
> *der leichtsinnig war.*
> *Er baute sein Haus auf Sand.*
> *Doch als ein Unwetter kam,*
> *stürzte das Haus ein*
> *und die Flut schwemmte es weg.*
> *Es stand auf sandigem Grund.“*

Nachdenklich gingen die Leute davon.
Es war ihnen, als hätte in dieser Stunde
Gott selbst zu ihnen gesprochen.

Vom Sämann

Lukas 8,4–8 / Matthäus 13,1–9

Einmal war Jesus am See.
Da strömten die Menschen
aus allen Städten
und Dörfern zusammen.
Sie umringten Jesus und baten ihn:
„Erzähl uns eine Geschichte von Gott!"

Da stieg Jesus in ein Boot
und sprach zu den Menschen,
die sich am Ufer drängten.
Seine Stimme schallte über das Wasser,
sodass alle ihn hörten.
Und Jesus fing an zu erzählen:

> Es war ein Sämann,
> der ging auf sein Feld
> und streute Samen aufs Land.
>
> Aber einige Körner
> fielen auf den Weg.
> Da kamen Vögel
> und pickten sie auf.
> Sie konnten nicht keimen.
>
> Einige Körner
> fielen auf steiniges Land.
> Sie gingen auf,
> keimten und sprossen
> aus der Erde hervor.
> Aber die Sonne
> dörrte das Land aus.
> Da wurden die Halme welk
> und trockneten aus.
> Sie konnten nicht wachsen.
>
> Einige Körner
> fielen unter dornige Sträucher.
> Sie gingen auf,
> keimten und sprossen
> und trieben Halme hervor.
> Die wuchsen und wurden
> größer und größer.
> Aber die dornigen Sträucher
> wuchsen und wucherten
> noch viel mehr.
> Sie nahmen den Halmen
> die Luft und das Licht weg.
> Die Körner konnten nicht reifen.
>
> Die anderen Körner aber
> fielen auf fruchtbares Land.
> Sie gingen auf,
> keimten und sprossen
> und trieben Halme
> und Ähren hervor.
> Und als die Erntezeit kam,
> standen sie da,
> aufrecht und groß,
> mit gelben Ähren
> und reifer Frucht in ihren Ähren.
>
> Da kam der Sämann aufs Feld
> und zählte freudig die Früchte.
> Dreißig –
> nein, sechzig –
> nein, mehr noch –
> hundert Körner
> zählte er in den Ähren.

Hier endete Jesus.
Und er rief laut über das Wasser:
„Wer von euch Ohren hat zum Hören,
der höre auf mich!"

Da spürten die Menschen am Ufer:
Das waren nicht nur Geschichten,
die Jesus von Gott erzählte.
In seinen Worten
kam Gott selbst ihnen ganz nah.

Und vielen, die Jesus zuhörten,
ging das Herz auf,
wie Samen aufgeht
auf fruchtbarem Land.

Vom Beten

Lukas 11,1–4 / Matthäus 6,9–13

Einmal war Jesus allein
an einem einsamen Ort.
Da kamen seine Jünger
und sahen, dass er betete.
„Herr", sagten sie,
„das möchten wir auch lernen.
Zeig uns, wie wir beten können!"

Da sprach Jesus zu seinen Jüngern:
„So sollt ihr beten:
Unser Vater im Himmel!
Dein Name werde geheiligt.
Dein Reich komme.
Dein Wille geschehe
wie im Himmel,
so auf Erden.
Unser tägliches Brot
gib uns heute.
Und vergib uns
unsere Schuld,
wie auch wir vergeben
unseren Schuldigern.
Und führe uns nicht
in Versuchung,
sondern erlöse uns
von dem Bösen.
Denn dein ist das Reich
und die Kraft
und die Herrlichkeit
in Ewigkeit. Amen."

Dieses Gebet merkten sich die Jünger.
Sie lernten es auswendig
und sagten es weiter.
Und bis heute beten
die Christen dieses Gebet,
das Jesus seine Jünger gelehrt hat.

Vom bittenden Freund

Lukas 11,5–13

Schon viele Male
hatten die Jünger erlebt,
wie Jesus mit Gott sprach.
Ob Gott auch auf unser Gebet hört?
So fragten sie sich.
Da erzählte Jesus seinen Jüngern
diese Geschichte:

> Stellt euch vor:
> Ein Mann bekommt
> spätabends Besuch.
> Sein Freund ist
> von weither gekommen
> und hat großen Hunger.
> Aber der Mann
> hat kein Brot im Haus,
> kein einziges Stück.
> Da geht er mitten in der Nacht
> zu seinem Nachbarn,
> klopft an seine Tür und ruft:
> „Lieber Freund!
> Mach mir auf!
> Leih mir drei Brote!
> Denn ich habe Besuch bekommen
> und ich habe nichts,
> was ich meinem Besuch
> anbieten kann."
> Was glaubt ihr,
> was wird der Nachbar tun?

Wird er rufen:
„Lass mich in Ruhe!
Störe mich nicht!
Es ist schon Mitternacht.
Weck die Kinder nicht auf!
Sie schlafen bei mir
in der Kammer.
Und die Tür ist verriegelt.
Ich kann nicht aufstehen
und dir das Brot herausgeben."
Was glaubt ihr?
Wird er das tun?
Nein, ich sage euch:
Er wird aufstehen
und die Tür öffnen
und seinem Freund Brot geben,
so viel er braucht.
Und wenn er's nicht tut,
weil er sein Freund ist,
so wird er es trotzdem tun,
schon deshalb, weil sein Freund
ihn inständig bittet und drängt.

„Seht", fuhr Jesus fort,
„so wird mein Vater im Himmel
auch euch geben,
was ihr von ihm bittet.
Darum bittet,
so wird euch gegeben.
Suchet, so werdet ihr finden.
Klopfet an, so wird euch aufgetan."

Vom barmherzigen Samariter

Lukas 10,25–37

Einmal kam ein Gelehrter zu Jesus,
der kannte sich gut aus
in der Heiligen Schrift.
Er wollte Jesus prüfen.
„Was muss ich tun", fragte er,
„damit ich zu Gott komme?"
Jesus antwortete:
„Du kennst doch die Gebote.
Wie heißt es dort?"
Da antwortete der Gelehrte:
„Es heißt in den Geboten:
‚Du sollst den Herrn, deinen Gott,
lieben von ganzem Herzen
und deinen Nächsten lieben
wie dich selbst.'
Aber wer ist denn mein Nächster?"
Da erzählte Jesus diese Geschichte:

Einmal ging ein Mann
von Jerusalem nach Jericho hinab.
Er wanderte an steilen Bergen
und an tiefen Schluchten vorbei.
Plötzlich kamen Räuber
aus ihrem Versteck hervor.
Sie stürzten sich auf den Mann,
schlugen auf ihn ein,
plünderten ihn aus
und machten sich eilig davon.

Da lag nun der Mann
verlassen am Wegrand, halbtot.
Doch plötzlich hörte er Schritte.
Ein Priester kam den Weg herab.
Er kam vom Tempel,
wo er gebetet hatte.
Der Priester wird gewiss helfen,
hoffte der verwundete Mann.
Aber der Priester
rührte ihn nicht an.
Er ging schnell weiter
und ließ ihn im Dreck liegen.

Stunden vergingen.
Da hörte er wieder Schritte.
Ein Levit ging vorüber.

Auch er kam vom Tempel,
wo er Gott gedient hatte.
Der Levit wird gewiss helfen,
hoffte der Mann.
Aber der Levit blieb
nicht einmal stehen.
Er ging einfach vorbei.

Viele Stunden vergingen.
Der Mann hatte schon
alle Hoffnung verloren.
Da – plötzlich horchte er auf.
Jemand ritt auf einem Esel
das Tal herauf.
Ein Fremder war es,
ein Samariter.
Der wird mir nicht helfen,
dachte der Mann am Wegrand.
Der gehört ja gar nicht
zu unserem Volk.

Aber nein!
Der Esel blieb stehen.
Der Samariter stieg ab.
Er kam auf ihn zu.
„Du Armer!“, rief er voll Mitleid.
„Was haben sie mit dir gemacht?“
Und er beugte sich zu ihm herab,
wusch das Blut mit Öl und Wein ab
und verband seine Wunden.
Behutsam hob er ihn
auf seinen Esel,
brachte ihn zu einer Herberge
und pflegte ihn dort.

Am nächsten Morgen
gab er dem Wirt
zwei Silbermünzen
und bat ihn:
„Sorge gut für den Mann!
Und pflege ihn, bis er gesund ist!
Und wenn du mehr Geld brauchst,
will ich’s dir bezahlen,
wenn ich zurückkomme.“

Hier endete Jesus.
Und er wandte sich
an den Gelehrten und fragte:
„Nun sag selbst!
Wer von den dreien
war dem Verletzten am nächsten:
der Priester, der Levit
oder der Samariter?“

Das war keine schwere Frage.
„Natürlich der Samariter“,
antwortete der Gelehrte.
„Gut“, sagte Jesus,
„dann mach es wie er!“

Vom reichen Bauern

Lukas 12,13–30

Einmal waren viele Leute
um Jesus versammelt.
Alle umringten ihn.
Alle wollten etwas
von ihm wissen.
Da schob sich einer
durch die Menge hindurch
und bat Jesus: „Hilf mir,
du großer Lehrer und Meister!
Mein Bruder will mir
mein Erbteil nicht geben.
Sag ihm, dass er das Erbe teilt!“

Doch Jesus erwiderte:
„Mensch, meinst du,
ich sei dazu da,
euren Erbstreit zu schlichten?“

Und er wandte sich an alle,
die bei ihm standen, und sprach:
„Ihr Leute, gebt acht!
Seid nicht darauf bedacht,
dass ihr reich werdet!
Denn wenn ihr alles bekommt,
was ihr euch wünscht,
was habt ihr am Ende davon?“
Und Jesus erzählte ihnen
diese Geschichte:

> Es war ein Bauer,
> der war sehr reich.
> Er besaß viele Felder.
> Und seine Felder
> trugen viel Korn.
> Jedes Jahr füllte der Bauer
> seine Scheunen mit Korn.
> Er hatte immer genug.
>
> Aber in einem Jahr
> wuchs noch mehr Korn
> auf den Feldern
> als in allen Jahren zuvor.
> „Welch eine Ernte!“,
> staunte der Bauer
> und rieb sich die Hände.
> „So viel Korn gab es noch nie.
> Doch wohin mit dem Korn?
> Wo soll ich es sammeln?
> Meine Scheunen sind viel zu klein.
> Aber ich weiß, was ich mache:
> Ich reiße die alten Scheunen ab
> und baue mir neue.
> Danach fülle ich die Scheunen
> mit Korn bis unter das Dach.
> Und dann, ja dann
> bin ich endlich zufrieden.
> Dann kann ich sagen:
> ‚Gut gemacht, Bauer!
> Jetzt hast du’s geschafft.
> Nun hast du ausgesorgt,
> hast Vorrat für viele Jahre.
> Nun gönne dir endlich
> deine verdiente Ruhe!
> Mach dir’s bequem!
> Greif zu! Iss und trink!
> Lass es dir schmecken
> und genieße dein Leben!‘“
>
> So dachte der Reiche zufrieden.
> Und in Gedanken sah er schon
> die neuen Scheunen vor sich,
> gefüllt bis unter das Dach.
>
> Aber plötzlich –
> rief da nicht jemand?
> Gott war es,
> der zu ihm sprach:
> „Du Narr!
> Glaubst du im Ernst,
> nun könne dir
> nichts mehr geschehen?
> Noch in dieser Nacht
> wirst du sterben.
> Wem wird dann
> all das gehören,
> was du dir angehäuft hast?“

„So geht es allen“, sprach Jesus,
„die mehr haben wollen,
immer noch mehr,
und haben an Gott nicht genug.
Darum sage ich euch:
Macht euch keine Sorgen!
Fragt nicht:
‚Was werden wir essen?
Was werden wir trinken?
Welche Kleider werden wir tragen?‘
Denn euer Vater im Himmel weiß,
was ihr braucht.

Er gibt euch genug,
mehr als genug."

Vom verlorenen Schaf

Lukas 15,1–7

Zu Jesus kamen
die verschiedensten Menschen.
Auch viele verrufene Leute
waren darunter.
Niemand konnte sie leiden.
Aber Jesus freute sich,
wenn sie zu ihm kamen.
Er setzte sich mit ihnen
an einen Tisch
und aß und trank mit ihnen.

Das passte den anderen nicht.
Vor allem die Gesetzeslehrer
ärgerten sich über Jesus.
„Was?", schimpften sie.
„Mit solchen Leuten
gibt Jesus sich ab?
Weiß er denn nicht,
wie schlecht sie sind?"
Da erzählte Jesus ihnen
diese Geschichte:

> Es war ein Hirte,
> der hatte hundert Schafe.
> Er kannte alle Schafe
> mit ihrem Namen.
> Und auch die Schafe
> kannten ihren Hirten
> und hörten auf seine Stimme.
> Jeden Tag zog der Hirte
> mit seinen Schafen auf die Weide.
> Der Weg war oft gefährlich.
> Er führte über steinige Berge
> und durch tiefe Täler.
> Aber die Schafe blieben
> dicht bei dem Hirten.
>
> Doch eines Tages
> kam ein Schaf vom Weg ab
> und verirrte sich in den Bergen.
> Der Hirte merkte es erst,
> als er die Schafe zählte.
> Ein Schaf fehlte.
> Da ließ der Hirte
> die 99 Schafe zurück
> und zog sofort los,
> um das Schaf zu suchen.
> Er ruhte nicht eher
> bis er das Schaf fand.
> Glücklich nahm er es
> auf seine Schultern
> und trug es nach Hause.
>
> Zu Hause aber holte der Hirte
> alle Freunde und Nachbarn herbei.
> „Freut euch mit mir!", rief er.
> „Denn mein Schaf war verloren.
> Aber nun habe ich es
> wieder gefunden."

„Seht", sagte Jesus zu allen,
die ihm zuhörten,
„so freut sich Gott,
über jeden verlorenen Menschen
der heimfindet zu Gott."

Von der verlorenen Münze

Lukas 15,8–10

Auch diese Geschichte erzählte Jesus:

> Es war eine Frau,
> die hatte zehn Silbermünzen.
> Die hütete sie
> wie einen kostbaren Schatz.
>
> Aber eines Tages, als die Frau
> ihre Münzen hervorholte,
> war eine Münze verschwunden.
> Nur neun Münzen zählte sie noch.
> „Wo ist meine Münze?“,
> rief sie erschrocken.
> „Ich muss sie unbedingt finden.“
>
> Und sie suchte überall nach.
> Sie kramte in ihrem Beutel.
> Sie schaute in alle Krüge.
> Sie kroch auf dem Boden umher.
> Aber umsonst.
> Die Münze war nirgends zu finden.
>
> Da zündete die Frau ein Licht an
> und leuchtete alles aus,
> alle Ecken und Winkel im Haus.
> Aber umsonst.
> Die Münze war nirgends zu finden.
>
> Da nahm die Frau einen Besen
> und fegte das ganze Haus aus,
> sodass der Staub aufwirbelte.
> Da – plötzlich blinkte etwas
> silbern unter dem Staub.
> Und wirklich – da lag sie,
> ihre verlorene Münze!
>
> Glücklich drückte die Frau
> die verlorene Münze an sich,
> rannte hinaus auf die Straße
> und rief ihren Nachbarinnen
> und Freundinnen zu:
> „Freut euch mit mir!
> Seht, was ich habe!
> Diese silberne Münze
> hatte ich verloren.
> Doch nun habe ich
> sie wiedergefunden.“

„Seht“, sagte Jesus zu allen,
die ihm zuhörten,
„so freut sich auch Gott
und mit ihm alle Engel im Himmel
über jeden verlorenen Menschen,
der zurückkehrt zu Gott.“

Vom verlorenen Sohn

Lukas 15,11–32

Jesus wurde häufig
von seinen Gegnern gefragt:
„Warum gibst du dich mit Leuten ab,
die Gottes Gebote missachten?
Warum gehst du in ihre Häuser
und isst mit ihnen?
Glaubst du etwa,
Gott habe Gefallen daran?“
Da erzählte ihnen Jesus
diese Geschichte:

> Es war ein Mann,
> der hatte zwei Söhne.
> Eines Tages sagte der jüngere Sohn
> zu seinem Vater:
> „Gib mir das Erbteil,
> das mir zusteht!
> Ich gehe weg von hier.“

Da zahlte ihm der Vater
sein Erbteil aus.
Der Sohn aber nahm alles
und zog in ein fernes Land.
Dort lebte er in Saus und Braus
und gab sein ganzes Geld aus.

Aber nicht lange danach
brach in jener Gegend
eine schwere Hungersnot aus.
Im ganzen Land gab es
kein Brot mehr zu kaufen.
Da wusste sich der Sohn
keinen Rat mehr.
Er litt furchtbaren Hunger.
Doch niemand gab ihm
etwas zu essen.
Die Menschen hatten ja
selbst nicht genug.
In seiner Not machte er sich
an einen reichen Bürger heran
und flehte ihn an:
„Habt ihr Arbeit für mich?"
„Du kannst die Schweine hüten",
meinte der Reiche,
und er schickte ihn hinaus
zu den Schweinen.

Da saß nun der Sohn
draußen im Dreck
bei den Schweinen,
mutterseelenallein.
Er war so hungrig, dass er sogar
das Schweinefutter gegessen hätte.
Doch niemand gab es ihm.

Da ging der Sohn in sich
und sagte zu sich:
Wie viele Knechte
hat zu Hause mein Vater!
Sie haben alle genug zu essen.
Aber ich sterbe hier vor Hunger.
Ich weiß, was ich mache:
Ich kehre um
und gehe zu meinem Vater zurück.
Ich will zu ihm sagen:
„Vater! Ich bin schuldig geworden
vor Gott und vor dir.
Ich kann nicht mehr
dein Sohn heißen.
Ich bin es nicht wert.
Aber lass mich wenigstens
dein Knecht sein!"

Und sogleich stand er auf,
und machte sich auf den Weg,
so wie er war, barfuß
und in zerlumpten Kleidern.

Endlich sah der Sohn in der Ferne
das Haus seines Vaters.
Aber er traute seinen Augen nicht:
Dort vor dem Haus stand –
sein Vater!
Es schien,
als wartete er schon auf ihn.
Nun lief er sogar
seinem Sohn entgegen,
fiel ihm um den Hals
und küsste ihn!

„Vater", stammelte der Sohn,
„ich bin schuldig geworden
vor Gott und vor dir.
Ich bin nicht mehr wert,
dass ich dein Sohn heiße."

Aber der Vater fiel ihm ins Wort.
„Ihr Knechte", rief er.
„Holt schnell das beste Gewand
und legt es meinem Sohn an!
Gebt ihm auch Schuhe

an seine Füße
und steckt einen Ring
an seine Hand!
Dann schlachtet das Kalb,
das wir gemästet haben!
Macht ein Festmahl
und freut euch mit mir!
Denn mein Sohn war tot.
Doch nun lebt er.
Er war verloren.
Doch nun hat er heimgefunden."

Darauf feierten sie miteinander
ein fröhliches Fest.
Sie aßen und tranken,
sangen und tanzten.
Und alle freuten sich
dass der Sohn heimgekehrt war
und dass der Vater
sich über ihn erbarmt hatte.

*

Nur einer blieb dem Fest fern:
der ältere Bruder.
Als er am Abend
von der Feldarbeit kam,
hörte er von fern die Musik
und das Lachen im Haus.
Er fragte einen der Knechte:
„Was ist das für ein Lärm?
Was geht hier vor?"
„Das weißt du nicht?",
wunderte sich der Knecht.
„Dein Bruder ist heimgekehrt.
Und dein Vater hat ein Festmahl
für ihn bereitet.
So sehr freut er sich,
dass er ihn gesund wieder hat."
„Wie?", rief der ältere Sohn zornig.
„Was fällt meinem Vater ein?
Wie kann er solch ein Fest
für meinen Bruder bereiten?
Ich feiere jedenfalls nicht mit!"

Da kam sein Vater zu ihm heraus
und bat ihn: „Komm doch herein!
Freu dich und feiere mit uns!"

„Wie, ich soll mich freuen?"
gab der Sohn wütend zurück.
Hast du vergessen,
wie ich in all den Jahren
für dich geschuftet habe?
Ich habe immer getan,
was du von mir verlangt hast.
Aber du hast nie einen Bock
für mich geschlachtet.
Doch nun kommt dieser Kerl,
dein feiner Sohn,
der all dein Geld verjubelt hat!
Und du machst ein Fest für ihn!"

Aber der Vater antwortete:
„Mein Sohn!
Warum bist du so grimmig?
Du bist doch immer
bei mir gewesen.
Und alles, was ich besitze,
gehört auch dir.
Komm, freu dich mit mir!
Denn wir dachten,
dein Bruder sei tot.
Doch nun lebt er.
Wir dachten, er sei verloren.
Doch nun ist er wieder gefunden!"

Diese Geschichte erzählte Jesus
den Menschen, die zu ihm kamen.
Und alle, die ihm zuhörten,
spürten, dass er von seinem Vater

im Himmel sprach,
der auch Vater aller Verlorenen war.

Vom Pharisäer und Zöllner

Lukas 18,9–14

Unter den Menschen,
die Jesus zuhörten,
waren auch einige Pharisäer.
Die hielten sich
streng an alle Gesetze,
die in der Heiligen Schrift standen.
Sie beteten viel
und gaben Geld für die Armen.

Als die Pharisäer hörten,
was Jesus erzählte,
dachten sie bei sich:
Das wissen wir selbst viel besser.
Darum ist Gott auch zufrieden mit uns.
Aber Jesus wusste genau,
was sie über ihn dachten.
Deshalb erzählte er ihnen
diese Geschichte:

> Einmal gingen zwei Menschen
> zum Tempel, um dort zu beten.
> Der eine war ein Pharisäer,
> der andere ein Zöllner.
> Der eine kam oft zum Tempel,
> der andere aber sonst nie.
> Er saß in seinem Zollhaus
> und trieb krumme Geschäfte.
>
> Als der Pharisäer zum Tempel kam,
> stellte er sich vor allen auf,
> hob seine Hände zum Himmel
> und sprach dieses Gebet:
> „Ich danke dir, Gott,
> dass ich nicht so schlecht bin
> wie andere Leute.
> Sie stehlen, betrügen, sind untreu
> oder sind nur auf Geld aus
> wie dieser Zöllner dort drüben.
> Ich aber verzichte auf alles.
> Ich faste zweimal die Woche
> und gebe von meinem Besitz
> den zehnten Teil an die Armen."
> So betete der Pharisäer zufrieden.
>
> Aber der Zöllner
> blieb am Tor stehen.
> Er traute sich nicht,
> in den Tempel zu gehen.
> Gebeugt stand er da,
> presste die Hände ans Herz
> und betete leise:
> „Gott, sei mir Sünder gnädig!"

„Ich sage euch", sprach Jesus,
„Gott hat das Gebet des Zöllners erhört.
Er hat ihm vergeben.
Im Frieden kehrte der Zöllner heim.
Aber der Pharisäer hatte nicht
um Vergebung gebeten.
So konnte er auch nicht
Vergebung empfangen."

Und Jesus fügte hinzu:
„So geht es jedem Menschen,
der sich selbst groß machen will.
Denn wer sich selbst erhöht,
der wird erniedrigt.
Und wer sich selbst erniedrigt,
der wird erhöht."

Von der bittenden Witwe

Lukas 18,1–8

Einmal sprach Jesus
mit seinen Jüngern
über kommende Zeiten.
Da wurde den Jüngern das Herz schwer.
Doch Jesus tröstete und ermahnte sie:
„Hört nie auf zu beten!
Auch wenn ihr müde werdet,
hört niemals auf!"
Und Jesus erzählte ihnen
diese Geschichte:

> In einer Stadt
> lebte ein Richter,
> der hörte weder auf Gott
> noch auf Menschen.
> Er tat, was ihm passte
> und scheute sich nicht,
> den Menschen Unrecht zu tun.
> Er machte sich nichts daraus.
>
> Nun wohnte in derselben Stadt
> auch eine arme Witwe,
> die lebte in großer Not.
> Sie hatte kein Geld mehr
> und konnte ihre Schulden
> nicht mehr bezahlen.
> Ihr Gläubiger bedrängte sie hart.
> Schließlich wusste sich die Frau
> nicht mehr zu helfen.
> Sie ging zum Richter der Stadt,
> fiel vor ihm auf die Knie,
> weinte und schrie:
> „Hilf mir, o Richter!
> Ich bin eine arme Witwe.
> Mein Gläubiger setzt mir hart zu.
> Ich bitte dich: Schütze mich!
> Schaffe mir Recht!"
>
> Aber der Richter
> hörte nicht auf ihr Geschrei.
> Er stieß sie von sich
> und dachte bei sich:
> Lass die Frau doch
> heulen und schreien,
> so lange sie will!
> Mich geht das nichts an.
>
> Doch die Frau
> ließ nicht von ihm ab.
> Auch am nächsten Tag
> kam sie wieder,
> weinte und schrie:
> „Hilf mir endlich!
> Schaffe mir Recht!"
>
> Aber der Richter blieb hart.
> Er jagte die Witwe weg.
> Sie aber kam
> am nächsten Tag wieder
> und auch am folgenden Tag.
> Jeden Tag kam sie,
> weinte und schrie.
>
> Tage und Wochen verstrichen.
> Schließlich war der Richter es leid.
> Und er sagte zu sich: „Nun gut!
> Meinetwegen soll die Frau
> ihr Recht bekommen.
> Sonst gibt sie keine Ruhe.
> Obwohl es mir gleichgültig ist,
> was andere über mich reden,
> will ich die Witwe anhören.
> Sonst tut sie mir womöglich
> am Ende noch etwas an."

Hier brach Jesus ab.
Und er fügte hinzu:
„Merkt euch,
was dieser ungerechte Richter sagt!

Wie viel mehr wird Gott
auf die Menschen hören,
die ihn bei Tag und Nacht anrufen!
Ich sage euch:
Er wird bald ihre Bitte erhören."

Von den beiden Knechten

Matthäus 18,21–35

Einmal kam Petrus zu Jesus und fragte:
„Was muss ich tun,
wenn mir Unrecht geschieht?
Wie oft muss ich vergeben?
Reicht es siebenmal?"
„Nein", antwortete Jesus,
„nicht siebenmal,
sondern siebzigmal siebenmal!"

Und Jesus fuhr fort:
„Ich will dir ein Beispiel geben.
Hör die Geschichte von dem Knecht,
der nicht vergeben wollte."

> Es war ein König,
> der hatte viele Knechte.
> Einer unter ihnen schuldete
> dem König viel Geld.
> eine riesige Summe,
> ja, ein ganzes Vermögen,
> unbezahlbar hoch.
>
> Da lud der König seinen Knecht vor
> und forderte das Geld von ihm.
> Aber der Knecht
> hatte kein Geld mehr,
> keinen einzigen Groschen.
> „Dann nehmt ihm alles,
> was er hat", befahl der König,
> „und verkauft ihn als Sklaven,
> auch seine Frau und seine Kinder."
>
> Da erschrak der Knecht zu Tode.
> Er fiel auf seine Knie,
> weinte und flehte:
> „O König! Hab Geduld mit mir!
> Ich will dir alles zurückzahlen."
> Aber seine Schuld war viel zu groß.
> Sein ganzes Leben reichte nicht aus,
> die Schuld abzuzahlen.
>
> Da überkam den König
> großes Mitleid mit seinem Knecht.
> Er befahl: „Lasst ihn frei!
> Ich erlasse ihm alle Schuld."
>
> Da spürte der Knecht,
> wie eine zentnerschwere Last
> von ihm abfiel.
> Befreit zog er davon.
>
> Doch unterwegs traf der Knecht
> auf einen Mitknecht,
> der schuldete ihm
> auch etwas Geld,
> nicht viel,
> nur ein paar Silbermünzen,
> nicht der Rede wert.
>
> Aber in diesem Augenblick
> vergaß der Knecht alles,
> was ihm sein Herr geschenkt hatte,
> seine riesengroße Schuld.
> Wütend stürzte er sich
> auf seinen Mitknecht,
> würgte ihn am Hals
> und schrie ihn an:
> „Bezahle, was du mir schuldest!"

Da fiel sein Mitknecht
auf die Knie und flehte ihn an:
„Hab Geduld mit mir!
Ich will dir's zurückzahlen."
Der aber hörte nicht auf ihn.
Er packte ihn am Kragen und schrie:
„Ab ins Gefängnis mit dir!
Dort sollst du schmoren,
bis du alles bezahlt hast,
was du mir schuldig bist!"

Das hatten die anderen Knechte
des Königs gesehen.
Traurig berichteten sie ihrem Herrn,
was geschehen war.

Da ließ der König den Knecht
noch einmal rufen.
Zornig stellte er ihn zur Rede:
„Du falscher Knecht!
Alle Schuld habe ich dir erlassen.
Aber du?
Du willst dem andern
gar nichts erlassen?
Solltest du dich nicht
über deinen Mitknecht erbarmen,
so wie auch ich mich
über dich erbarmt habe?"

Darauf ließ ihn der König
ins Gefängnis werfen.
Dort sollte er bleiben,
bis er alles bezahlt hatte,
was er seinem Herrn schuldig war.

„Seht", sagte Jesus zu seinen Jüngern,
„so hat mein Vater im Himmel
auch euch alle Schuld vergeben,
Aber ihr? Ihr wollt einander
die Schuld nicht vergeben?"

Von den Arbeitern im Weinberg

Matthäus 19,27–20,16

Schon drei Jahre
wanderten die Jünger
mit Jesus durch das Land.
Aber manchmal fragten sie sich:
War es denn richtig,
dass wir alles verlassen haben,
unser Haus, unseren Beruf
und sogar unsere Familie?
Einmal fragte Petrus geradeheraus:
„Jesus, wir haben alles verlassen
und sind dir gefolgt.
Sag, was bekommen wir dafür?"
Da erzählte Jesus seinen Jüngern
diese Geschichte:

Es war ein Gutsherr,
der hatte einen Weinberg.
Als der Tag der Weinlese kam,
suchte er Arbeiter
für seinen Weinberg.
Frühmorgens um sechs Uhr
ging er zum Marktplatz.
Dort fand er Männer,
die auf Arbeit warteten.
„Kommt in meinen Weinberg",
sagte der Gutsherr,
„und erntet Trauben für mich!
Ich will euch als Tageslohn
eine Silbermünze geben."

Da gingen die Männer
mit ihm in den Weinberg.
Dort arbeiteten sie,
bis ihnen der Schweiß
von der Stirn rann.
Sie pflückten die Trauben
und füllten die Körbe
und gönnten sich keine Ruhe.

Aber der Weinberg war groß.
Die Arbeiter reichten nicht aus.
Da ging der Gutsherr um neun Uhr
noch einmal zum Markt.
Dort warteten noch
andere Männer auf Arbeit.
„Kommt auch ihr
in meinen Weinberg!“,
sagte der Gutsherr.
„Ich will euch guten Lohn geben.“
Da gingen auch sie
mit ihm in den Weinberg
und pflückten die Trauben
und füllten die Körbe.

Inzwischen wurde es Mittag.
Die Sonne brannte heiß
vom Himmel herab.
Da ging der Gutsherr
noch einmal zum Markt
und holte noch mehr Arbeiter
in seinen Weinberg.
Auch am Nachmittag
ging er noch einmal dorthin.
Und allen Arbeitern
versprach er gerechten Lohn.

Schon ging es auf den Abend zu.
Die letzte Stunde brach an.
Da ging der Gutsherr
noch einmal zum Markt.
Dort standen noch Männer,
die hatten den ganzen Tag
vergeblich auf Arbeit gewartet.
„Wie?“, fragte der Gutsherr.
„Warum steht ihr hier
untätig herum?
Habt ihr denn heute
keine Arbeit bekommen?“
„Nein“, antworteten sie.
„Es hat uns niemand gebraucht.“
„Dann kommt mit mir!“,
sagte der Gutsherr.
„Arbeitet noch eine Stunde
in meinem Weinberg!“
Und sie gingen mit ihm.

Endlich wurde es Zeit,
die Arbeit niederzulegen.
Da befahl der Gutsherr
seinem Verwalter:
„Ruf die Arbeiter zusammen
und zahl ihnen den Lohn aus!
Fang bei den Letzten an
und gib den Ersten zuletzt!“

Da kamen alle herbei.
Der Verwalter aber
winkte die Letzten heran
und gab jedem von ihnen
eine Silbermünze.
„So viel?“, staunten die anderen.
Und sie dachten bei sich:
Dann bekommen wir
noch viel mehr.
Wir haben ja auch
viel mehr gearbeitet als diese.
Aber auch die anderen
bekamen eine Silbermünze,
auch die Ersten,
die den ganzen Tag
gearbeitet hatten.

Da beschwerten sich
die Ersten beim Gutsherrn.
Sie schrien empört:
„Wie? Ist das etwa gerecht?
Wir haben den ganzen Tag
geschwitzt und geschuftet.
Und trotzdem bekommen wir
nicht mehr als die anderen?“

Aber der Gutsherr wandte sich
an den, der am lautesten schrie.
„Mein Freund", sagte er freundlich,
„warum bist du so wütend?
Ich tu dir kein Unrecht.
Habe ich dir nicht
eine Silbermünze versprochen?
So nimm, was dir zusteht,
und geh deiner Wege!
Ich aber will dem Letzten
genauso viel geben wie dir.
Oder darf ich mit meinem Geld
nicht machen, was ich will?
Warum bist du neidisch,
dass ich so gütig bin?"

Und Jesus wandte sich
an seine Jünger und sprach:
„Seht, so wird es auch bei Gott sein.
Die Letzten werden die Ersten
und die Ersten die Letzten sein."

4

Jesus geht nach Jerusalem

Das Passafest stand vor der Tür.
Viele Menschen waren
unterwegs nach Jerusalem.
„Ob Jesus auch
auf dem Fest sein wird?"
So fragten sie sich.
Wenn er wirklich der Retter war,
den sie erwarteten,
dann musste er
nach Jerusalem kommen
und sich dort als König zeigen.
Aber bald sollten sie erfahren,
wer Jesus in Wahrheit war
und wohin ihn sein Weg führte.

Zu diesem Kapitel vergleiche die Hinweise im dritten Teil Seite 290ff.

Du bist Christus!

Markus 8,27–33 / Lukas 9,18–22

Jesus war mit seinen Jüngern
weit nach Norden gewandert,
bis an die Grenze des Landes.
„Was hat er vor?",
fragten sich die Jünger.
„Wohin will er uns führen?"
Sie wussten es nicht.

Eines Tages aber,
als sie unterwegs waren,
fragte Jesus seine Jünger:
„Was sagen die Leute über mich?
Für wen halten sie mich?"

Da antworteten die Jünger:
„Einige sagen:
Du bist Johannes,
der am Jordan getauft hat.
Andere sagen:
Du bist ein Prophet wie Elia."
„Und ihr?", fragte Jesus.
„Was sagt ihr, wer ich bin?"

Da wurden die Jünger ganz still.
Schließlich fasste sich Petrus ein Herz:
„Du bist Christus,
der Sohn des lebendigen Gottes.
Der bist du."

Da merkten die Jünger,
wie Jesus sich freute.
Aber er sagte:
„Hört, das ist ein Geheimnis.
Ihr dürft es nicht
weitersagen, noch nicht.
Erst muss etwas geschehen,
was ihr noch nicht wisst.
Doch ich sage es euch jetzt:
Wir werden nach Jerusalem
zum Passafest gehen.
Dort werden sie mir
viel Leid antun
und sie werden mich töten.
Aber nach drei Tagen
werde ich auferstehen."

„Nein!", rief Petrus entsetzt.
„Das darf nicht sein!"
Aber Jesus wurde sehr ernst:
„Es muss so sein.
Gott will es."

Da sagten die Jünger nichts mehr.
Still folgten sie Jesus
und machten sich auf den Weg
nach Jerusalem.

Auf dem Berg

Markus 9,2–10 / Lukas 9,28–36

Schon viele Tage war Jesus
mit seinen Jüngern unterwegs.
Da kamen sie an einen hohen Berg.
„Kommt mit mir!", sagte Jesus
zu Petrus, Johannes und Jakobus.
„Wir wollen auf den Berg gehen."

Als sie oben waren,
fing Jesus an zu beten.
Aber sieh da!
Jesus sah auf einmal
ganz anders aus.
Sein Gesicht strahlte.
Seine Kleider leuchteten hell,
heller, viel heller als die Sonne.
Und in seinem Licht
erschienen Mose und Elia.

Sie redeten mit Jesus.
Sie sprachen auch davon,
dass er bald sterben musste.

Die Jünger standen dabei
mit offenem Mund.
Sie konnten kaum glauben,
was sie da sahen.
„Herrlich!“, rief Petrus.
„Jesus, hier wollen wir bleiben.
Lass uns drei Zelte aufschlagen,
eins für dich, eins für Mose
und eins für Elia!“

Aber Petrus wusste nicht,
was er da sagte.
Als er noch redete,
kam eine Wolke und hüllte sie ein.
Und eine Stimme rief aus der Wolke:
„Dies ist mein geliebter Sohn.
Auf ihn sollt ihr hören.“

Da erschraken die Jünger
und verneigten sich tief.
Sie spürten:
Gott war ihnen ganz nah.
Doch als sie wieder aufschauten,
sahen sie niemand
als Jesus allein.

„Sagt keinem weiter,
was ihr gesehen und gehört habt!“,
befahl Jesus den Jüngern.
„Es ist ein Geheimnis.“

Da gingen sie still
wieder ins Tal hinunter
und verrieten niemandem,
was sie mit Jesus erlebt hatten.

Der einzige Sohn

Markus 9,14–29 / Lukas 9,37–43

Als Jesus vom Berg herabkam,
warteten schon viele Leute auf ihn.
Sie liefen ihm aufgeregt entgegen.
„Was ist denn los?“, fragte Jesus.

Da trat ein Mann vor
und zeigte auf seinen Sohn.
„Ach Herr“, sagte er,
„mein Sohn, mein einziger Sohn,
ist schwer krank.
Immer wieder hat er Anfälle.
Kein Mensch kann ihm helfen.
Deine Jünger haben es versucht,
aber sie konnten es nicht.
Hilf du doch, wenn du kannst!“

„Wenn du kannst?“,
fragte Jesus zurück.
„Weißt du nicht?
Alles ist möglich
für den, der glaubt.“

Da schrie der Mann auf:
„Ich glaube, Herr!
Hilf meinem Unglauben!“
Und als er noch redete,
fiel sein Sohn um,
wälzte sich auf dem Boden
und knirschte mit den Zähnen,
bis Schaum vor seinen Mund trat.

Jesus aber tat es weh, als er sah,
wie der Junge litt.
Er spürte,
wie eine fremde Macht
in ihm tobte und ihn zerstörte.
Und er rief zornig:
„Lass das Kind in Ruhe!“

Da bäumte sich der Junge auf
und – plötzlich war er wie tot.

Die Leute waren sprachlos,
starr vor Schreck.
„Jetzt ist er tot", flüsterten sie.
Aber Jesus beugte sich
über den Jungen,
nahm ihn bei der Hand
und richtete ihn auf.
Und sieh!
Da stand der Junge vor ihnen,
aufrecht und völlig gesund.

Die Jünger aber wussten nicht,
was sie dazu sagen sollten.
„Warum konnten wir
dem Jungen nicht helfen?",
fragten sie Jesus,
als sie wieder allein waren.
„Diese Macht", sagte Jesus ernst,
„kann nur vertrieben werden
durch die Macht des Gebets."

Die gebeugte Frau

Lukas 13,10–17

Eines Tages kam Jesus
in eine Stadt, die am Weg lag.
Es war gerade Sabbat,
als er dort ankam, der Tag,
an dem alle Arbeit ruhte.
Da ging Jesus zum Gottesdienst
in die Synagoge der Stadt.
Dort waren schon
viele Menschen versammelt.

Als Jesus den Raum betrat,
reckten die Leute die Hälse.
„Habt ihr gesehen?", flüsterten sie.
„Jesus ist zu uns gekommen!
Wer weiß, vielleicht hat er
eine gute Nachricht für uns?"
Aber die Gesetzeslehrer
runzelten die Stirn,
als sie Jesus erblickten.
Sie dachten bei sich:
Wenn Jesus nur nicht
unseren Gottesdienst stört!
Wenn er nur nichts tut,
was unser Gesetz verbietet!
Denn als Gesetzeshüter
waren sie streng darauf bedacht,
dass niemand am Sabbat
ein Gebot übertrat.

Doch Jesus achtete nicht auf sie.
Er stellte sich mitten
unter die Menschen
und erzählte ihnen
vom Vater im Himmel,
der sich über alle Menschen erbarmt,
über Gesunde und Kranke.

Aber auf einmal hielt Jesus inne.
Hinten am Eingang,
wo die Frauen saßen,
kauerte eine Frau.
In sich gekrümmt saß sie da.
Nicht einmal den Kopf
konnte sie heben.
Es schien, als trüge sie
seit Jahren eine schwere Last
auf dem Rücken.
Doch niemand beachtete sie.
Niemand hatte Mitleid mit ihr.
Die Menschen hatten sich längst
an ihren Anblick gewöhnt.

Da rief Jesus die Frau zu sich.
„Komm!“, sprach er.
„Komm her zu mir!“
Mühsam schleppte sich die Frau
zu Jesus hin.
Gebeugt und stumm
stand sie vor ihm,
voller Erwartung.
Jesus aber beugte sich
zu ihr herab,
legte die Hände auf sie
und sprach zu ihr: „Frau,
sei von deinem Leiden erlöst!“

Auf einmal war es, als ob
unsichtbare Fesseln sich lösten.
Die Frau richtete sich auf,
hob ihren Kopf
und sah Jesus in die Augen.
Aufrecht stand sie
vor ihrem Retter.
„Gott sei Lob und Dank!“,
jubelte sie.
„Jesus hat mich geheilt.“

Da mischten sich auch
die anderen Leute ein.
„Seht doch!“, riefen sie begeistert.
„Seht, was Jesus getan hat!“

Aber der Vorsteher der Synagoge
fuhr zornig dazwischen:
„Was fällt euch ein?
Habt ihr vergessen,
was im Gesetz steht?
Sechs Tage sollt ihr arbeiten.
Aber am siebten Tag sollt ihr ruhn.
An sechs Tagen mag Jesus euch heilen.
Aber am Sabbat darf er nichts tun.“

Doch Jesus fiel ihm ins Wort:
„O ihr Gesetzeshüter!
Wie scheinheilig seid ihr!
Ihr haltet euch an das Gesetz.
Aber was macht ihr,
wenn euer Ochs oder Esel
am Sabbat verdurstet?
Bindet ihr ihn nicht los
und führt ihn zur Tränke?
Doch diese Frau hier –
ist sie euch nicht mehr wert
als euer Ochs oder Esel?
Gehört sie nicht genauso
zu Gottes Volk wie ihr?
Achtzehn Jahre lang
war sie an ihr Leiden gebunden.
Doch ihr wollt mir verbieten,
sie heute am Sabbat zu heilen?“

Da schwiegen seine Gegner betroffen.
Und niemand von ihnen wagte
noch etwas gegen Jesus zu sagen.

Aber die anderen Leute
gingen fröhlich hinaus,
jubelten und lobten Gott,
der die Gebeugten aufrichtet
und die Gebundenen
von ihren Fesseln befreit.

Der dankbare Samariter

Lukas 17,11–19

Eines Tages kam Jesus
mit seinen Jüngern zu einem Dorf,
das nah bei Samarien lag.
Da liefen ihnen
zehn Männer entgegen,
die hatten den Aussatz.

Ihre Hände und Füße
waren schrecklich verstümmelt.
Sogar ihr Gesicht
war vom Aussatz entstellt.
Diese Männer waren alle
von ihren Familien verstoßen
und lebten ohne Hoffnung dahin.

Als diese auf der Straße
Jesus entdeckten,
schrien sie ihm
schon von Weitem entgegen:
„Jesus, lieber Meister!
Hab Erbarmen mit uns!“
Einer von ihnen war ein Samariter.
Er gehörte nicht
zu dem Volk der Juden.
Aber auch er schrie
aus Leibeskräften:
„Jesus, hab Erbarmen mit uns!“

Da blieb Jesus stehen.
Und voller Mitleid
rief er den Aussätzigen zu:
„Ihr Männer, geht heim
und zeigt euch dem Priester!“

Aber die Aussätzigen
trauten ihren Ohren nicht.
Was sagte Jesus da?
Geht zum Priester?
Sollte das etwa heißen,
dass sie geheilt waren?
Denn nur der Priester
durfte feststellen,
ob jemand vom Aussatz geheilt war.

Die Männer überlegten nicht lange.
Sogleich zogen sie los,
um den Priester zu suchen.
Sie liefen und humpelten,
so schnell sie die Füße trugen.
Und als sie noch unterwegs waren,
entdeckten sie:
Sie waren geheilt!
Ihre Hände und Füße
waren wieder gesund.
Überglücklich eilten sie
in ihr Dorf zurück
und dachten nicht mehr daran,
wem sie ihr Glück verdankten.

Nur einer, der Samariter,
lief nicht mit den anderen davon.
Als er sah, dass er geheilt war,
kehrte er auf der Stelle um
und eilte zu Jesus zurück.
Auf dem ganzen Weg
pries und lobte er Gott
und sang ein Lied
nach dem anderen,
bis er vor Jesus stand.
Da fiel er vor ihm auf die Erde.
Wie vor einem König,
so lag er vor ihm.
Und er stammelte:
„Danke Jesus!
Du hast mich geheilt.“

Jesus aber sah ihn erstaunt an.
„Wie?“, fragte er seine Jünger.
„Sind nicht zehn Männer geheilt?
Wo sind aber die neun?
Hat sich sonst niemand gefunden,
der umkehrt und Gott ehrt?
Nur dieser Fremde?“
Und Jesus beugte sich
zu dem Samariter herab
und sprach zu ihm:
„Steh nur auf und geh heim!
Dein Glaube hat dir geholfen.“

Lasst die Kinder zu mir!

Markus 10,13–16 / Lukas 18,15–17

Einmal war Jesus mit Gelehrten
in ein Gespräch vertieft.
Da kamen Mütter mit Kindern
auf der Straße daher.
Die einen führten sie an der Hand.
Die anderen trugen sie auf dem Arm.
Wie zu einem Fest kamen sie an,
eine fröhliche, lärmende Schar.

Als aber die Jünger sie sahen,
wurden sie ärgerlich.
Jesus hatte doch genug
mit den Gelehrten zu tun!
Und nun auch noch
schreiende Kinder?

„Was wollt ihr hier?“,
herrschten sie die Frauen an.
„Wollt ihr etwa die Kinder
zu Jesus bringen?
Die sind noch viel zu klein!
Die verstehen doch nichts!
Geht wieder heim!
Ihr stört Jesus.“

Aber Jesus fuhr seine Jünger an.
„Lasst sie!“, rief er unwillig.
„Lasst die Kinder zu mir kommen
und haltet sie nicht zurück!
Denn sie gehören mehr zu Gott
als ihr alle.
Und ich sage euch:
Wenn ihr nicht werdet wie Kinder,
werdet ihr nie zu Gott kommen.“

Und er winkte die Kinder zu sich,
schloss sie in seine Arme,
legte die Hände auf sie
und segnete sie.

Der Reiche

Markus 10,17–27 / Lukas 18,18–27

Nicht lange danach
kam ein junger Mann zu Jesus.
Feierlich ging er auf Jesus zu.
Was für ein vornehmer Mensch!,
wunderten sich die Jünger.
Der ist sicher sehr reich.
Warum kommt er zu Jesus?
Was will er von ihm?

Der junge Mann aber
blieb vor Jesus stehen
und begrüßte ihn
wie einen ehrwürdigen Lehrer.
„Guter Meister“, sprach er,
„ich habe eine wichtige Frage.
Was muss ich tun,
damit ich ewiges Leben gewinne?“

Jesus sah ihn erstaunt an.
„Gut nennst du mich?
Gut ist allein Gott.
Auf ihn allein sollst du hören.
Du kennst seine Gebote:
Du sollst nicht töten
und sollst die Ehe nicht brechen.
Du sollst auch nicht stehlen
und keine falsche Aussage machen.
Und du sollst auch
Vater und Mutter ehren.“

„Das habe ich alles getan“,
sagte der junge Mann stolz.
„Von Kind an habe ich

Gottes Gebote gehalten.
Aber was fehlt mir jetzt noch?“

Da sah Jesus ihn an voller Liebe
und sprach zu ihm:
„Nur eins fehlt dir noch:
Geh und verkaufe alles,
was dir gehört,
und gib das Geld den Armen!
Dann komm und folge mir nach!“

Da wurde der junge Mann
ganz nachdenklich.
„Wie?“, sagte er sich.
„Alles soll ich verkaufen,
mein Haus, meine Felder,
meine kostbaren Kleider,
und an die Armen verschenken?
Dann bleibt mir ja selber
nichts mehr zum Leben!“
Und er wandte sich um
und ging traurig davon.

Nachdenklich sah Jesus ihm nach.
Und er sprach zu seinen Jüngern:
„Wie schwer ist es doch
für einen Reichen,
zu Gott zu kommen!
Eher kann ein Kamel
durch das Nadelöhr kommen.“

„Aber“, fragten die Jünger entsetzt,
„wer kann dann zu Gott kommen?“
Doch Jesus antwortete:
„Was bei den Menschen unmöglich ist,
das ist möglich bei Gott.“

Da schwiegen die Jünger.
Und sie dachten an den Tag,
als Jesus sie zu sich gerufen hatte:
„Kommt und folgt mir nach!”

Zachäus

Lukas 19,1–10

An der Straße nach Jerusalem
liegt die Stadt Jericho.
Dort lebte ein reicher Mann
mit Namen Zachäus.
Er wohnte in einem prächtigen Haus
und hatte alles, was er sich wünschte.
Aber niemand in der Stadt
mochte ihn leiden.
Niemand besuchte ihn.
Und niemand sprach mit ihm,
wenn er über die Straße ging.
Er war der reichste,
aber auch der einsamste Mensch
in der ganzen Stadt.

Zachäus war von Beruf Zöllner.
Jeden Tag saß er am Stadttor
in seinem Zollhaus
und hielt die Menschen an,
die nach Jericho kamen.
Sie mussten Zachäus Zoll zahlen.
Sonst ließ er sie nicht in die Stadt.
Zachäus verlangte viel Geld,
viel mehr, als er verlangen durfte.
Er war der oberste Zöllner der Stadt
und der größte Schurke von allen.

Eines Tages saß Zachäus wieder
in seinem Zollhaus am Stadttor.
Viele Menschen waren
an diesem Tag unterwegs.
Zachäus hörte,
was sie einander zuriefen:
„Habt ihr gehört?
Jesus kommt heute in unsere Stadt!
Gleich ist er da.“

Zachäus horchte auf.
Er hatte schon viel von Jesus gehört.
Ob es stimmte,
was andere von ihm erzählten?
Ob dieser Jesus vielleicht
auch ein Freund der Zöllner war?
„Ich muss es wissen“,
sagte sich Zachäus.
„Ich muss Jesus unbedingt sehen.“

Und sogleich stand er auf
und lief auf die Straße hinaus.
Aber dort waren schon
viele Menschen versammelt.
Sie alle wollten Jesus sehen
und versperrten Zachäus den Weg.
Auch waren sie viel größer als er.
Zachäus konnte nichts sehen.

Was tun?
Zachäus sah sich um.
Da entdeckte er am Weg
einen Maulbeerbaum.
Schnell lief er den anderen voraus,
kletterte auf den Baum
und versteckte sich
zwischen den Zweigen.

Da saß er nun
der reiche Zöllner Zachäus
in seinem feinen Gewand
und spähte gebannt auf die Straße.
Und wirklich:
Da kam auch schon Jesus!
Er ging geradewegs auf ihn zu.
Unter dem Baum hielt er an,
blickte nach oben,
zeigte auf ihn
und rief seinen Namen:
„Zachäus! Steig schnell herab!
Ich muss heute dein Gast sein.“

Da gab es für Zachäus kein Halten mehr.
In Windeseile kletterte er herab
und lud Jesus ein in sein Haus.
„Herr“, sagte er freudestrahlend,
„ab heute soll bei mir
ein neues Leben beginnen.
Die Hälfte von meinem Besitz
will ich den Armen geben.
Und was ich zu viel genommen habe,
das gebe ich vierfach zurück.“

„Ja“, freute sich Jesus.
„Heute ist Heil in dein Haus eingekehrt.
Und alle sollen es sehen:
Auch du gehörst zu Gottes Volk,
zu Abrahams Kindern.
Denn dazu bin ich gekommen,
damit ich suche und rette,
was verloren ist.“

Aber draußen vor dem Haus
hatten sich viele Leute versammelt.
Sie riefen empört: „Unerhört!
Bei einem Zöllner ist Jesus eingekehrt!
Weiß er denn nicht,
wie schlecht dieser Mensch ist?“
Und sie ärgerten sich über Jesus,
der so ganz anders war,
als sie ihn haben wollten.

Bartimäus

Markus 10,46–52 / Lukas 18,35–43

Draußen vor der Stadt Jericho
saß ein blinder Mann
am Wegrand und bettelte.
Er kauerte auf der Erde
in lumpigen Kleidern
und rührte sich nicht.

Aber wenn jemand vorüberging,
horchte er auf.
Dann hob er seinen Kopf,
streckte seine Hand aus
und rief laut:
„Erbarmen, ihr Leute!
Habt Erbarmen mit mir!"

Bartimäus hieß der Bettler,
der dort am Stadttor vor Jericho saß.
Tag für Tag saß er da,
von morgens bis abends,
lauschte und wartete,
ob Leute kamen.
Viele, die vorübergingen,
kannten ihn schon.
Einige warfen ihm
ein Geldstück hin.
Aber die meisten
gingen einfach vorbei
und achteten nicht auf sein Geschrei.

Eines Tages aber
waren viel mehr Menschen
als sonst auf der Straße.
Sie lärmten.
Sie schrien laut durcheinander.
Sie drängten sich an Bartimäus vorbei.
„Was ist los?", fragte Bartimäus.
„Warum sind heute
so viele Leute auf der Straße?"

„Wie?", antworteten sie.
„Das weißt du nicht?
Jesus kommt hier vorüber.
Gleich wird er da sein.
Wir sehen ihn schon."

Bartimäus horchte auf:
Jesus?
War das nicht der Mann,
von dem die Stadt seit Tagen sprach?
Sagten nicht sogar einige,
er stamme von König David ab?
Gewiss war er der Retter,
auf den alle warteten!
Vielleicht konnte Jesus
auch ihm helfen?
Wenn Jesus ihn nur nicht übersah
in dem ganzen Gedränge!
Wenn er ihn nur nicht überhörte
in all dem Lärm!
„Jesus", schrie Bartimäus,
„du Sohn Davids,
hab Erbarmen mit mir!"

Aber die Leute fuhren ihn an:
„Halt deinen Mund!
Schrei nicht so laut!"
Doch Bartimäus
schrie noch viel lauter:
„Jesus, du Sohn Davids,
hab Erbarmen mit mir!"
Er schrie, so laut er konnte,
immer und immer wieder.
Er hörte gar nicht mehr auf.

Da kam Jesus.
Als er Bartimäus schreien hörte,
blieb er stehen.
„Ruft ihn zu mir!", befahl er.
„Bartimäus!", riefen die Leute.
„Freu dich, steh auf!
Jesus ruft dich."

Da horchte Bartimäus auf.
Er warf seinen Umhang ab,
stand auf und tastete sich
durch die Menge,
bis er vor Jesus stand.

„Was willst du,
dass ich dir tun soll?“,
hörte er Jesus sagen.
„Ach Herr!“, bat Bartimäus.
„Gib, dass ich wieder sehen kann!“
„Ja“, sprach Jesus, „sei sehend!
Dein Glaube hat dir geholfen.“

Da gingen Bartimäus
auf einmal die Augen auf.
Er sah die Häuser von Jericho.
Er sah auch die Menschen,
die ihn ungläubig anstarrten.
Und mitten unter ihnen
erkannte er Jesus, seinen Retter,
der ihm die Augen geöffnet hatte.

Da ließ Bartimäus
alles stehen und liegen
und folgte Jesus
und wich nicht mehr von seiner Seite.

Marta

Lukas 10,38–42

Auf dem Weg nach Jerusalem
liegt das kleine Dorf Betanien.
Dort wohnten Maria und Marta
und ihr Bruder Lazarus.
Bei ihnen kehrte Jesus ein.

Marta bereitete
ein festliches Essen zu.
Unermüdlich eilte sie hin und her
und bediente die Gäste.
Sie gönnte sich keine Ruhe.

Maria aber rührte keinen Finger.
Still saß sie Jesus zu Füßen
und hörte ihm zu.
Kein einziges Wort
ließ sie sich entgehen
und vergaß alles rund um sich her.

Da verlor Marta die Geduld.
Ärgerlich sagte sie:
„Herr, siehst du denn nicht?
Maria tut gar nichts.
Ich muss alles allein tun.
Sag ihr doch,
dass sie mir hilft!“

Aber Jesus antwortete:
„Marta, Marta!
Du sorgst unermüdlich für uns
und machst dir viel Mühe.
Aber nur eines tut not:
Maria hat es erfasst.
Niemand darf es ihr nehmen.
Komm, setz dich zu uns
und höre mir zu!
Nur das ist nötig.“

Lazarus

Johannes 11

In jenen Tagen wurde Lazarus
in Betanien schwer krank.
Kein Arzt konnte ihm helfen.
Lazarus wurde schwächer
von Tag zu Tag.
„Ach wäre doch Jesus hier!“,
sagten sich seine Schwestern
Maria und Marta.
„Er allein könnte Lazarus helfen.“
Aber Jesus war nicht da.

Da schickten die Schwestern
einen Boten zu Jesus
und ließen ihm sagen:
„Lazarus, dein Freund,
ist sehr krank.
Wenn keine Hilfe kommt,
wird er bald sterben."

Stunde um Stunde verstrich.
Zwei Tage vergingen.
Da starb Lazarus und wurde
noch am selben Tag begraben.
Sie wickelten ihn in weiße Tücher,
legten ihn in eine Grabhöhle
und wälzten einen schweren Stein
vor das Grab.

Endlich, nach vier Tagen kam Jesus.
Marta eilte ihm entgegen.
„Ach Herr", rief sie,
„wärst du doch hier gewesen!
Dann wäre Lazarus nicht gestorben.
Aber auch jetzt weiß ich:
Was du von Gott bittest,
das wird er dir geben."

„Marta", sprach Jesus,
„dein Bruder wird leben.
Denn wer an mich glaubt,
der wird leben, auch wenn er stirbt.
Glaubst du das?"

„Ja, Herr", antwortete Marta.
„Ich glaube,
dass du der Retter bist,
der Sohn Gottes."

Als aber Maria hörte:
Jesus ist da!,
ging auch sie Jesus entgegen.
Weinend fiel sie vor ihm nieder.
„Herr", rief auch sie,
„wärst du doch hier gewesen!
Dann wäre Lazarus nicht gestorben."

Als Jesus sie weinen sah,
kamen auch ihm die Tränen.
Ihr Schmerz tat ihm weh.
„Führt mich zum Grab!",
bat er die Schwestern.
Doch als er vor dem Grab stand,
wurde er auf einmal ganz ernst.
„Rollt den Stein weg!", befahl er.
„Was hast du vor?",
fragte Marta entsetzt.
„Lazarus liegt schon
vier Tage im Grab!"
Doch Jesus erwiderte:
„Hast du vergessen,
was ich dir gesagt habe?"

Da rollten ihre Freunde
den Stein auf die Seite.
Jesus aber stellte sich
vor das offene Grab,
schaute zum Himmel auf
und betete laut:
„Vater, ich danke dir,
dass du mich hörst."
Dann rief er
in das Grab hinein:
„Lazarus, komm heraus!"

Und wahrhaftig!
Da kam Lazarus
aus seiner Grabhöhle heraus,
so wie er war,
in Tücher gebunden.
„Nehmt ihm die Tücher ab!",
befahl Jesus den Leuten,
die bei dem Grab standen.
„Und lasst Lazarus gehen!"

Von diesem Tag an
glaubten viele an Jesus.
Und sie erzählten überall weiter,
was in Betanien geschehen war.
Als aber die Priester hörten,
was die Leute erzählten,
erschraken sie und dachten bei sich:
„Bald glauben die Menschen
diesem Jesus mehr als uns.
Aber so weit darf es nicht kommen.
Jesus muss sterben,
am besten noch vor dem Fest."

Maria

Johannes 12,1–8

Es war Abend.
Im Haus des Lazarus wurde gefeiert.
Lazarus lebte wieder.
Und Jesus war mit seinen Jüngern
wieder bei ihm zu Gast
wie in früheren Zeiten.
Marta hatte ein festliches
Mahl zubereitet.
Alle saßen am Tisch.
Nur Marias Platz war noch frei.

Da ging die Tür auf.
Maria trat ein.
In ihrer Hand hielt sie
ein Gefäß mit duftender Salbe.
Erstaunt sahen die anderen auf sie.
Warum setzte sie sich nicht
mit ihnen zu Tisch?

Maria ging auf Jesus zu,
kniete vor ihm nieder,
salbte seine Füße
und trocknete sie mit ihrem Haar.
Köstlicher Duft erfüllte das Haus.

Die Jünger aber waren empört.
Sie murmelten:
„Welch kostbare Salbe!
Die ist viel zu kostbar für Jesus.
Nur Tote werden
mit solch teurer Salbe gesalbt."
Und einer von ihnen, Judas,
meinte empört:
„Wozu diese Verschwendung?
Warum hat sie die Salbe
nicht lieber verkauft
und das Geld den Armen gegeben?
Mindestens 300 Silberstücke
hätte sie dafür bekommen."

Aber Jesus sprach:
„Lasst sie in Frieden!
Maria weiß, was sie tut.
Bald werde ich sterben.
Daran hat Maria gedacht.
Denn Arme habt ihr immer bei euch.
Aber mich habt ihr
bald nicht mehr bei euch."

Da schwiegen die Jünger beschämt.
Denn sie hatten vergessen,
was Jesus ihnen gesagt hatte:
„Bald werde ich sterben.
Aber nach drei Tagen
werde ich auferstehen."

Hosianna!

Markus 11,1–11 / Matthäus 21,1–16

Das Passafest rückte näher.
Von allen Seiten strömten

die Menschen nach Jerusalem.
Und jeden Tag kamen
noch weitere hinzu,
Hunderte, Tausende
und noch viel mehr.
Da brach auch Jesus
mit seinen Jüngern auf
und zog nach Jerusalem.

Als sie schon in der Ferne
die Stadt sahen, rief Jesus
zwei der Jünger zu sich
und befahl ihnen:
„Geht in das Dorf,
das vor uns liegt!
Wenn ihr hineinkommt,
werdet ihr dort
einen jungen Esel finden.
Er ist angebunden.
Bindet ihn los
und führt ihn zu mir!
Und wenn euch jemand fragt:
‚Warum macht ihr das?',
dann antwortet ihm:
‚Der Herr braucht ihn.'
Dann wird er euch den Esel geben."

Die Jünger sahen ihn verwundert an.
Was hatte Jesus vor?
Wozu brauchte er den Esel?
Aber so stand es in den Büchern
der Propheten geschrieben:

> *„Freue dich sehr und jauchze,*
> *du Stadt Jerusalem!*
> *Denn siehe,*
> *dein König kommt zu dir,*
> *ein Gerechter und ein Helfer,*
> *arm und reitet auf einem Esel."*
> Sacharja 9,9

Da ahnten die Jünger,
was Jesus vorhatte.
Auf einem Esel wollte er
in Jerusalem einziehen.
Als König und Retter
wollte er kommen.

Da gingen die Jünger zu dem Dorf
und fanden alles so,
wie Jesus gesagt hatte.
Sie banden den Esel los,
führten ihn zu Jesus
und legten ihre Mäntel darauf.
Und Jesus setzte sich auf den Esel
und ritt los.

Als aber die anderen Leute sahen,
wie Jesus nach Jerusalem ritt,
eilten sie herbei,
jubelten und sangen:

> *„Hosianna!*
> *Gelobt sei, der da kommt*
> *im Namen des Herrn."*

Von allen Seiten kamen sie an.
Sie liefen Jesus voraus,
zogen ihre Mäntel aus
und breiteten sie
wie einen Königsteppich
auf dem Weg aus.
Einige kletterten sogar
auf die Bäume,
rissen Zweige ab
und streuten sie auf den Weg.
Und immer mehr Menschen
eilten herbei.
Sogar von Jerusalem
zogen sie Jesus entgegen.
„Hosianna!", jubelten alle.
„Hosianna! Hosianna!",
erklang es von überallher.

So hieß das Lied,
das sie ihrem König sangen.

Alle stimmten es an,
Alte und Junge,
Männer und Frauen
und viele, viele Kinder.
Singend zogen sie mit Jesus
in die Stadt ein.
Singend folgten sie ihm
bis in den Vorhof des Tempels.
Und als der Gesang
endlich verstummt war,
schrien die Kinder
immer noch fröhlich weiter:
„Hosianna! Hosianna!"

5

Jesus muss sterben

Nun war Jesus endlich
in Jerusalem.
Nun musste sich zeigen,
wer er in Wahrheit war.
War er wirklich
der erwartete König,
der Gottessohn?
Oder war er nur
ein gewöhnlicher Mensch
wie jeder andere?

Nur wenige Tage
war Jesus in Jerusalem.
Aber an diesen Tagen zeigte er,
wer er in Wahrheit war.
Er zeigte es allen,
den Priestern und dem Volk,
seinen Jüngern und auch
den römischen Soldaten.
Aber er zeigte es ganz anders,
als es alle erwartet hatten:
Er litt und starb.
Er gab sein Leben hin
für die Menschen.

Zu diesem Kapitel vergleiche die Hinweise im dritten Teil Seite 293ff.

Jesus räumt auf

Markus 11,15–18; 14,10f

Im Tempel von Jerusalem
ging es hoch her.
Viele Festgäste drängten sich
im Vorhof des Tempels.
Dort hatten Händler
Tische aufgestellt.
Sie verkauften Opfertiere:
Tauben und Schafe
und sogar große Ochsen.
Es war ein Lärm
wie auf einem Jahrmarkt.
Die Tauben gurrten.
Die Schafe blökten.
Die Händler lärmten
und feilschten.
Die Käufer klimperten
mit dem Geld.
Und immer mehr Menschen
strömten durch das Tor
in den Vorhof.
Sie kauften und verkauften
und tauschten Neuigkeiten aus.
„Habt ihr schon gehört?“,
riefen sie einander zu.
„Jesus ist in der Stadt!
Ob er auch
in den Tempel kommt?
Ob er uns endlich zeigt,
was er kann und wer er ist?“

Da kam Jesus durch das Tor.
Als er die lärmenden Händler sah,
lief er auf sie zu
und rief voll Zorn:
„Was fällt euch ein?
Dies ist das Gotteshaus.
Ein Bethaus soll es sein.
Aber ihr?
Was habt ihr daraus gemacht?
Eine Räuberhöhle!“
Und er warf ihre Tische um,
sodass das Geld
auf den Boden rollte
und die Tauben
ängstlich hochflatterten.
Da ergriffen die Händler
eilig die Flucht.

Auf einmal war es ganz still.
Die Leute sahen auf Jesus
und wussten nicht,
was sie sagen sollten,
so erschrocken waren sie.

Die Priester aber waren empört.
„Unerhört!“, murmelten sie.
„Wie sich Jesus aufführt!
Als ob er der Herr im Tempel sei!
Wer hat ihm das erlaubt?
Aber wir werden ihm zeigen,
wer hier Herr im Haus ist!“

Und der Hohepriester
bestellte alle Priester und Ratsleute
in seinen Palast
und beriet sich heimlich mit ihnen.
Bis tief in die Nacht saßen sie
hinter verschlossenen Türen.
Niemand sollte hören,
was sie planten.

„So kann es mit Jesus
nicht weitergehen“,
rief der Hohepriester.
„Er bringt uns das ganze Volk
durcheinander.“
„Wir müssen ihn töten“,
schlug einer vor.
„Aber denkt an die Leute!“,

mahnte ein anderer.
„Die Leute haben Jesus gern.
Sie dürfen nicht merken,
was wir vorhaben."
„Ja", riefen sie alle.
„Wir müssen ihn
heimlich festnehmen.
Noch vor dem Passafest
muss es geschehen.
Aber wie?"

Da klopfte es an der Tür.
Judas stand draußen.
Judas, der Jünger Jesu.
Was suchte der hier?
„Soll ich euch helfen?",
fragte Judas leise.
„Soll ich euch verraten,
wo ihr Jesus verhaften könnt?"
Die Priester nickten.
„Was gebt ihr mir dafür?"
„Dreißig Silberstücke",
schlugen sie vor.
„Gut", sagte Judas,
„ich komme wieder.
Dann verrate ich euch,
wo ihr Jesus findet."
Und weg war er.

Jesus wäscht den Jüngern die Füße

Markus 14,12ff / Johannes 13,1–15

Der Tag war gekommen,
an dem in den Häusern
das Passafest gefeiert wurde.
In allen Familien wurde das Mahl
für den Abend zubereitet.
Die Väter schlachteten ein Lamm.
Und die Mütter buken
flaches, ungesäuertes Brot,
das an den Auszug
aus Ägypten erinnerte.

Auch Jesus wollte mit seinen Jüngern
das Passamahl halten.
Er rief zwei seiner Jünger zu sich
und bat sie:
„Geht in die Stadt
und bereitet das Mahl für uns vor!"
„Aber wo?", fragten die beiden.
„In welchem Haus?"
Jesus antwortete:
„Wenn ihr in die Stadt kommt,
werdet ihr einen Mann treffen,
der einen Krug trägt.
Folgt ihm bis in sein Haus
und fragt dort den Hausherrn:
‚Wo kann Jesus das Passamahl feiern?'
Dann wird er euch
einen großen Saal zeigen,
in dem schon ein Tisch
für das Mahl bereitsteht."

Da gingen die beiden
und fanden den Saal,
wie Jesus gesagt hatte.
Sie bereiteten das Passalamm zu
und deckten den Tisch.
An die Tür aber stellten sie
einen Krug mit Wasser
und dazu eine Waschschüssel
für die staubigen Füße.

Gegen Abend kam Jesus
mit den anderen Jüngern zum Saal.
Als aber die Jünger die Schüssel
und den Wasserkrug sahen,
wunderten sie sich:

Wo war der Diener,
der ihnen die Füße wusch?
Es gab hier keinen Diener.
Sollten sie etwa selbst
diese Schmutzarbeit tun?
„Unmöglich!“, sagten sie sich.
„Wir sind doch keine Diener.“
So setzten sie sich einfach
mit staubigen Füßen zu Tisch.

Da stand Jesus vom Tisch auf.
Er sagte kein Wort.
Er band sich ein Tuch um,
goss Wasser in die Schüssel,
trug sie zu den Jüngern,
beugte sich zu ihnen herab
und fing an,
ihnen die Füße zu waschen.

Die Jünger waren entsetzt.
Wie? Jesus, ihr Herr und Meister,
wollte ihnen die Füße waschen?
Er war doch nicht ihr Diener!
„Aber Herr“, wehrte sich Petrus,
„was machst du?
Das lasse ich nicht zu,
auf gar keinen Fall.“

Doch Jesus entgegnete:
„Du verstehst mich nicht,
Petrus, noch nicht.
Aber bald wirst du wissen,
warum ich das tue.
Glaube mir:
Wenn ich es nicht tue,
gehörst du nicht richtig zu mir.“

„Dann wasche mich bitte ganz!
Auch meine Hände
und mein Gesicht“, bat Petrus.
„Das ist nicht nötig“,
sagte Jesus zu ihm.
„Wenn ich deine Füße wasche,
dann ist das genug.“
Und er fuhr fort,
allen Jüngern die Füße zu waschen.

Danach stand Jesus auf,
trug die Schüssel zurück,
setzte sich an den Tisch
und sagte zu seinen Jüngern:
„Seht, ich bin euer Herr.
Und doch habe ich getan,
was sonst nur ein Diener tut.
So sollt auch ihr Diener sein
und einander dienen.“

Da schwiegen die Jünger beschämt.
Sie spürten alle:
Dies hatte Jesus für sie getan.
Und sie begannen zu ahnen:
Bald würde er noch viel mehr
für sie alle tun.

Jesus feiert das Mahl

Matthäus 26,20–29

Endlich war es so weit:
Das Passamahl konnte beginnen.
Auf dem Tisch stand
ein festliches Essen
mit Lammfleisch,
Kräutern und Soße,
mit flachem Brot
und einem großen Kelch,
der mit Wein gefüllt war.
Die Jünger saßen um den Tisch
und schauten voller Erwartung
auf Jesus.

Da sagte Jesus traurig:
„Dies ist das letzte Mahl,
das ich mit euch esse.
Bald werde ich nicht mehr
bei euch sein.
Sie werden kommen,
mich verhaften und töten.
Und einer von euch
wird mich verraten."

Die Jünger sahen sich entsetzt an.
Jesus verraten? Unmöglich!
Wen meinte Jesus?
„Herr", fragten sie,
einer nach dem anderen,
„meinst du mich?"
„Oder bin ich's etwa?"
„Oder ich?"
„Nein", sagte Jesus.
„Der ist es, der jetzt mit mir
aus der Schüssel isst.
Der wird mich verraten."
„Doch nicht ich?", fragte Judas.
„Doch", sagte Jesus, „du bist es."

Aber die anderen Jünger
verstanden nicht,
was hier vor sich ging.
Sie saßen da und warteten,
dass Jesus über dem Brot und Wein
die Worte sprach,
die immer beim Passamahl
gesprochen wurden,
Worte, die an den Auszug
aus Ägypten erinnerten.

Da nahm Jesus das Brot,
dankte Gott,
brach es,
gab es seinen Jüngern
und sprach:

„Nehmt und esst!
Das ist mein Leib,
der für euch gegeben wird."

Danach nahm er auch den Kelch,
dankte Gott,
gab ihn seinen Jüngern
und sprach:

„Trinkt alle daraus!
Das ist mein Blut
des neuen Bundes,
das vergossen wird für viele
zur Vergebung der Sünden."

Da horchten die Jünger auf.
Nein, das waren nicht die Worte,
die sonst beim Passamahl
gesprochen wurden.
Das waren neue, unerhörte Worte!
Worte, die von ihrem Herrn
und von seinem nahen Tod sprachen.
Schweigend nahmen sie
das Brot aus seiner Hand,
dazu den Becher mit Wein
und aßen und tranken.
Aber sie spürten:
Alles war anders
bei diesem Passamahl.
Sein eigenes Leben
gab Jesus für sie hin.

Jesus betet in Gethsemane

Matthäus 26,30–46

Das Passamahl ging zu Ende.
Jesus und seine Jünger
stimmten das Danklied an.
Danach standen sie auf,

löschten die Lichter im Saal
und gingen hinaus in die Nacht.

Aber nur noch elf Jünger
folgten Jesus.
Judas war nicht mehr dabei.
Wo mochte er sein?
Niemand wagte, Jesus zu fragen.
Aber sie ahnten alle:
In dieser Nacht würde geschehen,
was Jesus vorausgesagt hatte.

Schweigend folgten sie Jesus
durch die dunklen Straßen der Stadt
bis hinaus vor das Stadttor.
Dort draußen, am Ölberg,
wollten sie die Nacht
in einem Garten verbringen,
der Gethsemane hieß.

Plötzlich wandte sich Jesus um
und sprach zu den Jüngern:
„Hört, in dieser Nacht
werdet ihr mich alle verlassen."

„Nein!", fiel ihm Petrus ins Wort.
„Ich verlasse dich nicht.
Und wenn dich alle
im Stich lassen, ich nicht."
„Doch", sagte Jesus, „auch du.
Noch in dieser Nacht,
bevor früh am Morgen
der Hahn kräht,
wirst du mich verleugnen.
Dreimal wirst du sagen,
dass du mich nicht kennst."

„Nein! Nein!",
rief Petrus noch lauter.
„Ich verleugne dich nicht.
Lieber will ich sterben mit dir."

„Nein!", fielen nun auch
die anderen Jünger ein.
„Wir bleiben bei dir."

Da sagte Jesus nichts mehr.
Still ging er
vor seinen Jüngern her,
bis sie zum Garten
Gethsemane kamen.
„Setzt euch hier hin",
sagte Jesus zu ihnen,
„und wartet auf mich!
Ich will in den Garten gehen
und beten."
Nur drei Jünger nahm er
mit sich in den Garten,
Petrus, Jakobus und Johannes.

Als sie miteinander ein Stück
gegangen waren,
blieb Jesus auf einmal stehen.
Er zitterte am ganzen Leib.
Todtraurig sah er aus.
„Mir ist sehr bange",
sprach er zu seinen Jüngern.
„Wartet hier und wacht mit mir!"

Da setzten sich die drei
unter einen Ölbaum und wachten.
Jesus aber ging noch weiter
in den dunklen Garten hinein,
kniete dort nieder und sprach
mit seinem Vater im Himmel:
„Mein Vater", sprach er,
„wenn es möglich ist,
dann lass mich nicht leiden!
Aber nicht wie ich will,
sondern wie du willst,
so soll es geschehen."

Lange Zeit kniete Jesus
auf der Erde und betete.
Er berührte mit seinem Gesicht
fast den Boden.
So tief beugte er sich hinab.

Danach stand er auf
und kehrte zu den Jüngern zurück.
Aber sie bemerkten ihn nicht.
Sie lagen am Boden
und schliefen.
„Petrus“, sprach Jesus,
„könnt ihr nicht eine Stunde
mit mir wachen?
Wachet und betet,
damit ihr nicht
in Versuchung geratet!“

Und noch einmal ging Jesus
in den dunklen Garten,
kniete nieder und sprach
mit seinem Vater im Himmel.
„Mein Vater“, sprach er,
„wenn es sein muss,
dass ich sterben soll,
dann bin ich bereit.
Dein Wille geschehe.“

Danach kehrte er wieder
zu seinen Jüngern zurück.
Aber sie schliefen schon wieder.
Da ließ Jesus sie schlafen
und blieb allein wach.

Und noch ein drittes Mal
betete Jesus im Garten.
Niemand sah,
wie er dort kniete.
Niemand hörte,
was er dort sprach.
Aber sein Vater war bei ihm.
Der stärkte und tröstete ihn.

Da war Jesus bereit,
in den Tod zu gehen.
Er stand auf
und ging zu seinen Jüngern zurück.

Jesus wird verhaftet

Matthäus 26,47–56

Als Jesus zu seinen Jüngern kam,
schliefen sie immer noch.
Da weckte sie Jesus
und sagte zu ihnen:
„Steht auf! Es ist Zeit.
Gleich werden sie kommen
und mich verhaften.
Seht, der Verräter ist schon da!“

Plötzlich waren die Jünger hellwach.
Sie hörten Stimmen im Garten.
Fackeln leuchteten auf.
Männer mit Knüppeln und Schwertern
stürmten heran:
die Wache des Hohenpriesters.
Auch Judas war dabei.
Er lief den anderen voran.
Erschrocken sprangen die Jünger auf.
Was hatte Judas vor?
Wen suchte er hier?
Schon stand er vor Jesus.
„Sei gegrüßt, Rabbi!“, sagte er
und küsste ihn.
„Mein Freund“, sprach Jesus,
„warum bist du gekommen?“
Doch Judas antwortete nicht.

Und schon umringten auch
die anderen Männer Jesus.
Sie fielen über ihn her,
packten ihn und fesselten ihn
wie einen Verbrecher.

Als Petrus das sah,
zog er sein Schwert,
stürzte sich auf einen der Knechte
und schlug ihm das Ohr ab.

„Halt, Petrus!“, rief Jesus.
„Weg mit dem Schwert!
Weißt du nicht?
Mein Vater im Himmel
könnte ein Heer von Engeln schicken,
um mich zu retten.
Aber es muss so geschehen.
Gott will es.“

Und er wandte sich
zu den Männern,
die ihn festhielten,
und fragte sie:
„Warum kommt ihr zu mir
mit Knüppeln und Schwertern
und fesselt mich wie einen Mörder?
War ich nicht jeden Tag
bei euch im Tempel?
Warum habt ihr mich
dort nicht verhaftet?
Doch ich weiß:
Es muss so geschehen.“

Als die Jünger das hörten,
packte sie große Angst.
Sie flohen nach allen Seiten
und ließen Jesus allein.

Jesus wird verhört

Matthäus 26,57–68

Die Wache brachte Jesus
zum Palast des Hohenpriesters.
Dort waren alle Fenster erleuchtet.
Drinnen im Palast
saß der Hohepriester Kaiphas
mit vielen Priestern und Ratsherrn
und wartete auf Jesus.
Noch in dieser Nacht
sollte er verhört werden.

Endlich ging die Tür auf.
Jesus wurde hereingeführt.
Und feierlich wurde
die Verhandlung eröffnet.
Danach rief Kaiphas
viele Zeugen auf
und fragte sie alle:
„Sagt uns die Wahrheit:
Was hat Jesus getan?
Was bringt ihr gegen ihn vor?“

„Er hat die Leute aufgehetzt“,
behaupteten die einen.
„Er hat gesagt,
er will den Tempel zerstören“,
meinten die anderen.
Aber was sie auch vorbrachten,
es war alles nicht wahr.

Da stand der Hohepriester auf
und ergriff selber das Wort.
„Hörst du nicht,
wie dich alle verklagen?
Warum sagst du nichts dazu?
Warum verteidigst du dich nicht?“

Aber Jesus antwortete nicht.
Er sagte kein einziges Wort.

Da hob der Hohepriester die Hand
und sprach feierlich:
„Ich beschwöre dich bei Gott:
Sag uns die Wahrheit!
Bist du Christus,
der Sohn Gottes?
Ja oder nein?“

„Ja, du sagst es“,
antwortete Jesus,
so laut und so deutlich,
dass jeder im Saal es verstand.
„Und ich sage euch:
Ich gehe nun zu meinem Vater.
Doch einst werde ich wiederkommen.
Dann werdet ihr alle erkennen,
wer ich bin.“

Da zerriss der Hohepriester
entsetzt sein Gewand
und entrüstet rief er:
„Er hat Gott gelästert!
Wozu brauchen wir noch Zeugen?
Ihr habt alle gehört,
was er gesagt hat.
Was meint ihr?
Welche Strafe hat er verdient?“

„Er muss sterben“, schrien alle.
„Ja, sterben muss er!“
Und schon fielen sie
über Jesus her,
spuckten ihn an,
schlugen ihm ins Gesicht
und verspotteten ihn.
„Ha“, schrien sie,
„du willst Gottes Sohn sein?
Dann sag uns doch:
Wer hat dich geschlagen?
Sag's, wenn du es kannst!“

Aber Jesus sagte nichts,
kein einziges Wort.

Jesus wird verleugnet

Matthäus 26,69–75

Draußen im Hof vor dem Palast
warteten die Männer,
die Jesus verhaftet hatten.
Sie standen in Gruppen zusammen
und unterhielten sich.
Einige saßen an einem Feuer
und wärmten sich.
Auch ein paar Mägde standen dabei.
Sie hörten zu,
was die Männer erzählten.

Da ging das Tor auf.
Ein Mann schlich sich in den Hof.
Er schaute ängstlich um sich.
Doch niemand beachtete ihn.
Petrus war es, der Jünger Jesu.
Er war Jesus bis hierher gefolgt.
Er wollte erfahren,
was mit Jesus geschah.
Er wollte es genau wissen.
So setzte er sich
zu den Männern ans Feuer
und lauschte.
Doch immer wieder spähte er
heimlich hinüber zu dem Saal,
in dem sie Jesus verhörten.

Da kam eine Magd auf Petrus zu.
Sie stellte sich frech vor ihn hin,
musterte ihn von oben bis unten
und rief: „He du!
Du gehörst auch zu diesem Jesus.“

Petrus fuhr hoch.
„Nein!“, rief er erschrocken.
„Was sagst du da?
Ich weiß gar nicht,
was du meinst.“
Schnell lief er zum Tor
und wollte sich leise davonstehlen.

Aber dort am Tor
stand eine andere Magd.
Die stellte sich Petrus in den Weg,
zeigte mit dem Finger auf ihn
und rief: „Seht!
Der gehört auch zu diesem Jesus!“

Petrus stockte der Atem.
„Nein, nein!“,
rief er noch einmal.
„Ich kenne diesen Jesus gar nicht.“

Nun wurden auch
die anderen aufmerksam.
Sie kamen herbei,
umringten Petrus und riefen:
„Doch! Doch!
Dich kennen wir gut.
Du gehörst auch zu diesem Jesus.
Du kommst doch
aus derselben Gegend wie er.
Man hört es an deiner Aussprache.“

„Nein, nein, nein!“, rief Petrus.
„Ich sage es euch.
Bei Gott, ich schwöre es:
Ich kenne den Menschen nicht.“

Da krähte ein Hahn.
Petrus zuckte zusammen.
Plötzlich fiel ihm wieder ein,
was Jesus gesagt hatte:
„Bevor der Hahn kräht,
wirst du mich dreimal verleugnen.“

Nun war es geschehen.
Petrus schlug seine Hände
vor das Gesicht,
bahnte sich einen Weg
durch die Menschen,
lief aus dem Hof
und weinte und weinte.

Jesus wird verurteilt

Matthäus 27,1–30

Die Nacht war vorüber.
Ein neuer Tag brach an.
Es war der Tag,
an dem Jesus sterben sollte.

Aber das Todesurteil
war noch nicht gesprochen.
Nur die Römer durften es tun.
So wurde Jesus am frühen Morgen
zu dem römischen Statthalter
Pontius Pilatus geführt.
Der war der oberste Richter
und der mächtigste Mann im Land.
Er wohnte in diesen Tagen
in einer Burg in Jerusalem,
bewacht von vielen Soldaten.

Als die Priester und Ratsherren
mit Jesus zur Burg kamen,
warteten sie draußen
bis Pilatus zu ihnen herauskam.
„Warum bringt ihr
diesen Gefangenen zu mir?“,
fragte Pilatus.

„Weil er sterben muss!“,
riefen die Priester.

„Aber was hat er denn getan?“,
fragte Pilatus.
„Er hat das Volk aufgehetzt.
Er sagt, er sei unser König.“

Da horchte Pilatus auf.
„Wie?“, fragte er Jesus.
„Bist du der König der Juden,
der Retter, auf den sie warten?“
„Ja“, sagte Jesus,
„ich bin es.“

Aber die anderen schrien:
„Er lügt!
Er ist ein Verbrecher.
Glaub ihm nicht!“
Und immer mehr Anklagen
brachten sie gegen Jesus vor.

„Hörst du denn nicht,
wie dich alle verklagen?“,
fragte Pilatus.
Aber Jesus schwieg.

Da wurde Pilatus unsicher.
Was sollte er tun?
Jesus verurteilen?
Aber wenn er doch unschuldig war?
Oder sollte er ihn freigeben?
Aber dann hatte er
viele Juden gegen sich.

Als er noch überlegte,
kam ein Diener,
der meldete ihm:
„Deine Frau lässt dir sagen:
Verurteile diesen Mann nicht!
Er ist unschuldig.
Sie hat es heute im Traum
deutlich gesehen.“

Da wurde Pilatus erst recht unsicher.
Er wollte Jesus gern retten,
aber wie?

Plötzlich hatte er einen Einfall.
Er befahl seinen Soldaten:
„Holt den Mörder Barabbas
aus dem Gefängnis
und bringt ihn zu mir!“
Da holten die Soldaten Barabbas
und brachten ihn zu Pilatus.

Pilatus aber führte
Barabbas und Jesus vor die Burg
und rief den Menschen zu,
die dort versammelt waren:
„Hört, ihr Juden!
Ihr habt morgen ein Fest.
Da will ich euch etwas schenken.
Einen Gefangenen
will ich euch freigeben.
Sagt selbst, wen ihr haben wollt:
Barabbas oder Jesus?“

Natürlich Jesus,
dachte Pilatus bei sich.
Jesus wollen sie haben.
Er ist nicht gefährlich
wie Barabbas, dieser Mörder.

Aber die Priester stachelten
das Volk an: „Schreit:
‚Barabbas wollen wir haben!‘“
Da schrien alle: „Barabbas!
Gib uns Barabbas frei!“

„Aber was soll ich denn
mit Jesus machen?“,

fragte Pilatus unsicher.
„Ans Kreuz mit ihm!“,
schrien sie alle.
„Ja, kreuzige ihn!
Kreuzige ihn!“

Da ließ sich Pilatus
eine Schüssel mit Wasser bringen
und wusch seine Hände vor allen,
als ob er sagen wollte:
Ich habe nichts mit diesem
schmutzigen Handel zu tun.
Und er verkündete laut:
„Ich bin unschuldig
am Tod dieses Menschen.
Nehmt ihr ihn
und macht mit ihm, was ihr wollt!“
Dann übergab er Jesus den Soldaten,
damit sie ihn kreuzigten.

Da packten die Soldaten Jesus,
zerrten ihn in die Burg,
rissen ihm die Kleider vom Leib,
banden ihn an eine Säule
und peitschten ihn aus.
Danach warfen sie ihm
einen roten Mantel um,
flochten eine Krone aus Dornen,
drückten sie auf seinen Kopf
und gaben ihm einen Stab
in die Hand.

„Was für ein feiner König!“,
spotteten sie.
„Seht nur sein Gewand,
die Krone und das Zepter!“
Sie johlten vor Vergnügen,
warfen sich vor ihm nieder
und riefen: „Sei gegrüßt,
du König der Juden!“
Und sie spuckten ihm ins Gesicht,
rissen ihm den Stab weg
und schlugen ihm damit
auf den Kopf.

Endlich hatten sie genug
von ihrem Spiel.
Sie banden Jesus los
und führten ihn hinaus,
um ihn zu kreuzigen.

Jesus wird gekreuzigt

Matthäus 27,31–54

Vor den Mauern der Stadt
lag der Hügel Golgatha.
Dort sollte Jesus gekreuzigt werden.

Die Soldaten schleppten
ein Kreuz aus Holz herbei,
legten es Jesus auf den Rücken
und führten ihn hinaus vor die Stadt.
Viele Menschen folgten dem Zug.

Aber das Kreuz war zu schwer.
Jesus brach fast zusammen.
Da winkten die Soldaten einem Mann,
der gerade vom Feld kam,
Simon von Kyrene.
Ihn zwangen sie,
das Kreuz zu tragen.

Endlich erreichten sie
den Hügel Golgatha.
Die Soldaten legten
Jesus auf das Kreuz,
nagelten ihn an das Holz,
an Händen und Füßen,
und richteten das Kreuz auf.

Danach setzten sie sich
unter das Kreuz
und verlosten die Kleider,
die Jesus gehörten.

Aber oben am Kreuz
hatten sie ein Schild angebracht,
darauf stand geschrieben:
„Dies ist Jesus,
der König der Juden."

Auch zwei Verbrecher
wurden mit Jesus gekreuzigt,
rechts und links von ihm.
„Ha", höhnte der eine,
„wenn du der König bist,
dann zeig uns doch,
was du kannst!"

„Ja", fielen andere ein,
die am Kreuz vorübergingen.
„Steig doch vom Kreuz herab,
wenn du Gottes Sohn bist!"

„Ja, recht so!", spotteten
auch die Priester und Ratsherrn.
„Seht, anderen hat er geholfen.
Aber sich selbst
kann er nicht helfen.
Wenn er wirklich
der König der Juden ist,
dann soll er jetzt zeigen,
was er kann.
Dann wollen wir ihm gern glauben."

Aber nichts geschah.
Mit ausgestreckten Armen
hing Jesus am Kreuz
und ließ stumm alles geschehen.

Um die Mittagszeit aber
wurde es plötzlich ganz dunkel.
Die Sonne verschwand.
Und Nacht brach herein,
mitten am Tag.

Stunden vergingen.
Aber es schien,
als wollte der Himmel
nie mehr hell werden.
Da schrie Jesus laut:
„Mein Gott! Mein Gott!
Warum hast du mich verlassen?"

„Hört!", spotteten einige.
„Jetzt schreit er um Hilfe."
Und einer von ihnen
nahm einen Schwamm,
tauchte ihn in Essig
und gab Jesus zu trinken.

Aber die anderen spotteten weiter:
„Halt! Lasst sehen,
ob ihm einer hilft!"
Doch Jesus schrie
noch einmal laut auf.
Dann wurde es still.
Totenstill.
Jesus war tot.

Aber sieh da!
Plötzlich bebte die Erde.
Steine krachten.
Felsen barsten.
Und im Tempel riss
der Vorhang mitten entzwei.

Unter dem Kreuz aber
stand ein römischer Hauptmann
mit seinen Soldaten.
Als dieser sah, was hier geschah,

sprach er: „Wahrhaftig!
Dieser Mensch war wirklich
Gottes Sohn."

Jesus wird begraben

Matthäus 27,57–66

Es war Abend geworden.
Die Sonne ging bereits unter.
Aber Jesus hing
noch immer am Kreuz.
Die Menschen waren
längst nach Hause gegangen.
Nur noch ein paar Frauen
harrten bei Jesus aus.
Unter ihnen waren auch Maria
und Maria Magdalena,
eine Jüngerin Jesu.
Sie waren Jesus bis hierher gefolgt.
Aber nun war ihr Jesus tot.
Und sie fragten sich bekümmert:
„Wer wird nun Jesus
vom Kreuz abnehmen?
Und wer wird ihn begraben?"

Da sahen sie einen Mann kommen:
Josef von Arimathäa.
Dieser war ein Ratsherr
und heimlicher Freund Jesu.
Behutsam nahm er
Jesus vom Kreuz,
hüllte ihn in weiße Tücher
und trug ihn zu seinem Garten,
der am Hügel Golgatha lag.
Dort war eine neue Grabhöhle
in den Felsen gehauen.
Da legte er Jesus hinein
und rollte einen großen Stein
vor das Grab.

Als die Frauen das sahen,
nahmen sie sich vor:
„Wenn der Festtag vorüber ist,
wollen wir zum Grab gehen
und den Toten einsalben."
So war es in Israel Brauch.

Der nächste Tag war ein Festtag.
In Jerusalem ruhte alle Arbeit.
Aber die Priester und Ratsherren
fanden keine Ruhe.
Sie dachten:
Vielleicht wollen die Jünger
Jesus aus dem Grab stehlen?
Dann werden sie behaupten,
Jesus sei gar nicht tot.
Darum gingen die Priester
noch am selben Tag zu Pilatus
und baten ihn:
„Man stelle eine Wache auf,
die das Grab bewacht!"
Da gab ihnen Pilatus Wächter,
die das Grab bewachten
bei Tag und bei Nacht.

6

Jesus lebt

Schon vor seinem Tod
hatte Jesus vorausgesagt:
„Ich muss leiden und sterben.
Aber am dritten Tag
werde ich auferstehen."
Damals verstand niemand,
was Jesus meinte.
Auch seine Jünger
verstanden es nicht.

Aber an Ostern geschah,
was Jesus seinen Jüngern
vorausgesagt hatte.
Gott selber griff ein
und machte es wahr:
Er weckte Jesus
aus dem Tod auf
und rief ihn aus dem Grab
ins Leben.

Zu diesem Kapitel vergleiche die Hinweise im dritten Teil Seite 296f.

Jesus erscheint den Frauen

Matthäus 28,1–10 / Markus 16,3–11

Der Festtag war vorüber.
Ein neuer Tag brach an.
Noch war es still
und dunkel in Jerusalem.

Doch zwei Frauen
waren schon unterwegs:
Maria und Maria Magdalena.
Sie gingen zum Grab Jesu
und hatten ein Gefäß
mit duftender Salbe bei sich.
Damit wollten sie
den Leichnam Jesu einsalben.

Als sie zum Garten kamen,
sahen sie schon von Weitem
den großen Stein,
der vor der Grabhöhle lag.
Und sie fragten sich besorgt:
„Wer wälzt uns den Stein
vom Grab?"

Aber sieh da!
Plötzlich bebte die Erde.
Ein Licht fiel vom Himmel,
hell wie ein Blitz,
sodass die Wächter am Grab
vor Schreck umfielen.

Auch die Frauen erschraken.
Sie sahen hinüber zum Grab.
Aber – was war das?
Der Stein war weggewälzt!
Ein Mann saß
am Eingang der Höhle.
Ein Engel war es,
ein Bote Gottes,
in leuchtendem Kleid.

Erschrocken schlugen die Frauen
ihre Hände vor das Gesicht.

Aber der Engel sprach:
„Fürchtet euch nicht!
Ich weiß, wen ihr sucht:
Jesus, den sie gekreuzigt haben.
Aber er ist nicht hier.
Er ist auferstanden,
wie er gesagt hat.
Kommt her und seht,
wo er gelegen hat!"

Die Frauen wussten nicht,
was sie sagen sollten.
Zitternd sahen sie
in das offene Grab.
Und wirklich!
Es war,
wie der Engel gesagt hatte:
Das Grab war leer!

Da flohen die Frauen
aus dem Garten.
Sie bebten am ganzen Leib.
Sie wussten nicht:
Sollten sie lachen
oder weinen vor Freude.

Auf einmal kam ihnen
ein Mann entgegen.
Plötzlich erkannten sie ihn.
Jesus war es!
Ja, er war es wirklich.
Er lebte!

Da fielen die Frauen
vor Jesus nieder,
streckten ihre Hände aus
und umfassten seine Füße.

Aber Jesus sprach zu ihnen:
„Fürchtet euch nicht!
Auf, geht schnell
zu den Jüngern
und erzählt ihnen,
was ihr erlebt habt!
Und sagt ihnen:
Auch sie werden mich wiedersehen."

Da eilten die Frauen
zurück in die Stadt,
voll Furcht und voll Freude,
und kamen zu den Jüngern,
die immer noch weinten und klagten.

„Freut euch!", riefen die Frauen.
„Jesus lebt!
Er ist auferstanden!
Wir haben ihn selbst gesehen."
Aber die Jünger
schüttelten traurig den Kopf
und wollten ihnen nicht glauben.

Jesus erscheint den Jüngern

Lukas 24,13–43 / Johannes 20,19ff

Es war Abend geworden.
Zwei Männer wanderten
zu dem kleinen Dorf Emmaus,
das nahe bei Jerusalem lag.
Sie waren Freunde Jesu gewesen.
Traurig gingen sie nebeneinander her
und redeten miteinander.

„Nun ist alles vorbei", klagte der eine.
„Jesus, unser Lehrer, ist tot.
Wir aber hatten gehofft,
er würde unser König werden."

„Ja", fiel der andere ein.
„Warum musste Jesus sterben?
Wir werden es nie begreifen."

Als sie so redeten,
holte ein Fremder sie ein.
Erst bemerkten sie ihn gar nicht.
So sehr waren sie
in ihr Gespräch vertieft.
Doch der Fremde sprach sie an:
„Von wem redet ihr?
Warum seid ihr so traurig?"
Verwundert blieben die beiden stehen.
„Wie? Du weißt nicht,
was in Jerusalem geschehen ist?"
„Was denn?", fragte der Fremde.

Da fingen die beiden an zu erzählen:
„Kennst du Jesus von Nazareth?
Er wurde zum Tode verurteilt
und ans Kreuz gehängt
wie ein Verbrecher.
Aber er war kein Verbrecher.
Er hat nur Gutes getan.
Und wir hatten gehofft,
er sei der Retter
und werde unserem Volk helfen.
Doch nun ist er tot,
schon den dritten Tag.
Aber stell dir vor:
Heute Morgen waren Frauen am Grab,
die erzählten uns: ‚Jesus lebt!
Sein Grab ist leer.'
Doch wir wissen nicht,
was wir davon halten sollen."

„Ach ihr!", sagte der Fremde.
„Warum wollt ihr nicht glauben,
was doch schon die Propheten
vorausgesagt haben?
Musste es nicht so geschehen?

Wenn Jesus der Retter ist,
musste er dann nicht leiden
und sterben und auferstehen?"
Und er erklärte ihnen alles,
was in der Heiligen Schrift
über den Retter stand.

Die beiden hörten aufmerksam zu.
Wie lebendig der Fremde
die Schrift auslegte!
Ganz anders als ihre Gelehrten!
So hatten sie es noch nie gehört.
Wer mochte dieser Fremde nur sein?

Es war schon spät,
als sie endlich in Emmaus ankamen.
Die Sonne ging bereits unter.
Da nahm der Fremde Abschied
und wollte weiterziehen.
Aber die beiden drängten ihn:
„Zieh bitte nicht weiter!
Bleibe bei uns!
Denn es will Abend werden.
Und bald wird es Nacht."

Da ging der Fremde
mit ihnen hinein in ihr Haus
und setzte sich mit ihnen zu Tisch.
Und er nahm das Brot,
dankte Gott, brach es
und gab es den beiden.
Die aber starrten ihn an
mit aufgerissenen Augen.
Mit einem Mal begriffen sie,
wer da bei ihnen saß:
Jesus war es,
ihr Retter und Herr!
Leibhaftig saß er vor ihnen.
Er lebte!
„Jesus", wollten sie rufen,
„bist du es wirklich?"

Aber da war Jesus
nicht mehr zu sehen.

Die beiden sahen sich betroffen an.
„Wie ist das nur möglich?",
fragten sie sich.
„Den ganzen Weg ging Jesus mit uns.
Aber wir haben ihn nicht erkannt.
Und doch!
Wie ging uns das Herz auf,
als er mit uns sprach
und uns die Heilige Schrift erklärte!"

Da hielt es die beiden
nicht länger in ihrem Haus.
Sofort standen sie auf
und eilten noch am selben Abend
nach Jerusalem zurück.
Dort liefen sie zu dem Haus,
wo die Jünger versammelt waren,
klopften an die Tür und riefen:
„Macht auf! Wir sind es,
die Freunde aus Emmaus.
Wir haben gute Nachricht für euch."
„Wir auch",
riefen die Jünger ihnen entgegen.
„Jesus ist auferstanden!
Er ist Petrus erschienen."

„Ja", fielen die beiden ein,
„er ist wahrhaftig auferstanden!"
Und sie erzählten voll Freude,
was sie auf dem Weg erlebt hatten
und wie Jesus das Brot
für sie gebrochen hatte.

Doch als sie noch
miteinander redeten,
stand plötzlich Jesus vor ihnen
und sprach:
„Friede sei mit euch!"

Die Jünger sahen ihn entgeistert an.
Wie war er nur zu ihnen gekommen?
Die Tür war verriegelt.
Auch die Fenster waren verschlossen.
Vielleicht ist es gar nicht Jesus,
dachten sie erschrocken.
Vielleicht ist es nur sein Geist?

Aber Jesus sprach:
„Warum seid ihr so erschrocken?
Warum habt ihr solche Gedanken?
Seht meine Hände!
Seht meine Füße!
Seht meine Wunden
von den Nägeln am Kreuz!
Ich bin es wirklich."

Aber die Jünger
waren immer noch sprachlos.
Doch Jesus bat sie:
„Habt ihr etwas zu essen?"
Da gaben sie ihm
ein Stück gebratenen Fisch.
Und er setzte sich
mit ihnen zu Tisch wie früher
und aß vor ihren Augen.

Da brach große Freude
bei allen aus.
Nun glaubten sie gewiss:
Jesus, ihr Herr, lebte!
Er war durch verschlossene Türen
zu ihnen gekommen.

Jesus erscheint Thomas

Johannes 20,24–29

Es ging schon auf Mitternacht zu.
Aber die Jünger fanden
keine Ruhe zum Schlafen.
Sie saßen zusammen
und erzählten einander,
was sie an diesem Ostertag
miteinander erlebt hatten.
„Wie schade", meinten sie,
„dass Thomas nicht hier ist!
Was wird er sagen,
wenn er hört: Jesus war hier?"

Thomas war auch ein Jünger von Jesus.
Aber an diesem Tag war er nicht
bei den anderen Jüngern gewesen.
Vielleicht dachte er:
Nun ist alles zu Ende,
denn Jesus ist tot.

Da klopfte es an die Tür.
Thomas stand draußen.
„Du, Thomas?", staunten die Jünger.
„Komm herein!
Wir haben gute Nachricht für dich.
Stell dir vor: Jesus lebt!
Wir haben ihn selber gesehen.
Er war hier bei uns.
Er hat auch mit uns gesprochen.
Sogar gegessen hat er bei uns,
hier in diesem Raum."

Aber Thomas sah sie ungläubig an.
„Unmöglich!", antwortete er.
„Ich kann es nicht glauben.
Ich muss Jesus erst
mit eigenen Augen sehen.
Ich muss auch
seine durchbohrten Hände fühlen
und ich muss die Wunde
an seiner Seite betasten.
Sonst glaube ich nicht, dass er lebt."

*

Nach acht Tagen
saßen die Jünger wieder
hinter verschlossenen Türen zusammen.
Auch Thomas war diesmal dabei.
Auf einmal stand Jesus vor ihnen,
grüßte sie und sprach:
„Friede sei mit euch!"

Thomas war sprachlos.
Er starrte auf Jesus:
War er es wirklich?
Oder war es nur eine Erscheinung?
Da ging Jesus auf Thomas zu,
streckte ihm seine Hände entgegen
und sprach zu ihm:
„Sieh meine Hände
und die Wunde an meiner Seite!
Reich mir deine Hand
und lege deinen Finger
auf meine Wunden!
Und glaube mir:
Ich bin es wirklich."

Da gingen Thomas die Augen auf.
Ja, es war wirklich Jesus,
der am Kreuz gestorben war.
Und auf einmal begriff Thomas:
Dies hatte Jesus für ihn getan.
Voll Staunen stand er vor Jesus
und stammelte:
„Mein Herr und mein Gott!"

„Thomas", sprach Jesus,
„nun glaubst du,
weil du mich siehst.
Aber wie glücklich
werden erst die sein,
die mich nicht sehen
und doch an mich glauben!"

Da schwieg Thomas.
Auch die anderen Jünger
wurden ganz still.
Sie sahen auf Jesus,
ihren großen Lehrer und Freund.
Aber sie spürten alle:
Jesus war noch viel größer:
Er war in Wahrheit ihr Herr und Gott.

Jesus erscheint am See

Johannes 21

Bald darauf kehrten die Jünger
an den See Genezareth zurück.
Drei Jahre zuvor
waren sie von dort aufgebrochen
und Jesus gefolgt.
Aber nun war Jesus
nicht mehr bei ihnen.
„Was nun?", fragten sie sich.
„Was sollen wir tun?"
Petrus schlug vor:
„Ich will wieder fischen gehen."
„Dann gehen wir mit dir",
meinten die anderen.
Und als es Abend wurde
fuhren sie mit Petrus hinaus
auf den See.

Bald darauf wurde es Nacht.
Das war die beste Zeit zum Fischen.
Da warfen sie ihr Netz
ins Wasser und warteten ab.
Aber nichts geschah.
Kein Fisch schwamm ins Netz,
nicht ein einziger Fisch.
Die Jünger warteten
Stunde um Stunde,
bis der Morgen anbrach.

Da zogen sie ihr leeres Netz
wieder ins Boot
und fuhren enttäuscht zurück.

Als sie nicht mehr weit
vom Land entfernt waren,
sahen sie am Ufer einen Mann.
Es schien, als wartete er auf sie.
„Ihr Freunde“,
rief der Mann ihnen zu,
„habt ihr nichts zu essen?“
„Nein, nichts, gar nichts“,
riefen sie traurig zurück.
„Dann versucht es noch einmal!
Und werft das Netz
auf der rechten Seite aus!
Dann wird es euch gelingen.“

Die Jünger sahen
den Fremden verwundert an.
Wusste er nicht, dass am Morgen
keine Fische ins Netz gingen?
Zögernd nahmen sie das Netz
und warfen es aus,
wie der Fremde gesagt hatte.

Doch plötzlich – was war das?
Das Netz füllte sich.
Es zuckte, es zappelte.
Es wimmelte nur so von Fischen.
Die Jünger zogen und zerrten.
Aber das Netz war zu schwer.
Sie konnten es nicht
in ihr Boot ziehen.

Da ahnten sie auf einmal,
wer dort am Ufer stand.
„Es ist der Herr“,
sagte Johannes leise zu Petrus.
Ja, jetzt sah es auch Petrus:
Es war wirklich Jesus, ihr Herr!

Schnell raffte er seinen Mantel
und sprang ins Wasser,
um als Erster bei Jesus zu sein.
Die anderen Jünger folgten im Boot.

Am Ufer wartete schon Jesus auf sie.
Er hatte ein Feuer angezündet
und darauf Brot und Fisch geröstet.
„Nun bringt die Fische her,
die ihr gefangen habt!“,
sagte Jesus zu ihnen.
Da zog Petrus das Netz ans Land
und zählte die Fische.
153 Fische
waren ins Netz gegangen.
Und dennoch war das Netz
nicht gerissen.

Danach lud Jesus sie ein:
„Kommt, setzt euch zum Mahl!
Es ist alles bereit.“

Da setzten sich die Jünger
zu ihm ans Feuer.
Und Jesus nahm das Brot
und den Fisch
und teilte aus an sie alle.
Still saßen sie da und aßen
und schauten auf Jesus,
wie er das Brot brach.
Niemand fragte: „Wer bist du?“
Nun wussten es alle.

Petrus aber sah auf das Feuer.
Er dachte an die Nacht
als er Jesus verleugnet hatte.
Ob Jesus ihm jemals vergeben würde?
Er wagte nicht, danach zu fragen.

Da sprach Jesus ihn an.
„Simon Petrus, hast du mich lieb,

lieber als diese alle?"
„Ja, Herr", antwortete Petrus.
„Du weißt, dass ich dich lieb habe."
Da sagte Jesus zu ihm:
„Weide meine Lämmer!"

Eine Zeit lang blieb es still
zwischen den beiden.
Nur das Feuer hörte man knistern.
Da fragte Jesus wieder:
„Simon Petrus, hast du mich lieb?"
„Ja, Herr", antwortete Petrus.
„Du weißt, dass ich dich lieb habe."
Da sagte Jesus zu ihm:
„Weide meine Schafe!"

Danach wurde es wieder still
zwischen den beiden.
Aber nach einiger Zeit
fragte Jesus noch einmal:
„Simon Petrus, hast du mich lieb?"
Da wurde Petrus traurig.
Warum fragte Jesus ihn dreimal?
Dachte er etwa daran,
dass er ihn dreimal verleugnet hatte?
„Ach Herr", sagte Petrus leise,
„du weißt alles.
Du weißt auch,
dass ich dich lieb habe."
Da sprach Jesus noch einmal zu ihm:
„Weide meine Schafe!"

Nun verstand Petrus endlich,
was Jesus ihm sagte.
Ein Hirte sollte er werden,
kein Schafhirte,
sondern ein Hirte,
der die Menschen zu Gott führte.

Da spürte Petrus:
Jesus hatte ihm alles vergeben.
Er durfte sein Jünger bleiben
und ganz neu anfangen.

7

Jesus sendet seine Jünger

Jesus lebte.
Und doch war alles
anders geworden als früher.
Die Jünger zogen
nicht mehr mit Jesus
durch das Land.
Jesus kam immer nur
für kurze Zeit zu ihnen.
Bald würde er für immer
von ihnen gehen.
Was sollten sie dann tun?

Jesus zeigte seinen Jüngern,
was sie tun sollten.
Er gab ihnen einen Auftrag,
bevor er von ihnen ging.

Und so lautete sein Auftrag:

„Mir ist gegeben alle Macht
im Himmel und auf Erden.
Darum gehet hin
und machet zu Jüngern alle Völker.
Taufet sie
auf den Namen des Vaters
und des Sohnes
und des heiligen Geistes
und lehret sie halten alles,
was ich euch befohlen habe.
Und siehe,
ich bin bei euch alle Tage
bis an das Ende der Welt."

Matthäus 28,16–20

Zu diesem Kapitel vergleiche die Hinweise im dritten Teil Seite 298ff.

Jesus geht zum Vater

Apostelgeschichte 1,1–11

Vierzig Tage waren
seit Ostern vergangen.
Da erschien Jesus
seinen Jüngern noch einmal
auf einem Berg.
Die Jünger spürten:
Dies war das letzte Mal,
dass sie Jesus sahen.

Da wandte sich Jesus
zu seinen Jüngern und sprach:
„Seid nicht traurig!
Ich lasse euch
nicht allein zurück.
Mein Vater wird euch
seinen Geist geben.
Der wird euch zeigen,
was ihr tun sollt.
Ihr werdet meine Boten sein
in Jerusalem
und im ganzen Land
und bis an das Ende der Erde.“

Als er noch mit ihnen sprach,
kam eine Wolke und nahm ihn auf
vor ihren Augen.
Die Jünger aber standen da
wie betäubt
und starrten zum Himmel.

Aber plötzlich sahen sie
vor sich zwei Männer
in leuchtenden Kleidern.
Es waren Boten Gottes,
die sprachen: „Ihr Männer!
Warum steht ihr da
und starrt in den Himmel?
Jesus ist zu seinem Vater gegangen.
Aber freut euch!
Er wird wiederkommen.“

Da fassten die Jünger Mut.
Sie stiegen den Berg hinab,
gingen nach Jerusalem zurück
und dankten Gott,
der ihnen ein so großes
Versprechen gegeben hatte.

Gott schenkt seinen Geist

Apostelgeschichte 2

Fünfzig Tage nach Ostern
feierten die Juden in Jerusalem
wieder ein Fest, das Pfingstfest.
Es war das Fest, an dem sie
an den Bund dachten,
den Gott einst mit ihren Vorfahren
am Berg Sinai geschlossen hatte.
Jahr um Jahr kamen
viele Besucher zum Fest.
Sogar aus fernen Ländern
reisten sie an.
So war es auch in diesem Jahr.
Aber an diesem Pfingstfest
geschah etwas Unerhörtes.

Es war Morgen.
Auf den Straßen von Jerusalem
waren schon viele Menschen
unterwegs zum Tempel.
Aber plötzlich – was war das?
Es brauste,
als ob ein Sturm losgebrochen sei.
Erschrocken blieben die Leute stehen.
Sie schauten sich um:
Woher kam das Brausen?

Da bemerkten sie ein Haus.
Brausender Jubel drang
durch die Fenster.
Das ganze Haus
schien erfüllt davon.
Neugierig liefen die Leute hinzu.
Da sahen sie: In dem Haus
waren Jesu Jünger versammelt.
Die jubelten, sangen Loblieder
und beteten laut.
Es sprudelte nur so
aus ihnen heraus.
Und über ihren Köpfen
leuchtete es,
als ob sie Feuer gefangen hätten.

Die Leute kamen
aus dem Staunen nicht heraus.
„Was ist nur
in diese Menschen gefahren?",
fragten sie erschrocken.
Und einige riefen bestürzt:
„Sie reden ohne Aufhören,
und wir alle verstehen sie,
obwohl wir von weither kommen.
Woher kennen sie unsere Sprache?"
„Ach was!", spotteten andere.
„Die lallen doch nur!
Sie sind betrunken.
Das ist alles."

Aber niemand verstand wirklich,
was hier geschah:
Gottes Geist
hatte Jesu Jünger erfasst.
Unbeschreibliche Freude
erfüllte sie.
Alle Angst war verflogen.
Nun hatten sie Mut,
zu den Menschen zu gehen
und von Jesus zu reden.

Weit öffneten sie ihre Tür
und gingen hinaus auf die Straße.
Dort hatte sich inzwischen schon
eine riesige Menge versammelt.
Und immer noch kamen
Menschen hinzu und fragten:
„Was ist los?
Sagt, was geht hier vor?"
Aber niemand konnte sagen,
was wirklich geschehen war.

Da rief Petrus laut in die Menge:
„Ihr Juden, hört mir zu!
Ich will euch sagen,
was geschehen ist.
Wir haben keinen Wein getrunken,
wie ihr meint.
Sondern Gott hat uns
seinen Geist geschenkt.
Darum reden wir zu euch
und sagen euch, was uns bewegt:
Ihr kennt doch Jesus von Nazareth?
Wisst ihr noch,
was er getan hat,
wie er geholfen und geheilt hat?
Ihr habt das alles
mit eigenen Augen gesehen.
Und dennoch
habt ihr ihn umgebracht.
Doch hört:
Dieser Jesus von Nazareth
ist nicht tot.
Er lebt!
Gott hat ihn auferweckt.
Wir haben ihn selbst gesehen.
Glaubt uns:
Er ist wirklich der König,
auf den wir gehofft haben.
Er ist der Retter
und Herr über die ganze Welt:
Jesus, den ihr gekreuzigt habt."

Als die Leute das hörten,
ging es ihnen durch und durch.
Und sie fragten betroffen:
„Was sollen wir denn tun?“
„Kehrt um!“, rief Petrus.
„Bittet Gott,
dass er euch eure Sünde vergibt!
Und lasst euch taufen
auf den Namen Jesu!
Dann wird Gott euch
seinen Geist schenken.“

Da ließen sie sich taufen,
3000 Menschen an einem Tag.
Es wurde
das fröhlichste Pfingstfest,
das sie je gefeiert hatten.
Gott hatte einen neuen Bund
mit ihnen geschlossen
durch die Taufe.

Von nun an gehörten sie alle
wie eine große Familie zusammen,
alle, die auf den Namen
Jesu Christi getauft waren.
Jeden Tag trafen sie sich
in ihren Häusern,
aßen miteinander und beteten,
sangen Loblieder und hörten,
was die Jünger von Jesus erzählten.
Christen nannten sie sich,
weil sie an Jesus Christus glaubten
und auf seinen Namen getauft waren.

Petrus und der Bettler

Apostelgeschichte 3–4,31

Es war an einem Nachmittag.
Von allen Seiten kamen
die Menschen zum Tempel.
Auch die Jünger Petrus und Johannes
machten sich auf den Weg,
um im Tempel zu beten.

Als sie zum Tempeltor kamen,
sahen sie dort einen Bettler,
der reglos am Boden kauerte.
Sie kannten ihn schon.
Denn er saß jeden Tag
vor dem „Schönen Tor“.
Er konnte nicht gehen
und auch nicht stehen.
Seine Beine waren gelähmt,
schon seit 40 Jahren.
Noch nie in seinem Leben
hatte er einen Schritt getan.
Jeden Tag trugen ihn
seine Freunde zum Tempel
und setzten ihn vor dem Tor ab.
Dort saß er und wartete,
bis Leute vorbeikamen.
Dann streckte er seine Hand aus
und hoffte, dass sie ihm
ein Geldstück hinwarfen.

Als der Bettler
Petrus und Johannes kommen sah,
streckte er wieder die Hand aus
und rief: „Helft mir!
Um Gottes willen helft!“

Da blieben die beiden stehen.
„Sieh mich an!“, befahl Petrus.
Der Bettler hob seinen Kopf.
Er sah Petrus mit großen Augen an.
Doch Petrus zeigte
auf seine leeren Hände und sagte:
„Silber und Gold habe ich nicht.
Aber was ich habe,
das gebe ich dir:

Im Namen Jesu Christi von Nazareth
steh auf und geh!"
Und Petrus fasste seine rechte Hand,
zog ihn hoch und – sieh da:
Der Bettler stand!
Er machte einen Schritt
und noch einen.
Er ging.
Er hüpfte.
Er sprang in die Luft vor Freude.

Nun hielt es den Bettler
nicht länger draußen vor dem Tor.
Sogleich lief er
mit Petrus und Johannes
in den Vorhof des Tempels.
Dort tanzte, lachte und jubelte er:
„Gott sei Lob und Dank!
Ich kann gehen.
Ich bin geheilt."

Das hörten die anderen Leute,
die im Tempel waren.
„Was?", riefen sie entsetzt.
„Das ist doch der lahme Bettler!
Wie kommt der in den Tempel?
Wer hat ihn gesund gemacht?"
Und sie umringten den Bettler
und sahen staunend
Petrus und Johannes an.

Aber Petrus rief: „Ihr Leute,
warum starrt ihr uns an?
Nicht wir haben diesen Mann geheilt.
Jesus hat es getan!
Derselbe Jesus,
den ihr gekreuzigt und getötet habt.
Aber er ist nicht tot.
Er lebt!"

Das hörten auch die Priester.
„Was sagt der?",
empörten sie sich.
„Jesus ist tot!
Wir wollen diesen Namen
nie mehr hören."
Und sie befahlen der Wache:
„Nehmt die beiden gefangen
und sperrt sie ein!"

Am nächsten Morgen
ließ der Hohepriester die beiden
aus dem Gefängnis holen,
um sie zu verhören.
„Wer gab euch den Auftrag,
den Bettler zu heilen?",
fragte er streng.
„Sagt, wer war es?"

Da sprach Petrus vor allen,
die versammelt waren:
„Hört, ihr Herren!
Ich will euch sagen,
wer es getan hat:
Jesus von Nazareth,
derselbe Jesus,
den ihr gekreuzigt habt.
Er ist der Einzige,
der allein helfen kann.
In seinem Namen
wurde der Bettler geheilt."

Verwundert schauten alle
auf Petrus und Johannes.
Woher nahmen die beiden
den Mut, so zu reden?
Sie waren doch
keine Gelehrten wie sie!
Und dennoch standen sie
furchtlos und aufrecht vor ihnen
und redeten frei.

Da schickten sie
die beiden vor die Tür
und berieten sich miteinander.
Sie überlegten:
„Was sollen wir
mit den beiden machen?
Wir können sie nicht
aus dem Weg schaffen.
Die Leute haben gesehen,
was sie getan haben
und sie halten zu ihnen.
Aber wir müssen ihnen verbieten,
dass sie in Zukunft von Jesus reden."

So riefen sie die beiden wieder herein
und teilten ihnen das Urteil mit:
„Ihr seid frei.
Ihr könnt gehen.
Aber wehe, wenn ihr
noch einmal von Jesus redet!
Nennt nie mehr seinen Namen!"

Aber Petrus antwortete:
„Wir können ja nicht schweigen.
Wir müssen Gott
mehr gehorchen als euch.
Immer und überall
werden wir sagen,
was Jesus getan hat."

Und sie gingen fröhlich hinaus
und erzählten den anderen Christen,
was sie erlebt hatten.
Die aber, als sie hörten,
was geschehen war,
lobten und dankten Gott,
der so wunderbar geholfen hatte.
Und die ganze Gemeinde betete:
„Herr, unser Gott!
Gib uns Kraft und Mut,
dass wir Jesus nicht verleugnen
und seinen Namen
ohne Angst bekennen!"

Petrus im Gefängnis

Apostelgeschichte 12,1–17

Inzwischen gab es schon
viele Christen in Jerusalem
und im ganzen Land Judäa.
Und immer mehr kamen täglich hinzu
und ließen sich taufen.

Aber zu derselben Zeit
herrschte in Jerusalem
ein grausamer König,
ein Enkel des großen Herodes.
Der war ein Feind aller Christen.
Er ließ den Jünger Jakobus enthaupten.
Danach nahm er auch Petrus gefangen.
Ihm sollte nach dem Passafest
der Prozess gemacht werden.
Vier mal vier Wachsoldaten
bewachten ihn im Gefängnis
bei Tag und bei Nacht.

Als aber die Christen hörten,
was über Petrus drohte,
kamen sie heimlich zusammen
und beteten für ihn
Tag und Nacht ohne Aufhören.

So kam der Tag heran, da Petrus
vor den Richter geführt werden sollte.
Nur noch eine Nacht lag dazwischen.
Aber in dieser Nacht geschah es:
Petrus schlief in seiner Zelle,
an zwei Wachsoldaten gekettet.
Plötzlich leuchtete ein Licht auf.

Die Ketten fielen von ihm ab.
Ein Mann stand vor ihm.
Er rührte ihn an und sprach zu ihm:
„Petrus, steh schnell auf!
Zieh deine Schuhe an,
wirf deinen Mantel um
und folge mir!“

Petrus wusste nicht,
wie ihm geschah.
Wer sprach da zu ihm?
War es ein Mensch?
Oder war es ein Engel Gottes?
Wie im Traum folgte er ihm,
ging mit ihm durch die erste Tür
und danach durch die zweite.
Beide Türen standen weit offen.
Zuletzt kam er an das eiserne Tor,
das zur Straße führte.
Es ging von selbst auf.
Petrus schritt durch das Tor.
Und auf einmal war er wieder allein.

„Jetzt begreife ich“, sagte Petrus zu sich.
„Gott hat seinen Engel zu mir gesandt.
Der hat mich befreit.“
Und er eilte zu dem Haus,
in dem die Christen versammelt waren
und immer noch für ihn beteten.
Er klopfte ans Tor.
Da kam eine Magd heraus.
„Mach auf!“, rief Petrus
durch das verschlossene Tor.
„Ich bin es, Petrus!“
Aber die Magd ließ ihn einfach stehen.
Vor lauter Freude vergaß sie,
Petrus zu öffnen.
Sie lief ins Haus
und verkündete allen:
„Petrus steht vor dem Tor!“
Aber die andern erwiderten:
„Unmöglich! Bist du verrückt?
Sicher ist es nur seine Erscheinung.“
„Nein“, beharrte die Magd.
„Glaubt mir, er ist es wirklich!“

Da öffneten sie das Tor und wirklich:
Da stand Petrus vor ihnen,
befreit und unversehrt.
Atemlos hörten sie zu,
als Petrus ihnen erzählte,
was in dieser Nacht geschehen war.
Und voller Freude eilten sie
zu den anderen Christen
und verkündeten ihnen:
„Hört, was Gott getan hat!
Er hat unser Gebet erhört
und Petrus befreit.“

Ein Minister aus Afrika

Apostelgeschichte 8,26–39

In jenen Tagen traf in Jerusalem
hoher Besuch aus Afrika ein,
ein Minister aus Äthiopien
und Schatzmeister seiner Königin,
der über ihre Schatzkammer wachte.
Dieser hatte in seinem Heimatland
von dem Gott der Juden gehört.
Nun war er gekommen,
um ihn anzubeten.
In seinem prächtigen Wagen
fuhr er geradewegs zum Tempel,
betrat den äußeren Vorhof
und wollte in den Tempel gehen.
Aber am Tor wies man ihn ab.
Denn nur Juden durften
den inneren Vorhof betreten.
Und nur Priester durften
in den Tempel hinein gehen.

Enttäuscht kehrte der Minister um
und fuhr in seinem Wagen davon.
Aber zuvor kaufte er in Jerusalem
noch eine Schriftrolle.
Darauf standen Worte
des Propheten Jesaja geschrieben.
„Das ist es, was ich suche“,
sagte sich der Minister.
„Vielleicht finde ich in dieser Schrift
eine Botschaft von Gott?“
So nahm er die Schriftrolle,
stieg in seinen Wagen
und machte sich auf den Heimweg.

Schon lag Jerusalem hinter ihm.
Die Straße führte durch ödes Gebiet.
Aber der Minister
achtete nicht auf den Weg.
Er saß in seinem Wagen,
über die Schriftrolle gebeugt,
und las langsam, Wort für Wort:
„Er ist wie ein Schaf,
das geschlachtet wurde,
und wie ein Lamm …“
Der Minister schaute auf.
Wie ein Lamm?, überlegte er.
Was hatte das mit Gott zu tun?
Er verstand nicht, was er da las.

Da sah er auf einmal einen Mann
an der Straße stehen.
Es schien, als wartete er auf ihn.
Der Minister sah den Mann fragend an.
Der rief zu ihm hoch:
„Verstehst du auch, was du da liest?“,
„Nein“, erwiderte der Minister.
„Wie kann ich verstehen,
wenn mir dabei niemand hilft?
Komm, setz dich zu mir
und erkläre mir, was da steht!“

Da stieg der Mann in seinen Wagen.
Aber der Minister ahnte nicht,
wer dieser Mann war.
Philippus hieß er.
Er war einer der Christen.
Gott hatte ihm eingegeben:
„Geh hinaus auf die Straße,
die nach Süden führt.
Dort wartet jemand auf dich.“

„Sag mir doch“, bat der Minister,
„wer ist dieses Lamm?
Von wem spricht der Prophet?“
Da erzählte ihm Philippus von Jesus:
„Wie ein Lamm, das geopfert wird,
starb Jesus für uns.
Aber er ist nicht tot.
Jesus lebt!
Und er will,
dass alle Menschen zu ihm gehören.“

Da horchte der Minister auf.
Er fragte:
„Kann auch ich zu ihm gehören?
Aber wie soll das geschehen?“
Philippus antwortete:
„Lass dich taufen auf seinen Namen!
Dann gehörst auch du
für immer zu ihm.“

Während sie so miteinander redeten,
kamen sie an ein Gewässer.
Da sagte der Minister:
„Schau, da ist Wasser!
Willst du mich nicht taufen?
Was hindert dich daran?
Philippus antwortete:
„Wenn du wirklich an Jesus glaubst,
dann kann es geschehen.“
„Ja, ich glaube“, sagte der Minister.
„Ich glaube,

dass Jesus Christus Gottes Sohn ist."
Und er ließ seinen Wagen anhalten,
stieg mit Philippus ins Wasser
und ließ sich taufen.

Nun war es geschehen.
Wie neugeboren
fühlte sich der Minister,
als er aus dem Wasser stieg.
Doch als er sich umschaute,
war Philippus nicht mehr zu sehen.

Da stieg der Minister
wieder in seinen Wagen
und fuhr fröhlich nach Hause.
Er war nach Jerusalem gereist,
um Gott zu suchen.
Nun kehrte er heim
und hatte Jesus gefunden.

Paulus wird Christ

Apostelgeschichte 9,1–25

Damals lebte in Jerusalem
ein junger Gelehrter.
Die einen nannten ihn Saulus,
die anderen Paulus.
Saulus ehrte und liebte Gott
und hielt sich streng
an seine Gebote.
Jeden Tag ging er zum Tempel
und forschte in der Heiligen Schrift.
Er hörte auf die Gesetzeslehrer
und tat alles, was sie befahlen.
„Was muss ich tun", fragte er sie,
„damit Gott zufrieden mit mir ist?"
„Hör zu, Saulus!", antworteten sie.
„Der Herr unser Gott
ist der einzige Gott.
Ihn allein sollst du lieben und ehren.
Aber nimm dich vor Jesus in acht!
Er ist nicht Gottes Sohn,
wie die Christen sagen.
Die Christen lügen.
Sie sind unsere Feinde."

Da schmiedete Saulus einen Plan.
„Ich weiß, was ich tue",
sagte er zu sich.
„Ich werde die Christen verfolgen,
bis es keine Christen mehr gibt.
Dann wird Gott
zufrieden mit mir sein."

Mit großem Eifer
machte sich Saulus an die Arbeit.
Er spürte die Christen auf,
drang in ihre Häuser ein
und zerrte sie
aus ihren Verstecken hervor.
Er fesselte sie,
schleppte sie vor den Hohenpriester
und sperrte sie ein.

Als die Christen das sahen,
bekamen sie große Angst.
Viele von ihnen flohen
in die ferne Stadt Damaskus.
Dort fühlten sie sich
sicher vor Saulus.

Aber Saulus sagte sich:
Mir könnt ihr nicht entkommen!
Und er ging zum Hohenpriester
und bat ihn:
„Schick mich nach Damaskus!
Dort will ich
alle Christen aufspüren.
Ich werde sie fesseln
und nach Jerusalem bringen.

Darum gib mir Briefe
an die Juden in Damaskus
und befiehl ihnen,
dass sie mir dabei helfen sollen!“

Das gefiel dem Hohenpriester.
Er schrieb Briefe
an die Juden in Damaskus
und übergab sie Saulus.
Der machte sich
sogleich auf den Weg.

Als aber Saulus
nahe vor Damaskus war,
leuchtete plötzlich ein Licht auf,
hell wie ein Blitz.
Saulus zuckte zusammen.
Er schlug seine Hände
vor das Gesicht,
fiel zu Boden
und lag da – wie tot.
Auch seine Begleiter
waren wie vom Blitz getroffen.

Da hörte Saulus eine Stimme:
„Saulus, Saulus!
Warum verfolgst du mich?“
„Herr, wer bist du?“,
stammelte Saulus.
Die Stimme sprach:
„Ich bin Jesus, den du verfolgst.
So steh nun auf
und geh in die Stadt!
Dort wirst du hören,
was du tun sollst.“

Saulus stand auf
und öffnete seine Augen.
Aber es blieb ganz dunkel
um ihn her.
Hilflos stand er da
und wusste nicht weiter.
Da nahmen ihn
seine Begleiter an die Hand
und führten ihn in die Stadt.
Dort brachten sie ihn in ein Haus
und setzten ihm Essen vor.
Aber Saulus aß nichts
und trank nichts.
Drei Tage lang saß er da,
und starrte nur vor sich hin,
betete und wartete.

Doch nach drei Tagen
klopfte es an die Tür.
Ein Mann kam herein,
Hananias mit Namen, ein Christ.
Gott hatte Hananias gezeigt,
was mit Saulus geschehen war.
Nun kam er zu ihm,
ging auf ihn zu,
legte die Hände auf ihn
und sprach:
„Lieber Bruder Saul!
Der Herr hat mich zu dir geschickt,
Jesus, der dir begegnet ist.
Von nun an sollst du
sein Jünger sein.
Zu fremden Völkern wirst du gehen
und ihnen von Jesus erzählen.“

Da spürte Saulus auf einmal,
wie die dunklen Schatten
von seinen Augen wichen.
Plötzlich konnte er wieder sehen.
Sogleich stand er auf,
aß und trank wieder
und ließ sich taufen
auf den Namen Jesu.

Von diesem Tag an
hielt sich Saulus zu den Christen.

Er blieb bei ihnen
und wurde ihr Freund.
Saulus ging aber auch
zu den Juden,
die vorher seine Freunde waren.
Er suchte ihren Gottesdienst auf
und erzählte ihnen von Jesus:
„Glaubt mir!
Jesus ist wirklich der Sohn Gottes."
Aber die Juden
starrten ihn entsetzt an.
„Ist das nicht Saulus?", flüsterten sie.
„Er wollte doch die Christen
gefangen nehmen.
Nun ist er selber ein Christ."

Da nahmen sie sich vor,
Saulus zu töten
und lauerten ihm Tag und Nacht
an den Stadttoren auf.
Aber die Christen ließen ihn
in einem Korb
an der Stadtmauer herab.
So entkam Saulus seinen Verfolgern.

Paulus geht in alle Welt

Apostelgeschichte 16,11–34

Saulus war ein neuer Mensch geworden.
Er war nicht mehr der stolze Saulus,
der die Christen verfolgte.
Jetzt gehörte er selbst zu ihnen.
Von nun an trug er
nur noch den Namen „Paulus",
das bedeutet: ein „Kleiner".
Denn das wollte er sein:
ein einfacher Bote Gottes,
der die frohe Botschaft von Jesus
in alle Welt trug.

So reiste Paulus bald über das Meer
in ferne Länder und Städte.
Er suchte Menschen auf,
die noch nie von Jesus gehört hatten.
Zu Fuß zog er von Ort zu Ort,
bei Hitze und Eiseskälte.
Sein Weg führte über steile Berge
und durch reißende Flüsse.
Oft war sein Leben in großer Gefahr.
Doch Paulus gab niemals auf.
Furchtlos setzte er seinen Weg fort.
Und überall, wohin er kam,
erzählte er den Leuten von Jesus,
der in die Welt gekommen war,
um alle Menschen zu retten.
Aber nur wenige
nahmen seine Botschaft auf.
Viele wollten nichts von ihm hören.
Sie beschimpften ihn, griffen ihn an,
warfen mit Steinen nach ihm
und jagten ihn am Ende
mit Schimpf und Schande davon.

*

Viele Wochen und Monate
war Paulus unterwegs.
So kam er eines Tages nach Philippi,
einer Stadt, die im Norden
von Griechenland lag.
In dieser Stadt lebte ein buntes Volk
aus vielen Nationen.
Auch Juden wohnten dort.
Sie hatten ihren Gebetsplatz
draußen am Fluss vor der Stadt.
Dorthin ging Paulus am Sabbat
mit Silas, seinem Begleiter.
Aber nur ein paar Frauen
hatten sich zum Gebet eingefunden.
Unter ihnen war auch Lydia,
eine Geschäftsfrau aus Lydien,

die mit Purpurstoff handelte.
Diese hatte noch nie von Jesus gehört.
Paulus setzte sich zu ihr
und erzählte ihr von Jesus,
der für sie am Kreuz gestorben war.
Da ging Lydia das Herz auf,
als sie das hörte.
Begierig nahm sie die Botschaft auf
und ließ sich taufen
mit ihrer ganzen Familie.

*

Aber in Philippi lebten auch andere,
die allerlei dunkle Geschäfte betrieben.
Sie fürchteten um ihr gutes Geschäft
und wiegelten die ganze Stadt
gegen Paulus und Silas auf.
Wütend zerrten sie die beiden
vor die Richter der Stadt,
und schrien: „Diese Fremden da
stellen die ganze Stadt auf den Kopf.
Sie sind Juden und wollen bei uns
neue Sitten einführen.
Wir aber sind Römer.
Wir brauchen das nicht!"

Da machten die Richter
mit Paulus und Silas kurzen Prozess.
Sie befahlen ihren Soldaten:
„Peitscht die beiden aus
und werft sie in das Gefängnis!"
Und schon stürzten sich alle
auf Paulus und Silas,
rissen ihnen die Kleider vom Leib,
peitschten sie aus
und steckten sie in das Gefängnis,
in das finsterste Loch.
Dem Gefängniswärter aber
schärften sie ein:
„Pass auf die beiden gut auf!
Lass sie ja nicht entkommen!
Du haftest mit deinem Leben für sie!"

Da saßen nun die beiden im Dunkeln.
Ihre Hände und Füße
waren in einen Holzblock geklemmt.
Sie konnten weder Beine
noch Arme bewegen.
Der ganze Körper tat ihnen weh.
Nur langsam verstrichen die Stunden.

Aber um Mitternacht
beteten Paulus und Silas.
Sie beteten und lobten Gott
so laut, dass alle es hörten.
Und da geschah es,
mitten in der Nacht:
Plötzlich bebte die Erde.
Die Mauern zitterten.
Alle Türen sprangen weit auf.
Und der Holzblock
brach mitten entzwei.

Erschrocken fuhr der Wärter
aus seinem Schlaf hoch.
Entsetzt sah er:
Alle Türen standen weit offen.
„Ich bin verloren!", schrie er.
„Alle Gefangenen sind geflohen!"
Und schon griff er nach seinem Schwert
und wollte sich töten.
„Halt!", rief Paulus.
„Tu dir nichts an!
Wir sind alle noch hier."
Zitternd forderte der Wärter
ein Licht und tatsächlich,
da sah er: Alle Gefangenen
waren noch da,
auch Paulus und Silas!

Da fiel der Wärter vor den beiden
auf seine Knie und stammelte:
„Liebe Herren! Was muss ich tun,
damit ich gerettet werde?"
Paulus antwortete:
„Glaube an Jesus, den Herrn!
Dann wirst du gerettet,
du und deine ganze Familie."
Darauf verkündete er ihm
die frohe Botschaft von Jesus,
der in die Welt gekommen war,
um alle zu retten, auch ihn.

Als der Wärter das hörte,
ging ihm das Herz auf.
Voller Freude führte er
Paulus und Silas in sein Haus
und wusch mit eigener Hand
das Blut ab von ihren Wunden.
Und noch in derselben Nacht
ließ er sich taufen mit allen,
die in seinem Haus waren.

Darauf bereitete er
noch in der Nacht
ein festliches Mahl zu.
Er selbst deckte den Tisch
und bediente die beiden Gäste.
Fröhlich feierte er mit ihnen,
bis der Morgen anbrach,
und dankte Gott,
dass er auch in seinem Haus
verschlossene Türen aufgetan hatte.

*

Danach aber reiste Paulus weiter.
Sein Weg führte ihn bis nach
Athen, Korinth und Ephesus,
zu den großen Städten
des römischen Weltreichs.
Furchtlos verkündete er auch dort
die frohe Botschaft von Jesus,
allen Widerständen zum Trotz.

Zuletzt kehrte Paulus wieder
nach Jerusalem zurück.
Aber dort lauerten ihm seine Feinde auf.
Sie hetzten die ganze Stadt
gegen ihn auf.
Und sie ruhten nicht eher,
bis er erneut verhaftet wurde.

Zwei Jahre lang hielten ihn die Römer
in ihrer Burg in Cäsarea fest.
Danach fuhren sie ihn mit dem Schiff
zum Kaiser nach Rom,
der sollte über Paulus
das Urteil sprechen.
Aber auf dem Weg dorthin
geriet das Schiff
in einen furchtbaren Sturm.
Alle bangten um ihr Leben.
Doch Paulus verlor auch im Sturm
nicht sein Vertrauen auf Gott.
In allem, was er erlitt und erlebte,
war und blieb er dennoch gewiss:

„Nichts, weder Tod noch Leben,
weder Hohes noch Tiefes,
kann mich trennen von Gottes Liebe!"
Römer 8,39

8

Jesus kommt wieder

Bis heute gehen
Gottes Boten in die Welt
und bringen den Menschen
die gute Nachricht von Jesus Christus.
Aber eines Tages
wird er selbst kommen
und für immer bei ihnen sein.
Niemand weiß,
wann das geschehen wird.
Und niemand weiß,
wie es geschehen wird.
Aber eines ist gewiss:
Wenn Jesus kommt,
wird es ein großes Fest geben.

Jesus hat die Menschen
immer wieder daran erinnert.
In Gleichnissen hat er
von diesem Fest erzählt.
Und seine Jünger
haben diese Gleichnisse
als Geheimnis bewahrt.
Doch eines Tages wird es
kein Geheimnis mehr sein:
wenn Jesus wiederkommen
und mit uns das Fest feiern wird.

Zu diesem Kapitel vergleiche die Hinweise im dritten Teil Seite 301f.

Seid wachsam!

Matthäus 25,1–13

Immer wieder fragen Menschen:
Wann wird Jesus kommen?
Wann wird er mit uns
sein Fest feiern?
Jesus hat darauf
mit einer Geschichte geantwortet:

> Einmal wurde in einer Stadt
> Hochzeit gefeiert.
> Alles war vorbereitet.
> Der Tisch war gedeckt.
> Die Braut stand bereit
> in festlichem Schmuck.
> Zehn Brautjungfern umgaben sie.
> Nur der Bräutigam fehlte noch.
> In einem festlichen Hochzeitszug
> sollte er ankommen.
>
> Da zogen die Brautjungfern
> dem Bräutigam entgegen.
> Und weil es Abend war,
> nahmen sie Öllampen
> mit sich auf den Weg.
> Ihr Licht flackerte hell.
> So zogen sie hinaus vor die Stadt.
> Aber weit und breit
> war kein Bräutigam zu sehen.
>
> Da setzten sie sich
> an die Straße und warteten.
> Lange Zeit harrten sie dort aus,
> spähten hinaus in die Nacht.
> Aber der Bräutigam kam nicht.
> Schließlich wurden alle müde,
> und nickten bald ein.
>
> Aber um Mitternacht leuchteten
> in der Ferne Lichter auf.

Stimmen hallten durch die Nacht.
„Der Bräutigam kommt!
Auf, geht ihm entgegen!"

Da sprangen die Brautjungfern auf
und griffen nach ihren Lampen.
Aber das Öl war verbraucht.
Die Flammen waren nur noch klein.
Sie mussten schnell nachfüllen.
Aber nur fünf von ihnen
hatten Öl mitgenommen.
Die anderen hatten es
in der Eile vergessen.

„Ach bitte", bettelten sie,
„gebt uns von eurem Öl ab!
Sonst verlöschen unsere Lampen."
Aber die anderen erwiderten:
„Wir können nichts abgeben,
sonst haben wir nicht genug.
Lauft schnell
und kauft euch noch Öl!"

Da rannten die einen los.
Die anderen aber
gossen das Öl in ihre Lampen.
Fröhlich schwenkten sie
ihre hellen Lampen
und jubelten dem Bräutigam zu.
Singend und tanzend
geleiteten sie ihn in die Stadt
und führten ihn in den Saal.
Dort feierten sie mit ihm
das Hochzeitsfest.

Nach einiger Zeit aber
klopfte es an die Tür.
„Herr, Herr! Mach uns auf!",
rief es von draußen.
„Wir sind es,
die fünf Brautjungfern.

> Wir haben Öl gekauft
> und wollen nun mit dir feiern."
> Aber der Bräutigam antwortete:
> „Ich kenne euch nicht."

Wie bei einer Hochzeit,
so wird es sein, wenn Jesus kommt.
„Darum seid wachsam!", sagt Jesus.
„Denn ihr wisst nicht,
wann euer Herr kommen wird."
Matthäus 24,44

Seid bereit!

Matthäus 25,14–30

Viele Menschen fragen:
„Was sollen wir tun,
bis Jesus wiederkommt?"
Auch darauf hat Jesus
mit einer Geschichte geantwortet:

> Es war ein Mann,
> der war sehr reich.
> Eines Tages rief er
> seine Knechte zu sich
> und sagte: „Ich reise fort
> und werde lange Zeit weg sein.
> Darum nehmt mein Geld
> und verwaltet es gut!
> Wenn ich wiederkomme,
> will ich sehen,
> was ihr damit getan habt."
>
> Und er gab dem ersten Knecht
> fünf Beutel voll Geld.
> Dem zweiten Knecht
> gab er zwei Beutel.
> Dem dritten Knecht aber
> gab er nur einen Beutel.
>
> Danach reiste er weg
> und ließ die Knechte allein zurück.
>
> Der erste Knecht
> machte sich gleich an die Arbeit.
> Er kaufte Äcker, säte und erntete
> und verkaufte,
> was er geerntet hatte.
> Zuletzt hatte er
> doppelt so viel Geld
> wie am Anfang:
> zehn Beutel voll.
>
> Der zweite Knecht
> blieb auch nicht träge sitzen.
> Auch er kaufte und verkaufte
> für seinen Herrn.
> Schließlich hatte er
> doppelt so viel Geld
> wie am Anfang:
> vier Beutel voll.
>
> Beide Knechte freuten sich
> auf die Heimkehr ihres Herrn.
> Sie sagten sich:
> „Das wird ein Fest geben,
> wenn er kommt.
> Hoffentlich kommt er bald!"
>
> Der dritte Knecht aber
> verscharrte das Geld in der Erde.
> Was kümmerte ihn
> das Geld seines Herrn?
> Und was kümmerte ihn sein Herr?
> Sollte er doch bleiben, wo er war!
> Er freute sich jedenfalls
> nicht auf ihn.
>
> Endlich, nach langer Zeit,
> kam der Herr zurück.
> Der erste Knecht

ging ihm fröhlich entgegen.
„Sieh, was ich habe!“,
rief er und zeigte
stolz auf das Geld.
„Fünf Beutel habe ich
noch dazu verdient.“

Da freute sich sein Herr
und sprach: „Sehr gut!
Du bist ein tüchtiger
und treuer Knecht.
Ich habe dir nur wenig gegeben.
Nun will ich dir
noch viel mehr geben.
Komm zu meinem Fest
und freu dich mit mir!“

Da kam auch der zweite Knecht an
und rief fröhlich:
„Schau Herr, was ich habe!
Zwei Beutel hast du mir gegeben.
Zwei habe ich
noch dazu verdient.“

Da freute sich der Herr
und sprach: „Sehr gut!
Du bist ein tüchtiger
und treuer Knecht.
Ich habe dir nur wenig gegeben.
Nun will ich dir
noch viel mehr geben.
Komm zu meinem Fest
und freu dich mit mir!“

Endlich kam auch der dritte Knecht.
Mürrisch stellte er sich
vor seinen Herrn hin,
warf ihm den Beutel
vor die Füße und rief:
„Da hast du dein Geld!
Ich wusste ja, wie streng du bist.
Ich hatte Angst,
dein Geld zu verlieren.
Darum habe ich es vergraben.“

Da wurde sein Herr zornig,
und sprach zu ihm:
„Du fauler und unnützer Knecht!
Du wusstest, dass ich streng bin?
Und doch hast du
nichts für mich getan?“
Und er nahm ihm das Geld weg
und gab es dem ersten Knecht.
Den unnützen Knecht aber
ließ er hinauswerfen.

Wie jemand,
der nach langer Zeit heimkehrt,
so wird Jesus einst wiederkommen.
„Darum seid bereit!“, sagt Jesus.
„Seid wie der kluge und treue Knecht!
Er freut sich, wenn sein Herr kommt.“
Matthäus 24,44ff

Kommt zum Fest!

Lukas 14,15–24

Aber wer wird am Ende der Zeit
das Fest mit Gott feiern?
Jesus hat darauf
mit dieser Geschichte geantwortet:

Ein Mann bereitete
ein großes Fest vor
und lud seine Freunde
zum Festmahl ein.
Er schickte seinen Knecht los.
Der ging zu dem ersten Freund
und lud ihn ein:
„Komm zum Fest!

Es ist alles bereit.
Der Tisch ist gedeckt."

Aber der Freund antwortete:
„Es tut mir leid.
Ich kann nicht kommen.
Ich habe gerade
ein Stück Land gekauft.
Das muss ich mir ansehen.
Bitte, entschuldige mich!"

Da ging der Knecht
zu dem zweiten Freund
und lud ihn ein:
„Komm zum Fest!
Es ist alles bereit."

Aber der Freund antwortete:
„Es tut mir leid.
Ich kann nicht kommen.
Ich habe gerade
fünf Paar Ochsen gekauft.
Die muss ich jetzt ansehen.
Bitte, entschuldige mich!"

Da ging der Knecht
zu dem dritten Freund
und lud ihn ein:
„Komm! Es ist alles bereit."

Aber der Freund antwortete:
„Es tut mir leid.
Ich kann nicht kommen.
Ich habe gerade geheiratet.
Ich muss mich
um meine Frau kümmern.
Bitte, entschuldige mich!"

Da kam der Knecht
zu seinem Herrn zurück
und berichtete ihm alles.

Der Herr aber wurde zornig
und befahl seinem Knecht:
„Geh schnell auf die Straße
und in die Gassen!
Geh zu den Bettlern
und zu den Kranken
und bring sie alle her!"

Da zog der Knecht los
und lud alle ein:
Blinde, Gelähmte und Bettler.
In großen Scharen kamen sie an.
Der Saal füllte sich mehr und mehr.
Aber es gab immer noch Platz.
Da sagte der Hausherr
zu seinem Knecht:
„Geh noch einmal los!
Zieh noch weiter ins Land hinaus
und lade alle ein, die du findest!
Führe sie in mein Haus!
Ich will mit ihnen feiern
und das Mahl mit ihnen halten."

So wird es am Ende der Tage sein:
Sie werden kommen
von Norden und Süden,
von Osten und Westen
und mit Jesus zu Tisch sitzen
und das Fest Gottes mit ihm feiern.
Dann wird es keine Tränen,
keinen Schmerz und kein Leid
und keinen Tod mehr geben.
Dann wird Jesus für immer
bei den Menschen sein.
Und sie werden alle miteinander
Gott loben ohne Ende.
Lukas 13,29 / Offenbarung 21,3f

DRITTER TEIL

Einführung in die Geschichten der Bibel

Zum Verständnis biblischer Erzählungen*

1. Die Bibel erzählt

* **Die Fußnoten verweisen auf Seiten im ersten und zweiten Teil.**

Wer sich auf den Weg macht, die Bibel neu zu entdecken, ist zunächst erstaunt über die Fülle biblischer Geschichten. In ihnen spiegelt sich eine bunte **Vielfalt menschlicher Erfahrungen** aus vielen Jahrhunderten, aus verschiedenen Kulturen und von Menschen verschiedenster Herkunft. Aber bei aller Verschiedenheit haben diese Geschichten eines gemeinsam: Sie erzählen von Menschen, denen Gott begegnet ist, offenbar oder verhüllt, unmittelbar oder vermittelt durch das Wort seiner Boten, im Licht seiner Herrlichkeit oder im Dunkel der Nacht, unfassbar fremd oder tröstlich nahe. Alle diese verschiedenen Erzählungen sind gesammelt und von Generation zu Generation weitergegeben worden, nicht nur als Erinnerung an die Vergangenheit, sondern in der Erwartung, dass Gott sich im Vollzug des Erzählens selbst offenbaren und den Menschen hier und heute begegnen wird.

Diese Erwartung wird auch durch die Form der Erzählung unterstrichen. An ihrer besonderen Form wird deutlich, wie von Gott zu reden ist, wie das Unsagbare überhaupt aussagbar gemacht werden kann. Ganz deutlich setzen die biblischen Erzählungen der eigenen Fantasie und Fabulierlust Grenzen. Sie erzählen von ihren Erfahrungen mit Gott eher verhüllend als enthüllend, eher verhalten, aber dafür umso eindeutiger. Mit erkennbarer Ehrfurcht wahren sie einerseits die unsichtbare Grenze zwischen Gottes Welt und unserer Welt und lassen nur an wenigen hervorgehobenen Stellen einen kurzen Blick in Gottes Welt zu, verweigern sich aber im Übrigen allen zudringlichen Blicken und Spekulationen über Gott.

Auf der anderen Seite kennzeichnet die biblischen Erzählungen eine erstaunliche Vielfalt und Offenheit, wo immer sie vom Menschen reden. Anschaulich und konkret und oft detailliert erzählen sie von den vielfältigen Erfahrungen der Menschen, von ihren Leiden und Freuden, von Verzweiflung und Hoffnung.

Diese Erfahrungen sind jeweils in eine bestimmte Form gekleidet, so zum Beispiel,

- wenn die Geschichte vom Sündenfall[1] in dramatischer Dichte erzählt wird;
- wenn die Geschichten von Abraham[2] oder von Josef[3] als fortlaufende Erzählung in epischer Breite entfaltet werden;
- wenn umgekehrt die Geschichten, in denen sich Gott dem Menschen

[1] **18ff**
[2] **28ff**
[3] **47ff**

offenbart[4], durch ihre strenge Form anzeigen: Hier wird ein Geheimnis berührt, das nur angedeutet, aber nicht ausgemalt werden darf.

Bei aller Verschiedenheit in der erzählerischen Ausgestaltung sprechen diese Erzählungen dennoch eine gemeinsame Sprache. Es ist die **elementare Sprache** der Bibel, in der die vielfältigen Erfahrungen ihren angemessenen Ausdruck finden. Diese Sprache zeichnet sich vor allem durch Einfachheit aus, wobei die Geschichten in der Weise entfaltet und elementarisiert werden, dass sie gleichsam mit-erlebt, mit-gehört und mit-gesehen werden können. Als solche sind sie vergangen und gegenwärtig zugleich, einmalig und zugleich ein für alle Mal gültig. Dies erklärt auch, warum die biblischen Geschichten in ihrer elementaren Sprachgestalt zu keiner Zeit einfach überholt sind, sondern zu jeder Zeit neu zu Menschen jeden Alters sprechen. Indem sie sich strikt an die vorgegebene Form halten, bleiben sie einerseits anschaulich und konkret zugleich, andererseits aber durchgängig transparent für die unsichtbare Wirklichkeit Gottes, die allen Geschichten der Bibel zugrunde liegt: *„Ihr sollt erfahren, dass ich, der Herr, euer Gott bin.“*[5]

2. Die Bibel erzählt im Zusammenhang

Demzufolge sind alle biblischen Erzählungen in einem inneren und inhaltlichen Zusammenhang zu sehen. In ihrer gemeinsamen Ausrichtung auf den einen Gott des Alten und Neuen Testaments bleiben die Geschichten aufeinander bezogen und bilden zusammen einen vielstimmigen Chor zur Ehre Gottes. Schon innerhalb des Alten Testaments lässt sich beobachten, wie in den späten Zeugnissen der Königszeit und im Babylonischen Exil die frühen Erfahrungen Israels wieder anklingen und aktualisiert werden. Aber auch im Neuen Testament werden jene frühen Erfahrungen aufs Neue gegenwärtig und halten zugleich den Blick offen für neue, noch ausstehende Erfahrungen. Ohne dass auf den Zusammenhang ausdrücklich hingewiesen werden müsste, entdecken wir überall vielfache Bezüge, die die innere Zusammengehörigkeit aller biblischen Geschichten anzeigen, so zum Beispiel,

- wenn im Alten Testament erzählt wird, dass König Josia das Passafest gefeiert hat in Erinnerung an den Auszug aus Ägypten, und wenn wir im Neuen Testament lesen, dass Jesus in der Nacht vor seinem Tod mit seinen Jüngern das Passamahl gehalten hat;[6]
- wenn wir im Alten wie auch im Neuen Testament von Gottes Neuanfängen inmitten tödlicher Bedrohung lesen, die sich durch die wunderbare Geburt eines Kindes ankündigen;[7]

[4] 63f, 73, 122
[5] 2. Mose 16,12
[6] 132, 217f
[7] 59ff, 144f, 152f

- so auch, wenn wir lesen, wie Gott sich seinen Menschen offenbart, z. B. in der Wüste[8] oder auf dem Berg Sinai[9] und auf dem Berg der Verklärung[10].

Immer bleibt in den einmaligen und konkreten geschichtlichen Erfahrungen die ganze Geschichte Gottes im Blick. Immer wird sie unausgesprochen mit-erinnert und mit-vergegenwärtigt.

In diesem Sinne fordern uns die biblischen Geschichten zur Zusammenschau auf und zu immer neuem Staunen über Gottes Handeln, das große Zeiträume umspannt und dennoch in sich verbunden bleibt. Und so sollte die Bibel auch gelesen werden: „als e i n Buch ..., sodass keiner ihrer Teile in sich beschlossen bleibt, vielmehr jeder auf jeden zu offengehalten wird" (Martin Buber), wobei die jeweilige Einzelgeschichte transparent bleibt für die vielfältigen Erfahrungen, die andere biblische Zeugen zu anderen Zeiten mit Gott gemacht haben.

Somit weisen uns die Erzählungen der Bibel selbst den Weg, wie wir angemessen von Gott und seinen Menschen reden und seine Geschichte weitererzählen können. Im schlichten Lesen und Hören auf die Geschichten der Bibel und im eigenen behutsamen Nachsprechen sind wir eingeladen, neu das Staunen zu lernen

- über die Vielfalt der Erzählungen;
- über die Vielstimmigkeit und den Zusammenklang ihrer Zeugnisse;
- vor allem darüber, dass alle Geschichten der Bibel über sich selbst hinausweisen auf den Einen Gott, der Anfang, Mitte und Ziel aller Geschichte ist.

Dabei geht es *„... um so elementare Dinge, dass wir uns beleidigt fühlen, wenn sie uns vorgesetzt werden, um dann doch alsbald zu entdecken, dass sie tatsächlich zum guten Teil unbekannt und unerprobt sind, dass wir noch nicht damit gelebt und gearbeitet haben ... Wir trippelten schon in der hohen Schule des geistigen Lebens von Saal zu Saal und übertrumpften einander in hohen und immer höheren, tiefen und immer tieferen, feinen und immer feineren und allerfeinsten Weisheiten, Lehren, Prinzipien – und hatten die Elementarschule, ja den Kindergarten überschlagen. Nun begreifen wir, warum wir so oft geplagt wurden von dem Gefühl, dass wir, obwohl wir alles begriffen, doch das Eigentliche nicht in den Griff bekämen ... Darum zurück zum ABC, zu der simplen Ordnung der Grundlinien der Heiligen Schrift, zum Leben aus dieser Ordnung und zum Denken von da aus!" (Kornelis H. Miskotte)*

[8] 63
[9] 73
[10] 200f

3. Die Bibel erzählt vom Weg Gottes mit den Menschen

Die Geschichten der Bibel handeln von der einen umfassenden Geschichte Gottes mit den Menschen. Betrachtet man diese Geschichte im Zusammenhang, so fällt zunächst ihre ungewöhnliche Bewegtheit ins Auge. Nie scheint diese Geschichte zur Ruhe zu kommen. Immer wieder sind Menschen unterwegs, wagen einen Neuanfang und brechen auf zu neuen Ufern. So drängt diese Geschichte immer weiter vorwärts, nimmt uns in die Atemlosigkeit ihres Geschehens hinein und erweist sich darin wahrhaft als „Geschichte", und zwar als dreifache Geschichte:

(1) Diese Geschichte ist zunächst eine ganz und gar **menschliche Geschichte**, die bestimmt ist durch die Ruhelosigkeit und Ziellosigkeit des Menschen. In der Ruhelosigkeit liegt seine Tragik. Seit Beginn der Menschheitsgeschichte steht er unter dem Fluch: „Unstet und flüchtig sollst du sein auf Erden."

- Unstet und flüchtig muss **Kain** von einem Ort zum anderen fliehen.[11]
- Fliehen muss auch **Lot** mit seinen Töchtern.[12]
- Und wenig später muss **Jakob** vor seinem Bruder Esau fliehen.[13]
- Auch herausragende Menschen wie **Mose** und **Elia**[14] müssen die Flucht ergreifen und lange Zeit im fremden Land verbringen.
- **David** muss gleich zweimal vor seinen Feinden fliehen, zunächst vor König Saul, dann sogar vor seinem eigenen Sohn.[15]

In all diesen Fällen ist das Unglück der Menschen in ursächlichem Zusammenhang mit menschlicher – eigener oder fremder – Schuld zu sehen. Menschen, die selbst das Ziel, ihre göttliche Bestimmung, aus den Augen verloren haben, werden an sich oder an ihren Mitmenschen schuldig und verursachen einen Teufelskreis von Sünde und Leid, den kein Mensch aus eigener Kraft auflösen kann.

Das ist das deprimierende Bild, das die Bibel von der Menschheitsgeschichte zeichnet. Schon in den ersten Kapiteln der Bibel zeigt sich die Hoffnungslosigkeit dieser Geschichte an, in der folgerichtig ein Unglück auf das andere folgt. Eine Geschichte, wie es scheint, ohne Ausweg!

(2) Aber zugleich erzählt die Bibel **Gottes Geschichte**. Diese zieht sich wie ein roter Faden durch die unruhige Menschheitsgeschichte hindurch. Gott überlässt die Menschen nicht sich selbst. Er lässt sie nicht ziellos und orientierungslos ihre eigenen Wege gehen. Er greift in ihre Geschichte ein, ja, er macht sich selbst auf den Weg und kommt zu den Menschen.

- Er kommt und überwindet den tiefen Graben zwischen seiner und unserer Welt.[16]

[11] 21f
[12] 33
[13] 43
[14] 61, 118, 122
[15] 102ff, 111
[16] 63, 73, 154

- Er kommt in seinem schöpferischen Wort und schafft mit seinem Wort Neuanfänge in der Geschichte.[17]
- Er kommt in die Tiefe der Schuld und des Leids und geht selbst den Weg ins Leiden, ja, in den Tod.[18] So tiefgreifend lässt er sich auf die Menschengeschichte ein, dass er sich selbst an sündige Menschen ausliefert.

Und dennoch bekennen die biblischen Zeugen Gott als den Herrn der Geschichte, den Herrn über die Menschen und Herrn über die Welt.[19] Er ist der Zielpunkt, auf den sich alles Geschehen ausrichtet.

Nicht Atemlosigkeit bestimmt also letztlich diese Geschichte, sondern der lange Atem der Liebe Gottes, der seine Menschen durch alle Wirren und durch alle schuldhafte Verstrickung hindurch zu seinem Ziel führt.

(3) Die Geschichte der Bibel ist schließlich als eine fortlaufende **Geschichte der Zeugen Gottes** zu verstehen. Menschen, die Gottes Eingreifen in ihre eigene Geschichte erfahren haben, machen sich auf den Weg zu anderen Menschen und werden zu Zeugen Gottes in ihrer jeweiligen Umwelt und Zeit. Sie haben nichts, was sie vor anderen auszeichnet, nichts, was sie zu ihrer Aufgabe besonders befähigt, als allein das Wort Gottes, das sie selbst getroffen und berufen hat. Dieses Wort geben sie weiter mit eigenen Worten oder wortlos durch ihr zeugnishaftes Handeln.

- So wird **Abraham**, von Gott auf den Weg gerufen, zum Zeugen Gottes im fremden Land und zum Zeugen seiner Verheißung für alle, die nach ihm kommen.[20]
- So macht sich das **Volk Israel** auf den Weg in das Gelobte Land und bezeugt damit vor allen Völkern, was Gott an ihm getan hat.[21]
- So machen sich die **Propheten** im Namen Gottes auf, stellen sich den Mächtigen, ja sogar Königen in den Weg und verkündigen ihnen Gottes Wort.[22]
- So machen sich auch die **Jünger Jesu** auf den Weg in die Welt auf das Wort Jesu hin: *„Gehet hin!“* und im Vertrauen auf seine doppelte Zusage: *„Mir ist gegeben alle Macht“* und *„Siehe, ich bin bei euch alle Tage bis an das Ende der Welt.“*[23]

In ihrem Gefolge sind auch wir aufgerufen, uns auf den Weg zu machen, um anderen weiterzugeben, was wir selbst empfangen haben, wie es im Psalm 78,3ff heißt:

„Was wir gehört haben und wissen und unsere Väter uns erzählt haben, das wollen wir nicht verschweigen ihren Kindern, … damit es die Nachkommen lernten …, dass sie setzten auf Gott ihre Hoffnung und nicht vergäßen die Taten Gottes.“

[17] 24, 27f, 63, 150f, 152f
[18] 74f, 199f, 214–227
[19] 137ff, 236, 253
[20] 28
[21] 67f
[22] 116ff
[23] 236ff

Die Geschichten des Alten Testaments

1 Gott macht den Anfang[1]

1. Der Anfang

Schon der erste Satz der Bibel lässt aufhorchen: „Am Anfang schuf Gott Himmel und Erde."[2] Das ist mehr als nur eine Einführung in die Schöpfungsgeschichte. Hier wird von Anfang an festgestellt, von wem in der Bibel die Rede sein soll: von Gott, der am Anfang aller Dinge steht, absolut und nicht hinterfragbar. Gott hat selbst souverän den Anfang gesetzt, den Anfang der Schöpfung, den Anfang der Zeit und somit auch den Anfang aller Geschichte. Er ist es auch, der den Anfang allen Redens von Gott setzt.

Damit wird gleich zu Anfang die Richtung gewiesen, wie der folgende Schöpfungsbericht zu lesen ist: nicht als „Bericht", sondern als ausdrückliches Bekenntnis zu dem einen Gott, „der Himmel und Erde gemacht hat".[3]

Wie ein gewaltiges Loblied muten uns diese ersten Verse der Bibel an. Voll Staunen und Ehrfurcht rühmt der Mensch, was Gott getan hat, lange bevor auch nur ein Mensch existiert hat: „Gott sprach." Und durch sein machtvolles Wort „geschah es". Er „schied". Er „benannte". Und er „sah, dass es gut war, sehr gut"![4] Gott selbst ist das Thema dieses Schöpfungslobpreises, von Anfang bis Ende.

So klingt bereits im ersten Kapitel der Bibel an, was das Ziel allen menschlichen Redens von Gott sein sollte: der Lobpreis Gottes, der wie den Anfang so auch das Ende umgreift. Der Gott, der allein die Macht hat, aus dem Nichts Leben zu schaffen[5] und der am Ende auch die Macht haben wird, allen vernichtenden tödlichen Mächten ein Ende zu setzen, soll gelobt werden „von Ewigkeit zu Ewigkeit".[6]

2. Der Anfang des Menschen

Erst als der Mensch ins Blickfeld rückt, fängt die Bibel an zu erzählen.[7] Sie erzählt von den ersten Menschen und ihrem ursprünglichen Einssein mit Gott und der Schöpfung. Aber sie erzählt auch, fast im selben Atemzug, vom Einbruch der Sünde in das Leben der Menschen. So erschreckend menschlich erzählt sie davon, dass kein Zweifel aufkommen kann: Die Verantwortung für dieses Geschehen liegt bei den Menschen selbst. Keine fremde Macht, weder Gott noch der Teufel, haben dieses Unglück einfach über die Menschen verhängt, sondern die Menschen haben ihre ursprüng-

[1] **siehe 15–26**
[2] **16**
[3] **Psalm 121,2; 124,8 u.a.**
[4] **16ff**
[5] **vgl. Römer 4,17**
[6] **Offenb. 4,10**
[7] **18ff**

liche göttliche Bestimmung verfehlt. Sie haben sich gegen Gott entschieden und damit von Anfang an ihr Daseinsrecht verwirkt. In dramatischer Zuspitzung fällt ihre Entscheidung gegen Gott[8], und kaum ist sie gefallen, stellen sich die fatalen Folgen schon ein. In rascher Szenenfolge spielt sich dieses menschliche Drama vor uns ab, unaufhaltsam und unwiderruflich. Erschrocken stellen wir am Ende fest: Nicht einen Augenblick lang war der Mensch fähig, den Gehorsam gegenüber Gott – seine einzige Chance! – zu bewahren. Der kleinste Anstoß von außen hat genügt, um ihn aus seiner ursprünglichen Gemeinschaft mit Gott herauszureißen.

3. Der Anfang vom Ende?

In den folgenden Geschichten nimmt das Verhängnis seinen Lauf.[9] Der erste scheinbar nur geringfügige Ungehorsam führt in der Folge zu einem geradezu maßlosen Anwachsen der Sünde, das sich von Geschichte zu Geschichte steigert.

Immer größer und ungeheuerlicher wird das Verlangen der Menschen, zu „sein wie Gott".[10] Dabei bewegen sich die Menschen immer weiter von Gott weg und werden sich gleichzeitig untereinander mehr und mehr fremd. Brüche werden sichtbar in der Beziehung von Mann und Frau[11] sowie in der Beziehung von Bruder und Bruder und führen schließlich zum Totschlag.[12] Noch ehe eine größere Gemeinschaft von Menschen entstehen kann, ist sie schon zum Scheitern verurteilt, weil sie die Verbindung zu Gott verloren hat und weil sie durch das eigene Machtstreben von Anfang an verdorben ist. Selbst der gigantische Versuch, mit dem Turmbau von Babel die gefährdete Gemeinschaft zu sichern,[13] erreicht nur das Gegenteil: Zerrissenheit statt Einheit, Trennung statt Gemeinschaft, Trennung von Gott und Trennung untereinander.

In dieser sogenannten **„Urgeschichte"** der Menschheit zeichnet sich bereits ab, was heute aufs Neue als akute Bedrohung erfahren wird: die Möglichkeit des selbstverschuldeten Untergangs der Menschheit, der Hand in Hand mit der Zerstörung der Schöpfung geht. In der Sintflutgeschichte wird diese furchtbare Möglichkeit bereits vorweggenommen. Die Menschheit geht buchstäblich unter, und mit ihr ist die ganze Schöpfung vom Untergang bedroht.[14] Es hat den Anschein, als wollte Gott seine Schöpfung, die ihre ursprüngliche Bestimmung verfehlt hat, gleich zu Anfang wieder rückgängig machen.

Aber dennoch zieht sich durch diese Urgeschichte wie ein roter Faden Gottes bewahrende Gnade. Gott gibt Adam und Eva Lebensraum und Lebenszeit. Er umhüllt sie mit Kleidern aus Fellen[15] und schützt Kain durch ein Malzeichen.[16] Vor allem an Noah wird sichtbar, wie Gott schützt und erhält: Noah findet „Gnade vor Gott".[17] Gott „spricht" mit ihm wie mit ei-

[8] 19
[9] 20ff
[10] 1. Mose 3,5
[11] 19
[12] 21
[13] 25f
[14] 22ff
[15] 20
[16] 22
[17] 1. Mose 6,8

nem Freund. Er schließt selbst „die Tür hinter ihm zu".[18] Er „gedenkt" an Noah und lässt den Regen aufhören.[19] Und am Ende schließt er mit Noah sogar seinen Bund und gibt ihm den Regenbogen als Zeichen seiner Treue und als Zeichen des Neuanfangs.

So bleibt die düstere Urgeschichte der Menschheit offen für Gottes zukünftiges Handeln. Nicht die tragischen Folgen menschlicher Schuld werden das letzte Wort haben. Gott selbst behält sich das letzte Wort vor.

[18] 23, 1. Mose 7,16
[19] 23, 1. Mose 8,1

2 Gott gibt sein Versprechen[1]

Mit den Geschichten von Abraham, Jakob und Josef beginnt ein neuer Abschnitt in der Geschichte, der sich wie eine Gegengeschichte zu der unmittelbar vorangegangenen Urgeschichte liest. Ganz unauffällig und unsensationell beginnt diese Geschichte mit dem Auszug eines Einzelnen. Aber wie bei der Schöpfung, so steht auch hier am Anfang Gottes Wort. Gott ist es, der Abraham ruft. Er gibt ihm ein Versprechen, das weit über die Geschichte dieses einen Menschen hinausweist und bereits das künftige Schicksal der ganzen Menschheit mit einschließt.

Damit gewinnt diese Geschichte von Anfang an eine eigene, eine göttliche Qualität. Auf die Unheils-Geschichte des Menschen antwortet Gott mit seiner Heils-Geschichte, die nicht nur Abraham und Sara und deren Nachkommen zum Heil gereichen soll, sondern „allen Menschen auf der Erde".[2] Dabei stellt sich allerdings sofort die Frage: Wird Gott sein Versprechen halten? Wird sich sein Wort in der Geschichte durchsetzen? Oder werden die Menschen wieder Gottes Pläne durchkreuzen und zunichte machen?

Das ist die zentrale Frage, die unausgesprochen die **Geschichte der Väter** durchzieht. Aber weder die Abrahams- noch die Jakobs- oder Josefsgeschichte gibt darauf eine schnelle Antwort. Erst im Verlauf dieser Geschichten finden die betroffenen Personen durch Kampf und Leid zu jener unerschütterlichen Gewissheit hindurch: Was Gott versprochen hat, das wird er auch tun.[3] Es ist ein langer Lernweg, den jene Väter und Mütter Israels gehen müssen, ein Weg mit Höhen und Tiefen, ein Weg voller Rätsel und Fragen. Aber es ist zugleich ein Weg voller Verheißung, ein Weg, auf dem Gott immer wieder sein Versprechen erneuert und das Ziel ihres Weges erkennen lässt. Dies zeigt sich zunächst in der Geschichte von Abraham.

[1] **siehe 27–57**
[2] **28**
[3] **vgl. Römer 4,21**
[4] **28**
[5] **28, 29**
[6] **28, 37f**

1. Abraham: Im Vertrauen auf die Verheißung

Gott gibt Abraham eine dreifache Verheißung:

- „Ich will dich zum großen Volk machen."[4]
- „Dieses Land will ich dir … geben."[5]
- „Ich will dich segnen."[6]

Im Vertrauen auf dieses Versprechen macht sich Abraham auf den Weg. Er geht, obwohl er den Weg nicht weiß und die Zukunft nicht kennt. Aber die Erfüllung lässt auf sich warten. Abraham muss warten, bis Gottes Stunde gekommen ist. Am Ende seines Lebens ist erst ein einziges dieser Versprechen in Erfüllung gegangen. Abraham hat einen Sohn: Isaak. Aber nicht einmal dieser Sohn ist ihm sicher. Abrahams Glaube wird noch einmal auf eine letzte und äußerste Probe gestellt. Er soll seinen eigenen Sohn opfern. Und noch einmal macht sich Abraham auf den Weg, den allerschwersten seines Lebens. Doch wieder geht er ihn schweigend und im absoluten Gehorsam, ohne das Ende des Weges zu kennen. Aber am Ende dieses Weges darf Abraham erkennen: Nicht Verzweiflung, nicht der Tod hat das letzte Wort, sondern Gott erneuert sein Versprechen und weist damit weit über Abrahams Leben hinaus in eine ferne Zukunft, die Gott selber heraufführen wird.[7]

2. Jakob: Im Ringen um die Verheißung

Auch an Jakobs Leben wird deutlich: Jakob kann keinen Einfluss auf Gottes Verheißung nehmen, weder im Guten noch im Schlechten. Er kann zwar zweimal seinen Bruder überlisten[8] und dem Vater den Segen abluchsen.[9] Aber er kommt dadurch der Erfüllung der Verheißung kein Stück näher. Im Gegenteil: Er muss das verheißene Land verlassen, muss viele Jahre in der Fremde warten und wird von seinem eigenen Onkel betrogen.[10]

Dennoch bleibt Gottes Verheißung über ihm. Gleich zweimal erneuert Gott sein Versprechen an Jakob. Am Anfang seiner Flucht: in Bethel;[11] und bei seiner Heimkehr: am Jabbok.[12] Fremd und unbegreiflich erscheint uns diese Geschichte vom Kampf Gottes mit Jakob am Jabbok, ebenso fremd wie die Geschichte von Isaaks Opferung. Aber hier wie dort ist es Gott selbst, der dem Menschen in den Weg tritt. Er nimmt ihm das Vertrauen in sein eigenes Können und gibt ihm dafür seinen göttlichen Segen. Als ein vom Kampf Gezeichneter, aber zugleich als Gesegneter geht Jakob aus dem Kampf mit Gott hervor. So geht er Gottes Zukunft und der Versöhnung mit seinem Bruder entgegen.

3. Josef: Gefährdung der Verheißung?

Mit Jakobs Söhnen scheint endlich die dreifache Verheißung, die Gott einst Abraham gegeben hat, erfüllt. Jakob hat zahlreiche Nachkommen. Er wohnt im versprochenen Land und hat offensichtlich den Segen Gottes. Aber kaum ist es so weit, da scheint Gottes Verheißung schon wieder in Frage gestellt. Die Söhne Jakobs zerstreiten sich.[13] Die Familie bricht auseinander. Schlag auf Schlag folgt ein Unglück dem anderen. Josef wird verkauft. Vater Jakob wird vorsätzlich getäuscht. Eine Hungersnot gefährdet die Existenz der Familie Jakobs im Land Kanaan.

Doch diesmal schweigt Gott. Nur indirekt und sehr leise wird in den Josefsgeschichten erkennbar, dass Gott seine Hand dennoch im Spiel hat. Gott lässt Josef „gelingen",[14] was er tut: als Sklave, als Gefangener und als Verwalter des ägyptischen Königs. Erst nach vielen wechselvollen Jahren kann Josef seinen Brüdern gegenüber bekennen: *„Ihr gedachtet es böse*

7 37f
8 41f
9 41ff
10 44f
11 43f
12 46f
13 47ff
14 49f, 1. Mose 39,2.21

mit mir zu machen. Aber Gott gedachte es gut zu machen, um zu tun, was jetzt am Tage ist, nämlich am Leben zu erhalten ein großes Volk.“[15]

Damit stellt Josef sich und seine Brüder erneut unter das Versprechen Gottes, dessen endgültige Erfüllung am Ende der Vätergeschichte immer noch aussteht.

[15] 56, 1. Mose 50,20

3 Gott führt sein Volk[1]

Dieses Kapitel erzählt von der wichtigsten und denkwürdigsten Erfahrung Israels, auf die sich alle Glaubenszeugnisse des Alten Testaments direkt oder indirekt beziehen:
„Gott hat uns zu seinem Volk gemacht."[2]

- Er hat uns aus Ägypten geführt.
- Er hat seinen Bund mit uns geschlossen.
- Er hat uns durch die Wüste in unser Land gebracht.

Das ist die wunderbare Erfahrung, von der das Volk Gottes lebt, der Grund seines Jubels und Gegenstand zahlloser Lieder. Immer wieder wird dieses Ereignis in den Gottesdiensten, vor allem an den hohen Festtagen gefeiert. Aber am ausführlichsten wird es im **2.– 5. Buch Mose** entfaltet. In vielen Erzählungen wird hier erinnert, was das Volk Israel einst erlebt hat und wovon sein Glaube bis heute lebt.

1. Die Herausführung aus Ägypten

Die Geschichte von der Befreiung aus Ägypten beginnt im **2. Buch Mose** zunächst mit der Schilderung einer hoffnungslosen Situation.[3] Der Kinderreichtum, der den Vätern und Müttern verheißen war, wird nun dem Volk Israel in Ägypten zum Verhängnis. Kaum können Jakobs Nachkommen sich „Volk" nennen, da hebt auch schon die erste große Verfolgungs- und Ausrottungswelle gegen die Israeliten an. Gleich zu Anfang wird deutlich: Dieses Volk hat eigentlich keine Chance zu überleben. Es hat nicht einmal ein Wort Gottes, an das es sich klammern könnte. Gott scheint in dieser Situation weit weg zu sein. Und niemand kann sich offenbar an sein Versprechen, das er den Vätern gegeben hat, erinnern, weder der Pharao, der ägyptische König, noch das Volk Israel selbst. So ist das Volk Israel auf Gedeih und Verderb dem Wüten des Pharao ausgeliefert.

Nicht nur Verzweiflung, sondern Resignation, hoffnungslose, willenlose Ergebung macht sich breit. Aber in dieser Hoffnungslosigkeit – so erzählt das 2. Buch Mose – lässt Gott einen verborgenen Neuanfang keimen. Ein Kind wird geboren, Mose. Dieser wird wie durch ein Wunder gerettet und schließlich, nach vielen Jahren, von Gott zum Retter seines Volkes berufen.[4]

Warum, so mag man mit Recht fragen, mutet uns das 2. Buch Mose diese düstere Vorgeschichte vor dem eigentlichen Auszug aus Ägypten zu? Die Antwort liegt auf der Hand: damit aller Selbstruhm ausgeschlossen bleibt. Israel soll nie vergessen, wer es ursprünglich war: ein armes Volk von Skla-

[1] **siehe 58–79**
[2] Psalm 100,3
[3] 59f
[4] 63f

ven,[5] ein Volk ohne Überlebenschancen, das sich aus eigener Kraft nie hätte befreien können, das ganz und gar auf Gottes Barmherzigkeit angewiesen war. Erst durch Gottes Eingreifen, durch sein verborgenes Handeln an Mose und durch sein offenbares Handeln an den Ägyptern – zunächst in den zehn Plagen und dann endgültig am Schilfmeer – hat Israel Rettung erfahren. Nicht die Selbstbefreiungsaktion Israels steht demnach am Anfang seiner Geschichte, sondern Gottes große Rettungsaktion. Für diese Tat Gottes dankt Israel seinem Herrn Jahr für Jahr bis heute am Passafest: *„Du bist der Gott, der Wunder tut, du hast deine Macht bewiesen unter den Völkern. Du hast dein Volk erlöst mit Macht …“*[6]

2. Der Bundesschluss am Sinai

Aber es bleibt nicht bei der einmaligen Rettungstat Gottes. Wie in der Mitte des 2. Buches Mose erzählt wird, tut Gott noch weit mehr für sein Volk Israel. Er schließt mit ihm einen Bund und verbindet sich mit ihm am Berg Sinai rechtsgültig für immer.[7] Dabei offenbart er sich seinem Volk in seiner göttlichen Heiligkeit, in Blitz und Donner und in einer Rauchwolke und verweist damit das Volk in heilige Distanz. Aber zugleich offenbart er sich tröstlich nah in seinen Geboten, vor allem im Ersten Gebot, das künftig für Israel Grundlage und Mitte seines Glaubens werden soll. Hier, in diesem Ersten Gebot, wird offenbar, wer Gott ist, was er für sein Volk getan hat und was er von seinem Volk will.

- Gott offenbart, wer er ist:
  „Ich bin der Herr, dein Gott.“ Gott gibt seinen Namen bekannt: der Herr (Jahwe), „dein“ Gott. So nah kommt Gott seinem Volk, dass es „mein“ Gott sagen kann, dass es von nun an seinen Namen anrufen kann: „Mein Herr und mein Gott!“
  Damit ist eine Beziehung geschaffen, die dem Volk Israel eine neue Existenzgrundlage gibt. Als „Gottes Volk“, als „sein“ Volk erhält es eine einzigartige Stellung unter den Völkern.[8]
- Gott offenbart, was er getan hat:
  „Ich bin der Herr, … der ich dich aus Ägypten, aus der Sklaverei, geführt habe.“
  An seinem Handeln will er erkannt werden. Und über seinen Taten will er gepriesen sein.
  Damit kommt dem Volk Israel eine besondere Aufgabe in der Völkerwelt zu. Als Volk Gottes hat es den Auftrag, Gottes Taten vor allen Völkern zu bezeugen und darin Gott zu ehren.[9]
- Gott offenbart, was er will:
  „Ich bin der Herr …, du sollst keine anderen Götter neben mir haben.“
  Gott will, dass sein Volk aus freien Stücken das Jawort zu dem Liebesbund gibt, den er gestiftet hat, und in diesem Bund bleibt.

[5] 5. Mose 6,12
[6] Psalm 77,15f
[7] 73f
[8] 74, 2. Mose 19,5
[9] vgl. 5. Mose 7,6ff

Dazu gibt er seine Gebote, damit sein Volk im Gehorsam an diesem Bund festhält, dass es allein Gott dienen will und niemandem sonst und dass es sein ganzes Leben danach ausrichtet.

Demnach sind die zehn Gebote für die Israeliten kein Anlass zum Seufzen und Klagen, sondern immer neu Grund zur Freude und Anlass zum Dank, als Pfand und Erinnerungszeichen für den Liebesbund, den Gott mit ihnen geschlossen hat.
„Wer kann die großen Taten des Herrn alle erzählen und sein Lob genug verkündigen? Wohl denen, die das Gebot halten …“[10]

3. Die Führung durch die Wüste

Von der Wanderung Israels durch die Wüste erzählt das **2. und 4. Buch Mose**. Auf dieser Wanderung wird zunächst und vor allem Gottes Führung und seine fürsorgliche Liebe sichtbar und greifbar erfahren. Gott selbst zeigt seinem Volk den Weg in der Wolken- und Feuersäule.[11] Er gibt ihm das Manna[12], rettet es vor dem Verdursten[13] und vor räuberischen Überfällen.[14] Dennoch lässt es Israel an der nötigen Dankbarkeit fehlen. Gerade nach dem Bundesschluss am Sinai tritt dieser Widerspruch in aller Schärfe hervor. Kaum ist der Bund geschlossen, da macht sich das Volk ein goldenes Kalb.[15] Nicht einen Augenblick lang kann es Gott treu bleiben. Und was ihm von Gott als Geschenk gegeben ist, das Manna, das neue Land, wird nun Anlass zu fortwährendem Widerspruch und Murren.[16]

Schonungslos wird hier aufgezeigt, wer das erwählte Volk in Wahrheit ist: Menschen voller Angst und Rebellion wie alle anderen Menschen auch, unfähig, sich aus eigener Kraft in dem Bund zu bewähren. Ihr Verhalten kann weder entschuldigt noch verharmlost werden. Allein die Bitte um Vergebung, wie sie Mose im Gebet vor Gott bringt, ist hier noch möglich.[17] Aber dass Gott auf Moses Bitte hört, dass er seinem Volk die Sünde vergibt, dass er es weiterhin durch die Wüste führt und dass er das Zelt Gottes und die Lade Gottes[18] als Zeichen seiner bleibenden Nähe gibt – das ist für Israel das größte Wunder und Anlass zu immer neuem Staunen über seinen Herrn und zum Lobpreis Gottes: „Barmherzig und gnädig ist der Herr, geduldig und von großer Güte. Er handelt nicht mit uns nach unsern Sünden und vergilt uns nicht nach unserer Missetat.“[19]

[10] Psalm 106,2f
[11] 69
[12] 71f
[13] 70f
[14] 72f
[15] 74f
[16] 77f
[17] 75, 77, 2. Mose 32,32 4. Mose 14,19
[18] 75
[19] Psalm 103,8.10 vgl. 2.Mose 34,6f

4 Gott gibt das Land[1]

1. Das versprochene Land

Mit dem Einzug in das Land Kanaan ist ein deutlicher Einschnitt in der Geschichte Israels angezeigt. Endlich erfüllt sich, wonach sich das Volk lange Zeit gesehnt hat: Es bekommt ein eigenes Land, sichere Grenzen, Grund und Boden. Nach langem Nomadenleben kann es endlich zur Ruhe kommen. Es kann feste Häuser bauen, Felder und Weinberge bestellen und sich als Volk unter den Völkern behaupten.

Aber für Israel bedeutet das Land mehr. Das Land gilt als Zeichen der anhaltenden Treue Gottes, der über die Jahrhunderte hinweg zu seinem Wort steht. Was Gott einst Abraham versprochen hat, ist nun erfüllt. „Es ist alles gekommen“[2], wie Gott es gesagt hat. Das ist das besondere Thema im **Buch Josua**. Gott hat seinem Volk dieses Land versprochen und nun auch gegeben. Von Gottes Taten will es darum reden, nicht etwa von menschlichen Heldentaten.

2. Das Land Gottes

Damit wird zugleich deutlich: Das versprochene Land, das Israel nun in Besitz nimmt, ist und bleibt Gottes Land. Das Volk Israel kann dieses Land aus eigenen Kräften nicht erobern und kann darum auch keinen Besitzanspruch vor Gott geltend machen. Es bekommt dieses Land nur als Leihgabe. In diesem Sinn will das Buch Josua von der Einnahme des Landes erzählen. Was auf den ersten Blick wie eine verklärende Kriegsgeschichte wirkt, zeigt bei näherem Betrachten feine, aber bezeichnende Unterschiede zu den bekannten Kriegsgeschichten der Weltliteratur:

- Der Anführer des Heeres, Josua, wird keineswegs als Kriegsheld gefeiert, sondern eher als verzagter, abwartender Mensch gezeichnet, der von sich aus keine Kräfte aufbringt, das Land zu erobern. Allein der Zuspruch Gottes: „Sei getrost und unverzagt!“[3] gibt Josua den Mut, Gottes Wort zu folgen und das schwierige Werk zu wagen.

- Ferner wird gleich zu Anfang aufgezeigt, dass die Einnahme des Landes eigentlich unmöglich ist, zum einen, weil der Jordan den Zugang zu dem Land versperrt, zum anderen, weil die Stadt Jericho, das „Eingangstor“ zum Land, als uneinnehmbar gilt.[4] Gott ist es, der seinem Volk das Land „aufschließt“, der den Jordan teilt und die Mauern Jerichos einstürzen lässt.[5] Die Israeliten brauchen den Weg, den Gott ihnen geöffnet hat, nur im Glauben nachzugehen. Fast wie eine Prozession mutet ihr Weg durch den Jordan und rund um Jericho an, als ein sicht-

[1] **siehe 80–95**
[2] Josua 23,14b
[3] 80, Josua 1,9
[4] 81, vgl. Josua 6,1
[5] 83

bares Zeugnis ihres Glaubens und als wortloses Bekenntnis, dass dieses Land Gottes Land, das heißt „heiliges“ Land, ist.

- Außerdem zeigt sich, dass Gott das Land und die Leute schon „vorbereitet“ hat. Wie die Geschichte von Rahab erzählt, hat sich unter den Bewohnern des Landes schon vorher Angst und Schrecken verbreitet vor dem Gott Israels, der offensichtlich stärker ist als die eigenen Götter.[6] Beim Lesen der Geschichte gewinnt man den Eindruck, als hätten die heidnischen Bewohner Jerichos mehr von der Macht Gottes und von seiner Macht über ihr Land begriffen als die Israeliten, denen immer wieder der Mut entfallen will.

3. Das gefährdete Land

Aber auch nach der Einnahme des Landes hat das Volk Israel dieses Land nicht als sicheren Besitz. Vielmehr hängt seine Existenz im neuen Land von der Frage ab: Wird es sich auch in Zukunft allein auf Gott verlassen oder wird es sich im Land neue Sicherheiten bzw. neue Götter suchen?

Auf dem sogenannten **Landtag von Sichem** stellt Josua das Volk vor die Entscheidung: Entweder das Volk Israel bleibt Gott treu und dient auch im neuen Land ihm allein – oder aber Israels Existenz im neuen Land bleibt gefährdet.[7] Das Volk verspricht zwar auf dem Landtag Treue zu Gott und Gehorsam, aber sein Land bleibt ein unsicheres Land. Davon erzählen das nachfolgende **Buch der Richter, das Buch Rut und das 1. Buch Samuel**:

- Feindliche Einfälle ins Land bedrohen die Israeliten und nehmen ihnen ihre Existenzgrundlage, Korn und Vieh, wie die Geschichte von **Gideon** und den Midianitern zeigt.[8]
- Hungerkatastrophen suchen das Land heim und zwingen Familien, wieder aus dem Land auszuwandern, wie die Geschichte von Noomi und **Rut** erzählt.[9]
- Am bedrohlichsten aber ist der innere Zerfall, der im Zentrum des Glaubens anhebt, wie es vor allem in den Geschichten des jungen **Samuel** erzählt wird.[10] Der Gottesdienst verkommt. Die Israeliten suchen sich andere Götter. Priester missbrauchen ihr Amt.[11] Sie, die als Diener Gottes eigentlich die Menschen in den Geboten unterweisen sollten, hören selbst nicht mehr auf Gottes Gebote. Sie nutzen die Leute schamlos aus und ziehen damit den Fluch Gottes auf sich und stürzen das ganze Land ins Unglück.

Aber inmitten dieser düsteren Geschichte hören wir von Einzelnen, die Gott herausruft, um mit ihnen seine Geschichte zu machen. Es sind nur

[6] **82**
[7] **84, Josua 24,14ff**
[8] **84ff**
[9] **88ff**
[10] **91ff**
[11] **93**

schwache Menschen wie Gideon[12], auf den eigentlich niemand hört, oder Rut, die fremde Frau aus Moab[13], oder Hanna, die verachtete kinderlose Frau[14], oder auch Samuel, das unmündige Kind.[15] Aber diese Menschen wagen es, auf Gott zu vertrauen und gehen im Gehorsam den Weg, den Gott ihnen zeigt. Dabei erfahren sie seine wunderbare Hilfe.

[12] 84ff
[13] 90
[14] 91f
[15] 93f

5 Gott setzt Könige ein[1]

Das Volk Israel hat inzwischen zwar sein eigenes Land, aber es bildet noch keine politische Einheit. Die zwölf Stämme, die sich von den Söhnen Jakobs ableiten, leben lose nebeneinander her. Das einzige, was sie miteinander verbindet, ist ihr gemeinsamer Glaube an Gott und das Heiligtum, in dem die Bundeslade steht, das Zeichen der Erinnerung an Gottes Geschichte und zugleich das Zeichen seiner bleibenden Gegenwart.

Aber diese lose Einheit droht immer wieder auseinanderzubrechen. Auch die sogenannten „Richter" wie Gideon, die das Volk für eine begrenzte Zeit anführen, können nicht das gesamte Volk zusammenhalten, sondern immer nur einzelne Stämme. Dies führt dazu, dass das Land immer wieder von Feinden bedroht wird, zuletzt besonders durch die Philister, ein politisch und militärisch straff organisiertes Volk, dem die Israeliten militärisch weit unterlegen sind. So ist der Wunsch Israels nach einer dauerhaften Lösung verständlich. Das Volk fordert einen König, der den Feinden gewachsen ist und der das Volk innenpolitisch wie außenpolitisch führen und zusammenschließen kann.[2]

Aber dennoch steht diese Forderung in deutlichem Widerspruch zu dem, was Israel glaubt und bekennt. Nach alter Tradition ist Gott allein der König Israels.[3] Das heißt aber: Eigentlich braucht das Volk gar keinen anderen König. Samuel ist es, der im **1. Buch Samuel** vor allem diesen Widerspruch aufzeigt. Aber zugleich ist er auch derjenige, der im Namen Gottes den König auswählt und salbt.[4] Damit wird von Anfang an ein Zweifaches über das Königtum ausgesagt: Der König ist zwar der Erwählte Gottes. Aber der König bleibt in allem, was er tut, Gott, dem wahren König, untertan.

So spitzt sich nun alles auf die Frage zu: Werden die Könige Israels sich im Gehorsam gegenüber Gott bewähren? Werden sie seine Gebote halten und das Volk dazu anhalten, dass es seinen Gott nicht vergisst? Oder werden sie tun, „was ihnen gefällt" und sich damit selbst an Gottes Stelle setzen?

1. Das verfehlte Königtum Sauls

Mit Saul wird gleich zu Anfang ein König vorgestellt, der seine Erwählung ins Gegenteil verkehrt hat. Anfang und Ende seiner Geschichte stehen in scharfem Gegensatz zueinander. Wie Saul am Anfang von Gottes Geist und Freude erfüllt ist,[5] so erfüllt ihn später Eifersucht und Schwermut.[6] Damit wird die abgründige Möglichkeit, die im Königtum schlummert, erschreckende Wirklichkeit. Nicht einmal der erste König – so zeigt das 1. Buch Samuel – kann den geforderten Gehorsam gegenüber Gott durchhalten.

[1] **siehe 96–115**
[2] 1. Samuel 8,5
[3] vgl. z.B. Psalm 74,12
[4] 96ff
[5] 97, vgl. 1. Samuel 10,9–12
[6] 100, 103

Vielmehr gilt für ihn, was ähnlich für die ersten Menschen gegolten hat: Schon von Anfang an fällt der Mensch aus dem Gehorsam gegenüber Gottes Gebot heraus und möchte selbst „sein wie Gott".[7]

Dass Gott dennoch seine Hand über die Könige hält, trotz ihres immer neuen Abfalls von Gott, ist die erstaunliche Aussage der beiden Samuel- und Königsbücher. Selbst König Saul bleibt der Gesalbte Gottes, auch in seinen späten und gottverlassenen Jahren. Kein Mensch kann zunichte machen, was Gott einmal gesetzt hat. Kein Mensch, auch nicht sein Nachfolger David, darf sich erlauben, den Gesalbten Gottes eigenmächtig zu töten.[8]

2. Das erwählte Königtum Davids

Mit David wird das Gegenbild zu König Saul gezeichnet. David ist nach dem **2. Buch Samuel** der König nach dem Herzen Gottes. Anders als Saul „demütigt" er sich, das heißt: Er stellt sich unter Gott. Gott bleibt der wahre König in seiner Königsstadt Jerusalem.[9] Gleichzeitig bestätigt Gott sein Königtum und stellt es unter seine Verheißung, die auch alle Nachkommen Davids umspannt.[10] Nicht als ob David besser als andere Könige oder gar sündlos wäre! Das 2. Buch Samuel weiß vielmehr drastisch von seiner Sünde und den Folgen seiner Sünde zu berichten. Ehebruch und fortwährender Streit unter seinen Söhnen sind die Kennzeichen von Davids Königsherrschaft. Und dennoch steht über allem Streit Gottes Versprechen:

„Ich will dir ein Haus bauen. Ich will (deinem Sohn) ein Vater sein, und er soll mein Sohn sein. Und meine Gnade soll nicht von ihm weichen."[11]

3. Das erfüllte Königtum Salomos

Mit Davids Sohn Salomo scheint sich zu erfüllen, was Gott David versprochen hat. Von ihm weiß das **1. Buch der Könige** wahrhaft Außergewöhnliches zu berichten.

- Außergewöhnlich ist zunächst, wie Gott mit Salomo spricht. Kein Prophet verkündigt ihm Gottes Wort, wie es bei allen anderen Königen geschieht, sondern Gott selbst erscheint ihm im Traum.[12]
- Außergewöhnlich, ja einmalig ist vor allem sein Plan, Gott einen Tempel zu bauen als Mitte seines Königreiches, als Ort, an dem Israel an seinen Bund mit Gott erinnert, und als Ort, wo „Gottes Name wohnt".[13]
- Außergewöhnlich ist ferner der Erfolg seiner Friedenspolitik. Zu Salomos Zeit herrscht, wie schon sein Name sagt, „Schalom", das heißt Friede im umfassenden Sinn: Friede an den Grenzen, aber auch Friede im Inneren.[14] Was das Volk Israel bisher vergeblich ersehnt hat, scheint nun endgültig eingekehrt. Salomo braucht kein Heer von Soldaten.

[7] vgl. 1. Mose 3,5
[8] 103ff
[9] 106f
[10] 108
[11] 108, 2. Samuel 7,11ff
[12] 112f
[13] 114f
[14] 114

Stattdessen kann er sich ein „Heer" von Bauleuten, Steinmetzen und Lastträgern leisten.[15] Er braucht keine Pferde für den Krieg, auch keine Waffen. So kann er stattdessen kostbare Schätze in sein Land holen.[16]

- Außergewöhnlich sind aber vor allem die Ausmaße seiner Regierungsgeschäfte. Salomo ist in jeder Hinsicht ein König der Superlative. Schwindelerregende Zahlen werden über ihn berichtet, ganz gleich, ob es sich um das tägliche Essen[17], um seine Opfergewohnheiten[18] oder um den Bau des Tempels handelt. Nicht zuletzt ist die unermesslich große Zahl seiner Frauen und Nebenfrauen bemerkenswert.[19]

Aber gerade dort, wo sich die Zahlen fast überschlagen, auf dem Gipfel seines Ruhms, deutet sich bereits der Niedergang seiner Königsherrschaft an. Ausgerechnet die große Zahl seiner ausländischen Frauen wird Salomo zum Verhängnis. Denn durch sie werden neben Gott noch andere Götter ins Land eingeführt und verehrt.

So leitet bereits das Königtum Salomos den Anfang jener verhängnisvollen Entwicklung ein, die zunächst zur Teilung des Königreichs[20] und schließlich zum Untergang der beiden Reiche führen wird.[21] Es ist eine trostlose Königsgeschichte, die vor allem das **2. Buch der Könige** beschreibt, eine Geschichte, die gekennzeichnet ist durch Ungehorsam und Abfall von Gott und die schließlich in der Katastrophe enden wird. Am Ende wird es keinen König und keinen Tempel mehr geben.

Und dennoch bleibt über dieser trostlosen Geschichte Gottes Verheißung bestehen, die Gott zuvor David gegeben hat. Sie reicht über das Bestehen des geschichtlichen Königtums hinaus und hält die Hoffnung auf den einen König und Retter wach, den Gott selbst zu den Menschen senden wird.[22]

[15] **114, 1. Könige 5,29**
[16] **114, 1. Könige 10,14ff**
[17] **114, 1. Könige 5,1–14**
[18] **1. Könige 8,5.63**
[19] **1. Könige 11,1ff**
[20] **116**
[21] **128, 137**
[22] **145**

6 Gott sendet seine Propheten[1]

In einer Zeit, die gekennzeichnet ist durch große politische Ereignisse, durch weltpolitische Umwälzungen, durch Vernichtungsfeldzüge der assyrischen und babylonischen Großmächte, in einer Zeit also, in der Gottes direktes Einwirken in die Geschichte endgültig der Vergangenheit anzugehören scheint, treten die Propheten auf. Sie verkündigen Gottes Wort und Willen in ihrer jeweiligen konkreten Situation. Sie rufen seine Macht über alle politischen Machthaber aus und bekunden damit unmissverständlich, dass Gott nicht nur in der Erinnerung fortlebt, sondern hier und heute die Geschichte bestimmt.
Folgende Merkmale kennzeichnen die Botschaft der Propheten:

1. Propheten verkündigen Gottes Wort

Anders als die Könige treten die Propheten plötzlich und ohne Vorbereitung aus dem Dunkel der Geschichte ans Licht. Nichts zeichnet sie vor anderen Menschen aus, keine vornehme Geburt und auch kein besonderer Beruf, nichts als dies eine Entscheidende: Sie haben einen Ruf, einen Auftrag von Gott. Sie haben ein konkretes Wort Gottes, das sie weitersagen müssen. Dieses Wort, eben weil es Gottes Wort ist, setzt Fakten, wirkt wahre Wunder, trifft Menschen und stellt sie vor die Entscheidung.

Unerhört, geradezu empörend ist dieses Wort für alle, die aus der Tradition und aus ihren ererbten religiösen Vorrechten leben, für die Priester am Tempel ebenso wie für die Könige. Sie müssen dieses Wort als Kampfansage verstehen. Denn an ihm wird deutlich: Gottes Wort ist nicht an vorgegebene menschliche Institutionen gebunden. Gott kann durch seine Propheten reden, wann und wo er will.

- So nimmt z.B. **Elia** den Kampf gegen König Ahab und ein Heer von Baals-Priestern auf und hält ihnen Gottes Wort entgegen: „So wahr der Herr, der Gott Israels, lebt: Es wird nicht regnen." Und es geschieht, was Elia sagt, allem Unglauben zum Trotz.[2]
- Ebenso tritt später **Jeremia** im Tempel auf und hält dieser heiligen Institution Gottes heiliges Wort entgegen. Und es geschieht, wie Jeremia gesagt hat, allen Widerständen zum Trotz. *„Wie ein Feuer und wie ein Hammer, der Felsen sprengt"*, so trifft dieses Wort alle, die es hören.[3]

2. Propheten erinnern an Gottes Gebote

Je mehr die Könige sich von Gott entfernen und das Volk dazu anstiften, Gottes Gebote zu vergessen, desto eindringlicher erinnern die Propheten an seine Gebote. Die alte Rechtsordnung Gottes, die längst überholt scheint, soll nach Gottes Willen wieder ausschließliche Grundlage allen

[1] **siehe 116–136**
[2] 117f
[3] 132ff, Jeremia 23,29

Lebens werden. Dies bedeutet eine unglaubliche Herausforderung für die Könige, die durch ihre Bündnis- und Heiratspolitik mit anderen Königreichen längst Kompromisse eingegangen sind[4] und infolgedessen auch die Verehrung anderer Götter in ihrem Land dulden. Ihnen gegenüber fordern die Propheten ein radikales Entweder-oder: entweder der eine Gott Israels oder die vielen Götter der anderen Völker! Auch in einer politisch veränderten Situation bleibt für sie Gottes Gebot unvermindert gültig: „Ich bin der Herr, dein Gott. Du sollst keine anderen Götter neben mir haben."

Besonders eindrücklich kommt dieses Entweder-oder in der Geschichte von **Elia** auf dem Berg Karmel zur Sprache. Dort stellt Elia das Volk vor die Entscheidung: *„Wie lange hinkt ihr auf beiden Seiten? Ist der Herr Gott, so folgt ihm nach, ist's aber Baal, so folgt ihm nach."*[5] Das Volk und sein König müssen selbst entscheiden, auf welcher Seite sie stehen wollen, auf der Seite der Götter oder auf der Seite des einen Gottes, der sie bis hierher geführt hat. Ein Dazwischen, ein Sowohl-als-auch gibt es nicht, auch dann nicht, wenn die politische Vernunft es zu verlangen scheint.

3. Propheten rufen zur Umkehr

Ziel der Propheten ist es, Menschen zu Gott zurückzurufen, zu dem Gott ihrer Vorfahren, der seinen Bund mit ihnen geschlossen hat.

Aber je eindringlicher die Propheten zur Umkehr rufen, desto mehr verhärtet sich das Volk und beharrt auf seinem einmal eingeschlagenen Weg, der immer weiter von Gott weg führt. Nur ein kleiner Rest – bei Elia sind es siebentausend[6] – hört auf die Botschaft, widersetzt sich dem Gebot des Königs und hält sich an Gottes Gebote.

Aber im Übrigen zeigt sich, dass die „Heiden", also diejenigen, die eigentlich gar nichts von Gott wissen können, Gottes Willen oft mehr entsprechen und eher zur Umkehr bereit sind als die Israeliten.

- So lesen wir von der heidnischen Witwe in Sarepta: Als Elia ihren toten Sohn wieder zum Leben erweckt, da erkennt und bekennt sie, was das Volk Israel noch nicht wahrhaben will: „Wahrhaftig, du bist ein Prophet Gottes! Und was du sagst, das kommt von Gott."[7]
- Auch von dem syrischen General Naaman erfahren wir Ähnliches: Als er durch den Propheten **Elisa** im Namen Gottes vom Aussatz geheilt wird, bekennt er sich ausdrücklich zu dem Gott Israels.[8]
- Vor allem aber hören wir davon in der Geschichte von **Jona**. Die heidnischen Matrosen auf dem Schiff und die ahnungslosen Menschen von Ninive[9] sind eher bereit, umzukehren und Gott die Ehre zu geben, als das Volk Israel mitsamt seinen Propheten.

[4] **115, 117, 130, 1. Könige 11,1f**
[5] **120, 1. Könige 18,21**
[6] **123**
[7] **119**
[8] **125**
[9] **126f**

Beschämend und hoffnungsvoll zugleich wirkt solch unerwartete Umkehrung der Verhältnisse, die zu radikalem Umdenken, zur eigenen Umkehr aufruft.

4. Propheten fordern Glauben

Je mehr sich die weltpolitischen Ereignisse überstürzen, desto enger wird der Handlungsspielraum für die Könige Israels, vor allem in der Spätzeit des Königreiches Juda. Kann sich Gott auch in dieser bedrängenden Situation als der Mächtige erweisen? Oder endet seine Macht an den Toren Jerusalems bzw. an den Grenzen des Landes?

Die Antwort der Propheten ist ebenso eindeutig wie kühn: Gottes Machtbereich umfasst auch die großen Weltmächte, mehr noch, Gottes Macht umgreift auch alle kommenden Ereignisse, ja selbst den drohenden Untergang Jerusalems.

So kommt es vor allem in der Botschaft des **Jesaja** an König Hiskia zum Ausdruck. Wer so kühn wie Jesaja Gottes Macht behauptet,[10] der fordert zu einer ebenso kühnen Glaubenshaltung heraus. Nicht auf die eigene Kriegsmacht sollen sich der König und seine Untertanen verlassen, sondern im „Stillhalten und Hoffen",[11] im Harren auf Gott soll er seine wahre Stärke erkennen, eine Haltung, die angesichts der massiven Bedrohung geradezu als leichtsinnig und unsinnig erscheinen muss.

Hier leuchtet noch einmal etwas von jenem Glaubensverständnis auf, das wir von Mose, Gideon, dem jungen David und von anderen Führern der Frühzeit kennen. Im Wissen um die eigene Ohnmacht, aber im Vertrauen auf Gottes Macht wagt der Glaube das Unmögliche. Er hält der Bedrohung stand und wird damit zum stummen aber dennoch beredten Zeugen von Gottes Macht. „Wer (so) glaubt, der flieht nicht."[12] Wer aber nicht glaubt, der bleibt nicht.[13]

[10] 129
[11] **Jesaja 30,15**
[12] **Jesaja 28,16**
[13] **Jesaja 7,9**
[14] 94

5. Propheten sagen die Zukunft an

Propheten haben von Gott den Auftrag, in seinem Namen das kommende Gericht Gottes vorauszusagen. Dies galt schon in der Frühzeit für Samuel.[14] Es gilt aber besonders für die späteren Propheten, die unmittelbar vor dem Untergang der beiden Königreiche Israel und Juda leben. Wie eine Bombe schlägt ihre Botschaft vom bevorstehenden Untergang ein. Besonders empfindlich reagieren die Bewohner von Jerusalem darauf. Allein der Gedanke, dass Jerusalem und der Tempel zerstört werden könnten, bedeutet für sie eine Gotteslästerung. Hatte nicht Gott versprochen, dieser Stadt ewig treu zu bleiben und immer im Tempel Jerusalems zu wohnen?

- Auf diesem Hintergrund ist das tiefe Erschrecken zu verstehen, das König Josia erfasst, als er die verschollene Schriftrolle findet und daraufhin die Prophetin **Hulda** befragt.[15] Plötzlich erkennt er: Gott kann sein Versprechen zurücknehmen. Er kann sich aus Jerusalem, seiner erwählten Stadt, zurückziehen, wenn diese ihm die Treue verweigert.
- Auf diesem Hintergrund ist auch die Empörung zu verstehen, die dem Propheten **Jeremia** und seiner Unheilsbotschaft entgegenschlägt. Weder die Priester im Tempel noch der König sind bereit, Jeremias Warnung zu glauben. Sie wollen nicht anerkennen, dass Gott durch ihn spricht. So schlagen sie sein Wort in den Wind und der König vernichtet es schließlich im Feuer.[16]

Aber Gottes Wort lässt sich nicht auf diese Weise zum Verstummen bringen. Gott redet weiter durch seine Propheten. Doch keine Unheilsbotschaft steht am Ende dieses Kapitels, sondern die Botschaft von der kommenden Heilszeit, aus der die Hoffnung auf einen Neuanfang Gottes spricht, einen Neuanfang, den Gott allein heraufführen kann und wird.[17]

[15] **131**
[16] **135**
[17] **135f**

7 Gott ist Herr über die Welt[1]

Mit den Jahren 597/587 v. Chr. beginnt die sogenannte Babylonische Gefangenschaft. Viele Bewohner Jerusalems werden nach Babylon verschleppt. Für das Königreich Juda bedeutet dies das Ende seiner geschichtlichen Existenz. Aber bedeutet es auch das Ende seiner Geschichte mit Gott?

Für die verbannten Juden wird diese Frage zur ernsthaften Anfechtung. Wie kann Gott in einer gottfernen Umgebung bezeugt werden? Wie kann er sich als Gott erweisen, wenn andere Götter triumphieren und fremde Machthaber sich als Götter aufspielen?

Das **Buch Daniel** gibt darauf eine dreifache Antwort. Diese Antwort gilt aber nicht nur für die Verbannten in Babylon, sondern ebenso für alle Betroffenen, die zu anderen Zeiten unter gottfeindlicher Fremdherrschaft ihren Glauben bewähren müssen.

1. Gott bezeugt sich im Gehorsam seiner Diener

Wie Daniel und seine drei Freunde, so sind es immer wieder einzelne, die entschlossen sind, auch unter massiver Bedrohung Gott dennoch „mehr zu gehorchen als den Menschen".

Im strikten Gehorsam gegen Gottes Gebot bezeugen sie wortlos, wem sie dienen. Und im furchtlosen Widerstand gegen die, die sich wie Herren aufspielen, bekunden sie, wer ihr wahrer Herr ist, den sie allein fürchten und ehren.[2] Indem sie sich darin bis in die kleinsten Entscheidungen hinein bewähren – wie Daniel angesichts der Speisen des Königs[3] –, werden sie zu Zeugen des lebendigen Gottes, zu wahrhaften „Märtyrern" (wörtl.: „Zeugen"), die sogar bereit sind, für ihr Zeugnis ihr eigenes Leben herzugeben.[4]

2. Gott bezeugt sich durch Träume

Wie zuvor die Träume des Pharao in Ägypten, so zeigen nun auch die Träume des Königs Nebukadnezar an,[5] dass Gott Mittel und Wege hat, sich auch Menschen zu offenbaren, die ihn gar nicht kennen und anerkennen wollen. Wiederum ohne Worte, nur im Traumbild wird Nebukadnezar gezeigt, wer der Herr aller Weltreiche ist. Aber auch dieses Bild bleibt für ihn noch unfasslich und unverständlich. Erst durch die prophetische Deutung Daniels wird der Traum als Botschaft Gottes ausgewiesen.[6]

3. Gott bezeugt sich durch seine wunderbare Hilfe

Gerade in äußerster Gefährdung, im Angesicht des Todes, als die feindlichen Mächte und Widersacher zu siegen scheinen, offenbart sich Gott in seiner Macht. Er lässt die drei Männer im Feuerofen und Daniel in der

[1] **siehe 137–143**
[2] 138, 141f
[3] 138
[4] 140ff
[5] 51, 139f
[6] 139f

Löwengrube nicht allein. Er schickt ihnen seinen Engel[7] und bewahrt sie – unbegreiflich und unerklärlich – vor dem sicheren Tod. Wunderbar und unbegreiflich ist nicht nur ihre Rettung, sondern vor allem die Wirkung ihrer Rettung: Der heidnische König, der sich anfangs an die Stelle Gottes gesetzt hat, beugt sich am Ende selbst unter Gott und erkennt seine Macht an.[8]

Noch einmal sei auf die Situation Israels in Ägypten verwiesen. Auch bei dem Pharao hatte Gott sich durch „Zeichen und Machttaten" offenbart,[9] insbesondere durch die wunderbare Hilfe, die er seinem Volk am Schilfmeer erwiesen hatte. Aber der Pharao hatte Gottes Macht nicht anerkannt. Das Buch Daniel zeigt nun die andere, unerhörte Möglichkeit auf: Der Gegenspieler Gottes geht am Ende selbst auf die Knie und ehrt Gott. Damit nimmt das Buch Daniel mitten in der Verfolgungssituation prophetisch vorweg, was einmal das Ziel aller Gottesgeschichte sein wird. Alle Knie werden sich vor Gott beugen und alle Zungen schwören und sagen: „Im Herrn habe ich Gerechtigkeit und Stärke."[10]

Der triumphale Ton, der in diesem Buch anklingt, mag manch einen befremden angesichts der beschriebenen Verfolgungssituation. Aber genau darum geht es: um den Triumph der Hoffnung inmitten ständiger Bedrohung, um den Triumph der Märtyrer aller Zeiten, die im Angesicht des Todes Gottes kommendes Reich vorausschauen – wie Daniel in seiner nächtlichen Vision[11] – und um die sieghafte Freude derer, die im kühnen Vorgriff auf Gottes künftige Herrschaft schon jetzt, in Angst und Verfolgung, Gott loben können.

[7] 141, 142f
[8] 141, 142f
[9] 65f, 68ff
[10] Jesaja 45,23f
[11] 139f

8 Gott bringt heim[1]

Im Jahr 539 v.Chr. wird Babylon von dem persischen König Kyros erobert. Dieses Ereignis führt die Wende für die Juden im Exil herbei. Endlich erfüllt sich, worauf sie viele Jahre vergeblich gewartet haben! Sie dürfen wieder in ihr Land heimkehren, in die Stadt ihrer Vorfahren. Wie einst beim Auszug aus Ägypten, so ziehen sie jetzt noch einmal aus der Fremde in das Gelobte Land. Gott hat sein Versprechen gehalten. Er hat ihr Gebet erhört. Dies ist Anlass zu Jubel und Dank.

Aber kaum sind die Juden wieder in ihr Land heimgekehrt, tritt Ernüchterung ein. Das Land, die Stadt ist nicht, wie erwartet, das erhoffte Paradies, sondern eine verwüstete Provinz. So deutet ihre Heimkehr zugleich Rückkehr in provinzielles Leben und Denken und Rückfall in die Resignation an. Es ist eine armselige Zeit des Kleinkrieges und des Kleinmuts. Die Bücher **Esra** und **Nehemia**[2] zeichnen ein anschauliches Bild dieser Situation. Bescheiden und eng geht es in Jerusalem zu. Eng begrenzt wird nun wieder der Horizont. Kleinliche Streitigkeiten mit den Nachbarvölkern füllen die Tage aus. Und Gott scheint ferner als je zuvor.

Doch auch in dieser Zeit treten noch einmal Propheten auf, **Haggai** und **Sacharja**. Sie weisen auf den einen König und Retter hin, der kommen wird. In der Erwartung dieses Einen bündelt sich alle Hoffnung des Alten Testaments und weist zugleich über die Grenzen des Alten Testaments hinaus. In diesem Einen wird Gott selbst zu den Menschen kommen und seine Herrschaft auf Erden aufrichten.

Aber viele Jahrhunderte werden noch vergehen. Viele politische Ereignisse werden die Bewohner noch in Atem halten. Verfolgung und Fremdherrschaft wird das Land heimsuchen, bis endlich der kommen wird, den das Neue Testament als den versprochenen Retter bezeugt: Jesus von Nazareth.

[1] **siehe 144–145**
[2] Esra 3ff, Nehemia 1–8

Die Geschichten des Neuen Testaments

1 Jesus, der Retter, ist da![1]

Mit der Ankunft Jesu beginnt ein neuer Abschnitt in der Geschichte, der sich deutlich von allen Neuanfängen abhebt, von denen das Alte Testament bisher zu berichten wusste. Mit Jesus kommt der verheißene Retter in die Welt, der lang ersehnte König Gottes. Sein Kommen bedeutet gute Nachricht für alle Menschen, das Evangelium schlechthin. So bedeutsam ist dieser Neuanfang, dass von ihm mehrmals im Neuen Testament berichtet wird. Alle vier Evangelien setzen mit der Ankunft des Retters Jesus ein. Aber nur zwei Evangelien erzählen von der Geburt Jesu: das Lukas- und das Matthäusevangelium. Dabei setzen beide Evangelien eigene Akzente.

1. Jesus in menschlicher Schwachheit

Betrachtet man den Anfang des **Lukasevangeliums**, so ist man erstaunt, wie leise und unauffällig Jesu Ankunft dort eingeführt wird. In schlichten Erzählungen berichtet Lukas von einfachen Menschen, von dem alten Ehepaar Zacharias und Elisabeth, von dem gewöhnlichen Zimmermann Josef und Maria, seiner Verlobten, von namenlosen Hirten irgendwo draußen vor Bethlehem und von Simeon und Hanna, zwei hochbetagten Menschen. Wie belanglose Privatgeschichten muten uns die Erzählungen von der Geburt der beiden Kinder Johannes und Jesus an. Ihre Einfachheit steht in krassem Gegensatz zu der überhöhten und angestauten Messiaserwartung und zu den großen weltpolitischen Ereignissen jener Zeit mit ihren tönenden Heilsparolen. Während jene den römischen Kaiser Augustus als Retter der Welt feiern, kündigt sich in den einleitenden Erzählungen des Lukasevangeliums der wahre Retter Gottes an.

Unvorbereitet bricht die Welt Gottes in die kleine und enge Welt jener Menschen ein, so unvorbereitet und so erschreckend nah, dass die Betroffenen es zunächst gar nicht fassen können. Sie weichen erschrocken zurück, als ihnen ein Engel erscheint. Sie ahnen, dass ihnen in der Erscheinung des Engels Gott selbst nahegekommen ist. Es ist ja nicht nur irgendeine gute Nachricht, die sie vernehmen. Es ist Gottes Wort, das sie trifft und tröstet zugleich. „Fürchtet euch nicht!“ So hatte Gott schon durch die Propheten gesprochen. Nun spricht er aufs Neue durch seinen Engel: *„Fürchte dich nicht, Zacharias, denn dein Gebet ist erhört.“ „Fürchte dich nicht, Maria! Du hast Gnade bei Gott gefunden.“ „Fürchtet euch nicht! Denn euch ist heute der Retter geboren.“* Das ist die „große Freude“, die der Engel ver-

[1] siehe 149–164

kündigt, die gute Nachricht, die nicht nur diesen Menschen gilt, sondern „allem Volk", Armen und Reichen, Alten und Jungen.

Demnach sind die sogenannten „Kindheitsgeschichten" im Lukasevangelium keineswegs nur Kindergeschichten oder nur Einleitungsgeschichten. Vielmehr zeichnet sich bereits in ihnen das Wesen und Ziel göttlichen Heilshandelns ab: Gott kommt in die Niederungen der Menschheit, zu den Schwachen, zu den Niedrigen. Er sucht die auf, die „im Schatten des Todes"[2] sitzen. Sie werden zu Augenzeugen des Heilshandelns Gottes. Durch sie soll die gute Nachricht vom Kommen des Retters weiter verbreitet werden.

Bezeichnend stimmen all diese Menschen am Ende ein Loblied an. Im Lobpreis Gottes bekennen sie, was Gott an ihnen getan hat. So schließen sie sich an die Reihe der alttestamentlichen Lobsänger an, die in ihren Liedern Gott preisen als den, der „arm und reich" macht, der den „Dürftigen aus dem Staub" hebt und die Armen „erhöht".[3]

2. Jesus im Widerspruch zu den Mächtigen

Auch das **Matthäusevangelium** setzt mit Kindheitsgeschichten Jesu ein.[4] Aber anders als das Lukasevangelium stellt es gleich zu Anfang die Machtfrage: Wer hat die wahre Macht, der herrschende König oder der „neugeborene" König? Während Lukas in seiner „Weihnachtsgeschichte" mit dem Namen des Kaisers Augustus die ungleichen Machtverhältnisse nur vielsagend andeutet,[5] macht Matthäus durch die Gegenüberstellung Herodes – Jesus gleich zu Anfang deutlich, wie das Königtum Jesu im Folgenden zu verstehen ist. Zwei Aspekte sind dabei besonders hervorzuheben:

Zum einen: Jesus erweist seine Macht gerade in seiner Ohnmacht. Seine Herrschaft bedarf keiner äußerlich sichtbaren Herrschaftszeichen. Die weisen Sterndeuter, die aus dem fernen Osten kommen, erkennen in ihm den König auch ohne sichtbare Zeichen. Im Gegensatz zu König Herodes, der Jesus die Huldigung verweigert, fallen sie vor Jesus nieder und erweisen ihm schon vorweg die Ehre, die ihm einst als König und Herr über alle Welt zukommen wird.[6]

Zum anderen wird deutlich: Jesu Leben ist von Anfang an bedroht. Sein Kommen löst den Widerspruch der Mächtigen und tödliche Feindschaft aus. Wie in der Mose-Geschichte am Anfang des 2. Mosebuches, so steht auch hier am Anfang dem Vernichter der Retter gegenüber. Der Pharao und Herodes, beide drohen Gottes Heilshandeln schon im Keim zu ersticken, Herodes durch den Kindermord in Bethlehem, der Pharao dadurch, dass er die neugeborenen Söhne im Nil ertränken lässt. Aber Gottes Rettungswille setzt sich dennoch gegen allen Widerspruch durch. Seine Rettung offenbart sich zuallererst darin, dass der, der einmal Retter seines

[2] Lukas 1,79
[3] 93, 1. Samuel 2,8
[4] vgl. 156ff
[5] 153f, Lukas 2,1
[6] vgl. Phil 2,10f

Volkes sein soll, selbst gerettet wird, der kleine Mose in Ägypten ebenso wie das Kind Jesus durch die Flucht nach Ägypten.[7]

3. Jesus in der Vollmacht Gottes

Mit der Taufe Jesu wird ein weiterer wichtiger Aspekt erkennbar. Alle vier Evangelien räumen diesem Ereignis einen bedeutenden Platz ein. Das **Markusevangelium** stellt es sogar an den Anfang seines Evangeliums als das entscheidende Ereignis, das Jesu göttlichen Auftrag begründet.[8]

In der Taufe offenbart sich Jesus ganz als Mensch, der sich dem Menschen Johannes unterstellt und sich reinwaschen lässt wie andere Menschen auch. Aber zugleich offenbart sich Jesus in der Taufe als der Einzigartige, als der Gottessohn, über dem sich der Himmel auftut und zu dem sich Gott selbst ausdrücklich bekennt. In dem Wort Gottes „Du bist mein lieber Sohn" geschieht gleichsam die Einsetzung Jesu in sein Amt als Messias, als König und Retter. In der vollen Macht des Geistes Gottes wird Jesus von nun an wirken, wird predigen und Wunder tun. Aber vor allem wird er auch den Kampf mit dem Bösen aufnehmen.[9] Er wird die Macht haben, Sünden zu vergeben, ja, sogar dem Tod wird er die Macht nehmen.

So leitet die Taufe Jesu unmittelbar zu den folgenden Kapiteln über, die von Jesu Wirken in der Vollmacht Gottes handeln.

[7] **60f, 158f**
[8] **Markus 1,9ff, vgl. 162**
[9] **162f**

2 Jesus hilft[1]

In diesem Kapitel werden Wundergeschichten aus den vier Evangelien, vor allem aus dem **Markusevangelium**, erzählt. Obwohl schon vom Alten Testament her Wundergeschichten bekannt sind, zeichnen sich die Wunder Jesu vor allen anderen Wundertaten aus, die im Alten Testament oder auch in der Apostelgeschichte[2] berichtet werden. Jesu Wundertaten sind wesentlicher Bestandteil seines göttlichen Auftrags. Durch sein Reden wie auch durch sein Tun, durch seine handgreifliche, sichtbare Hilfe zeigt Jesus an, wer er in Wahrheit ist.

1. Jesus – der Helfer in Not

In den Wundern offenbart Jesus zuallererst sein tiefes Erbarmen mit den Menschen. Ihre leibliche und seelische Not lässt Jesus nicht gleichgültig. Sie geht ihm selbst menschlich nah. Jesus seufzt, als er dem Taubstummen begegnet.[3] Er weint, als er am Grab des Lazarus steht.[4] Es tut ihm weh (das heißt wörtlich: „Es jammert ihn" oder „Es geht ihm durch und durch"), als er die weinende Witwe von Nain sieht.[5]

Mit anderen Worten: Jesus leidet selbst unter der Unerlöstheit und Vergänglichkeit allen Lebens, er leidet mit den Notleidenden. Er macht ihre Not zu seiner Not und stellt sich unter ihr Leid. So setzt auch seine Hilfe in der Tiefe der Not an und hilft nicht nur an der Oberfläche, sondern macht umfassend „heil".

In diesem Sinn sagt Jesus zu dem Gelähmten: „Deine Sünden sind dir vergeben"[6] und zu dem Taubstummen: „Tu dich auf!"[7] So befiehlt er dem Sturm: „Schweig!" und den Dämonen: „Fahr aus!"[8] So gibt er den Sohn lebendig seiner Mutter zurück[9] und ebenso die Tochter ihren Eltern.[10] In ähnlicher Weise geht er auch mit dem Leprakranken um, der von allen gemieden wird.[11] Jesus rührt ihn an und holt ihn in die Gemeinschaft zurück.

2. Jesus – der erwartete Retter

In Jesu Wundertaten ereignet sich zeichenhaft an einzelnen Menschen, was einst alle erfahren werden: dass verschlossene Ohren aufgehen, dass der stumme Mund sich zum Lob öffnet, dass Niedergedrückte aufgerichtet werden, dass Tote neues Leben erfahren und dass Menschen sich miteinander freuen und feiern können.

In diesen Wundern erfüllt sich bereits, was die Propheten des Alten Testaments angekündigt haben. *„Dann werden die Augen der Blinden aufgetan und die Ohren der Tauben geöffnet werden. Dann werden die Lahmen springen wie ein Hirsch und die Zunge der Stummen wird frohlocken. Freude und Wonne werden sie*

[1] **siehe 165–181**
[2] **68ff, 118f, 123f, 239ff**
[3] **176**
[4] **210**
[5] **173f**
[6] **170**
[7] **176**
[8] **177, 178f**
[9] **174**
[10] **173**
[11] **168f**

ergreifen und Schmerz und Seufzen wird entfliehen.“[12] „Dann“ – das heißt: Wenn der Retter kommen wird, wenn Gottes Reich anbrechen und Gott für immer unter den Menschen wohnen wird. Dies alles erfahren die Menschen, die Jesus umgeben, schon jetzt. Staunend werden sie zu Augenzeugen seiner Wunder, die den Anbruch des Reiches Gottes im Kommen des Retters sichtbar anzeigen.

3. Jesus – der Sohn Gottes

In den Wundertaten handelt Jesus im Auftrag und in der Vollmacht Gottes. Sein Handeln löst bei vielen Freude und Begeisterung aus, aber ebenso auch die entsetzte, fassungslose Frage: „Wer ist denn der?“[13] Seine Wundertaten rufen Zuschauer wie Notleidende zur Entscheidung auf, zum Glauben an den, der hier im Namen Gottes handelt. Aber nur wenige unter ihnen begreifen wirklich, wen sie vor sich haben. Viele kehren sich von ihm ab und widersetzen sich dem göttlichen Anspruch Jesu: „Wie kann dieser Sünden vergeben? Das darf doch nur Gott tun!“[14] Viele kommen ins Fragen: „Wer ist dieser Jesus in Wahrheit? Ist er etwa mehr als nur ein Helfer in der Not?“[15] Die Jünger stoßen sogar in besonderen Augenblicken bis zu der Erkenntnis vor: „Du bist wirklich Gottes Sohn!“[16] Aber öffentlich und ausdrücklich wird Jesus nur von den sog. Besessenen als „Gottes Sohn“ bezeichnet.[17] Es scheint, als ob die Mächte, die jene Menschen gefangen halten, spürten, wer hier den Kampf gegen sie angetreten hat und wer in diesem Kampf der Stärkere sein wird.

So deutet sich in den Wundern Jesu bereits der österliche Machtkampf zwischen Gott und den Mächten des Todes an, aus dem Jesus als Sieger hervorgehen wird. Dieses Osterereignis ist das eigentliche und wahre Wunder Gottes, an dem sich Glaube und Unglaube scheiden werden. Noch ist es ein Geheimnis und soll als Geheimnis gehütet werden.[18] Aber nach Jesu Auferstehung sollen es alle erfahren: Jesus **ist** Gottes Sohn.[19]

[12] **Jesaja 35,5.10**
[13] **179, Markus 4,41**
[14] **170**
[15] **179, 200**
[16] **181**
[17] **177**
[18] **169, 173, 200**
[19] **243ff**

3 Jesus erzählt[1]

Dieses Kapitel befasst sich mit den Reden Jesu, insbesondere mit den **Gleichnissen**, die im Matthäus- und Lukasevangelium erzählt werden. In ihnen kündigt Jesus den Anbruch des Reiches Gottes an. Wie einst bei den Propheten und bei dem Täufer Johannes, so richtet sich auch Jesu Botschaft an eine konkrete Hörerschaft. Sein Wort scheidet die Hörer und ruft gegensätzliche Reaktionen hervor.

1. Frohe Botschaft für die „Verlorenen"

Für die einen bedeutet Jesu Botschaft „Evangelium", gute Nachricht. Den Ausgestoßenen aus dem Volk, den Verachteten, Zöllnern und anderen, die in den Augen der Frommen als Sünder gelten, gilt die unerhörte, frohmachende Nachricht, dass Gott Verlorene sucht, dass er seinem „verlorenen Sohn" entgegeneilt[2] und ihn mit Würden auszeichnet, dass Gott die Schuld der Menschen nicht aufrechnet,[3] dass ihm ein verlorenes Schaf mehr wert ist als 99 satte, selbstzufriedene Schafe im Stall[4] und dass Gott in seiner Barmherzigkeit sogar Mauern zwischen Menschen einreißen kann, wie das Gleichnis vom barmherzigen Samariter lehrt.[5] Gerade daran wird der Anbruch des Reiches Gottes auf dieser Erde erkennbar, dass Gott Menschen das Ohr öffnet und sie bereit macht zum Hören und zur Annahme der befreienden Botschaft Gottes, in der Gott den Menschen nahekommt.[6]

2. Gerichtsbotschaft für die „Frommen"

Aber eben dieses Verhalten Gottes, das in den Gleichnissen erzählt wird, reizt die anderen zum Widerspruch. Die Pharisäer und Schriftgelehrten, die traditionellen Verwalter und Hüter des Wortes Gottes, spüren, dass diese Gleichnisse gegen sie gerichtet sind. Sie sind mit jenem älteren Sohn zu vergleichen, der seinem Bruder das Fest missgönnt[7] oder jenem Priester, der sich an der Verantwortung gegenüber dem Verletzten vorbeidrücken will.[8] So verschließen sie sich folgerichtig gegenüber Jesu Worten und kehren sich von ihm ab. Sie, die vorher schon skeptisch Jesus gegenüberstanden, werden durch Jesu Predigt erst recht zu seinen erklärten Widersachern. Jesus stellt sie selbst vor die Entscheidung: Entweder für mich oder gegen mich!

In diesem Entweder-oder wird erneut wirksam, was sich bereits bei den Propheten Jesaja und Jeremia als erschreckendes Kennzeichen prophetischer Botschaft abgezeichnet hat: Sie trifft nicht nur auf offene Ohren, sie kann auch Ohren verschließen und Herzen verhärten.[9]

[1] **vgl. 182–198**
[2] **191**
[3] **195f**
[4] **189**
[5] **186f**
[6] **183f**
[7] **192**
[8] **186**
[9] **Markus 4,12, Jesaja 6,10, Jeremia 7,24**

3. Unterweisung für die Jünger

Unter den Hörern Jesu kommt den Jüngern besondere Bedeutung zu. An ihnen wird die Möglichkeit aufgezeigt, wie rechtes Hören aussehen sollte. Sie stehen in enger Beziehung zu ihrem Herrn und wissen, dass sie nichts aus eigener Kraft tun können, nicht einmal beten.[10] Aber auch sie fragen oft unverständig und geben damit zu erkennen, wie nötig sie die Zurechtweisung Jesu haben und immer wieder umkehren und umdenken müssen.[11] So halten sie der Botschaft stand, weichen nicht zurück, nehmen sie wahr als richtende und befreiende Botschaft zugleich.

Dies ist die Haltung, die für Jünger Jesu zu allen Zeiten gilt: Im Hören auf Jesu Worte werden sie selbst vorbereitet zum Reden und Bekennen vor den Menschen und – wichtiger noch – zum „Hören, wie Jünger hören".[12] Für sie gilt, was schon im Buch Jesaja über das rechte Hören der Jünger gesagt wird: „Der Herr hat mir das Ohr geöffnet. Ich bin nicht ungehorsam und weiche nicht zurück."[13] Ihnen und allen, bei denen der Same des Wortes Gottes auf „fruchtbares Land" gefallen ist, verheißt Jesus im Gleichnis: Der Same wird aufgehen und Frucht bringen, dreißig-, sechzig oder sogar hundertfache Frucht![14]

[10] 185f, 194
[11] 195, 196, 198
[12] Jesaja 50,4
[13] ebd.
[14] 184

4 Jesus geht nach Jerusalem[1]

Jerusalem! Seit Jahrhunderten verbindet sich mit diesem Ort die Erwartung des Retters, des Königs, den Gott senden wird. Dort wird er sich offenbaren. Dorthin richten sich die Augen aller, zumal an den großen Wallfahrtsfesten, wenn das Volk aus dem ganzen Land nach Jerusalem pilgert. Dort wird sich nach der Überlieferung der Messias einst in Herrlichkeit vor aller Welt offenbaren.

Wenn nun zum ersten Mal Jerusalem als das Ziel des Weges Jesu genannt wird,[2] dann ist damit weit mehr als nur ein geographisches Ziel angezeigt. Von nun an wird sich alles auf dieses eine Ziel ausrichten, auf die kommenden Ereignisse in Jerusalem, in denen sich Jesus als der von Gott gesandte Retter offenbaren wird, als König Gottes, und zwar nicht erst mit seinem Aufbruch nach Jerusalem, sondern von dem Augenblick an, in dem Jesus durch sein prophetisches Wort selbst den Blick auf die kommenden Ereignisse lenkt: „Des Menschen Sohn muss viel leiden und verworfen werden von den Ältesten und Hohenpriestern und Schriftgelehrten und getötet werden und nach drei Tagen auferstehen."[3]

Damit hat Jesus schon zu Anfang das Ziel seines Weges vorgegeben: seinen Tod und seine Auferstehung. Dieses Ziel deckt sich keineswegs mit der herrschenden Messiasvorstellung. Aber so und nicht anders will Jesus als der Messias erkannt und geglaubt werden.

So wird der Weg Jesu nach Jerusalem für alle, die ihn begleiten, zu einem langwierigen Lernweg, der gekennzeichnet ist durch Auf und Ab, durch Verstehen und Missverstehen, durch Licht und Schatten der bevorstehenden Ereignisse. Deutlich wird dieser Weg mit seinen Höhen und Tiefen vor allem im **Markus- und Lukasevangelium** erkennbar.

1. Der Weg nach oben

Gleich zu Anfang, noch bevor Jesus aufbricht, weiht er seine Jünger in das Geheimnis seines Weges ein. Am Ende dieses Weges wird nicht der Tod, sondern das Leben stehen: „Des Menschen Sohn wird ... nach drei Tagen auferstehen." Das heißt: Das letzte und eigentliche Ziel dieses Weges wird Jesu Offenbarung als der auferstandene Herr sein, seine Offenbarung „in Herrlichkeit".

Dieses letzte Ziel wirft sein österliches Licht schon auf den Weg voraus. Es leuchtet am Anfang des Weges kurz auf in jenem buchstäblich erhabenen Augenblick auf dem Berg, in dem die drei Jünger Petrus, Johannes und Jakobus heraustreten dürfen aus der niederdrückenden Wirklichkeit, indem sie schon vorweg Jesus „in Herrlichkeit" schauen dürfen,[4] gleichsam als Trost und Ermutigung für den kommenden dunklen Weg. Aber nur ei-

[1] **siehe 199–213**
[2] **199f**
[3] **Markus 8,31, vgl. 200**
[4] **200f**

nen Augenblick lang dauert dieses Erleben an. Dann führt der Weg wieder „nach unten", das heißt: in das Leiden und in die Auseinandersetzung mit dem Leiden.[5]

Ähnlich verhält es sich mit dem Bekenntnis des Petrus,[6] das an den Anfang dieses Kapitels gestellt ist. Einen Augenblick lang leuchtet in ihm die Gewissheit auf: „Du bist Christus", das heißt: der Messias. Ein wahrhaft österliches Bekenntnis, das herausragt aus all den anderen menschlichen Versuchen, Jesus einzuordnen! Aber nur ganz kurz dauert diese vorösterliche Gewissheit an. Dann zeigt sich, dass auch Petrus Jesus gründlich missverstanden hat. Er kennt nur den Weg „nach oben", hinauf nach Jerusalem, bruchlos der künftigen Erhöhung Jesu und seiner Königsherrschaft entgegen.

2. Der Weg nach unten

Jesus zeigt Petrus den entgegengesetzten Weg auf, den Weg „nach unten". Gleich nach dem Bekenntnis des Petrus rückt er dessen Christusvorstellung zurecht: „Des Menschen Sohn muss viel leiden und verworfen werden … und getötet werden." Das heißt: Jesu Weg führt zunächst ins Leiden. In der äußersten Erniedrigung, im Leiden und im Tod wird sich Jesus als der Christus, als der Messias und der Gottessohn erweisen. Aber dies widerspricht aller menschlichen Vernunft und übersteigt die Vorstellungskraft der Jünger. Sie möchten Jesus vom Leidensweg zurückhalten und am liebsten die erhabenen Augenblicke auf dem Berg für immer festhalten.[7]

Aber gerade das Unverständnis der Jünger macht Jesus leiden. Er leidet an ihrem Unglauben. Er seufzt über sie: „Wie lange soll ich euch noch ertragen?"[8] Er „ärgert" sich über sie, weil sie nicht begreifen wollen, dass auch die Kinder zu ihm gehören.[9] Und er weist Judas zurecht, als dieser nicht begreifen will, warum Maria das Salböl für Jesus vergießt.[10] Sie, die doch eigentlich Jesus nachfolgen wollen, erweisen sich schon jetzt als schwankende, unsichere Weggenossen, lange bevor der eigentliche Leidensweg Jesu beginnt.

3. Der Weg der Nachfolge

So bricht auf dem Weg die Frage auf: Wer kann überhaupt Jesus recht nachfolgen? Nach Jesu eigenen Aussagen ist es, menschlich betrachtet, unmöglich, dass auch nur einer den Weg zu ihm findet. Aber „was bei den Menschen unmöglich ist, das ist möglich bei Gott".[11]

Auf diesem Weg nach Jerusalem werden uns Menschen vorgestellt, die eigentlich keine Voraussetzung zur Nachfolge mitbringen: ein Samariter, Bartimäus, ein blinder Bettler,[12] Zachäus, ein raffgieriger Zöllner,[13] Maria und Marta, die beiden trauernden Schwestern,[14] und sogar unmündige Kin-

[5] **201**
[6] **200**
[7] **201**
[8] **Markus 9,19**
[9] **205**
[10] **211**
[11] **206**
[12] **203f, 207ff**
[13] **206f**
[14] **209f**

der.[15] Sie alle machen sich auf den Weg. Sie lassen nicht locker, bis sie bei Jesus sind. Von ihnen sagt Jesus: „Wehret ihnen nicht! Denn solchen gehört das Reich Gottes.“[16] Sie haben das „gute Teil erwählt“.[17] Ihnen ist „Heil widerfahren“.[18] Ihr „Glaube hat ihnen geholfen“.[19] Diese Menschen wissen nicht, wohin Jesu Weg führt. Aber sie bleiben ihm auf der Spur. Sie singen ihm, ohne vielleicht zu ahnen, was sie da tun, ihre Messias-Lieder und grüßen ihn als den, „der da kommt im Namen des Herrn“.[20]

So folgen sie Jesus auf dem Weg nach Jerusalem. Und zum Erstaunen seiner Jünger und auch seiner Widersacher lässt sich Jesus ihr Weggeleit und ihr Lobgeschrei gefallen. Damit wird der Weg nach Jerusalem zugleich zu einem Weg der Hoffnung für alle, die mitziehen, für Menschen, die sonst keine Hoffnung haben, für die namenlose Menge, die keiner sonst achtet, sogar für die Kinder.[21]

[15] 213
[16] 205, vgl. Markus 10,14
[17] Lukas 10,42
[18] 207, Lukas 19,9
[19] 204
[20] 212
[21] 213

5 Jesus muss sterben[1]

1. Die göttliche und menschliche Leidensgeschichte Jesu

Bereits in der Überschrift deutet sich an, wie das folgende Kapitel zu lesen ist: Jesus „muss" sterben nach dem Willen der Menschen und nach dem Willen Gottes.

(1) **Nach dem Willen der Menschen** muss Jesus sterben, weil er ein Ruhestörer, ein Gotteslästerer, ein Volksverführer ist. Sein Leiden und Sterben ist, so betrachtet, eine konsequente Folge des wachsenden Widerspruchs und Widerstandes der Theologen und Führenden in Jerusalem. Wie wir bereits in den vorangegangenen Kapiteln sahen, ist dieser Widerstand zum Teil durch Jesus selbst ausgelöst worden, und zwar nicht erst durch sein Wort und seine Taten, sondern durch seine bloße Existenz.

Man könnte demnach die ganze Geschichte Jesu als eine zusammenhängende Leidensgeschichte verstehen. Von Anfang an besteht die Absicht, Jesus zu töten, weil er nicht erwünscht ist.[2] Aber nun spitzt sich diese Tötungsabsicht immer mehr zu.

- Einmal durch Jesu eigenes Verhalten: Jesus löst den Plan zu seiner Verhaftung und Hinrichtung indirekt selbst aus. Seine „Tempelreinigung" veranlasst die Priester, ohne Aufschub zu handeln, um den vermeintlichen Volksverführer aus dem Weg zu räumen.[3]
- Zum anderen verschärft sich die Situation durch die schwankende Haltung der Jünger Jesu. Nicht nur Unverständnis, sondern Feigheit und Flucht, sogar Feindschaft und Verrat greifen unter ihnen Platz.
- Schließlich und endlich ist es der Zeitpunkt – das bevorstehende Passafest –, der schnelles Handeln unausweichlich und dringlich macht.

(2) Aber die Evangelien erzählen nicht nur von den Plänen der Menschen, sondern sie bezeugen: Jesus stirbt **nach dem Willen Gottes**. Er ist bereit, in den Tod zu gehen, „weil Gott es so will".[4]

So deutet es sich bereits in den Leidensankündigungen an und wird in der **Gethsemaneszene** ausdrücklich aufgenommen.[5] Jesus betet zu Gott und sein Gebet ist weit mehr als nur ein Gebet um Hilfe. In ihm bricht die grundsätzliche Frage auf: Muss Jesus denn sterben, um Gottes Willen zu erfüllen? Es ist, als ob hier die Weltgeschichte einen Augenblick den Atem anhielte. Alles Künftige hängt von Gottes Ja oder Nein in diesem Augenblick ab. Es ist eine Geschichte, die uns an eine äußerste Grenze heranführt und uns zugleich in die Distanz verweist. Was hier geschieht, ist ein Geschehen zwischen Vater und Sohn, das sich dem Zugriff des Menschen entzieht, das aber die Zukunft der Geschichte bestimmen wird. Doch ähn-

[1] **siehe 214–227**
[2] 159
[3] 215f
[4] 200, 221
[5] 218ff

lich wie bei der Taufe und der Verklärung Jesu[6] dürfen wir aus der Ferne einen Blick „hinter den Vorhang" tun und erkennen: Es muss so geschehen, wie es im Folgenden geschehen wird. Mehr noch, Jesus willigt aus freien Stücken in Gottes Willen ein: „Nicht wie ich will, sondern wie du willst. Dein Wille geschehe."[7]

Von nun an nimmt die Geschichte ihren Lauf. Nichts und niemand kann sie mehr aufhalten bis zum Tod Jesu. Es geschieht, was geschehen „muss". Jesus muss sterben nach dem Willen Gottes und nach dem Willen der Menschen.

2. Die aktive und passive Leidensgeschichte Jesu

Das Ineinander von göttlichem und menschlichem Handeln in der Leidensgeschichte findet seine Entsprechung in dem Ineinander von **Aktivität** und **Passivität** Jesu. Wie die Überschriften zu diesem Kapitel andeuten, zeigt sich Jesus im ersten Teil der Leidensgeschichte als der Handelnde, der im Namen Gottes bei der Tempelreinigung, bei der Fußwaschung und bei dem Abendmahl Fakten setzt,[8] bis hin zu seinem Gebet im Garten Gethsemane.

Aber danach sehen wir Jesus als den Passiven, der alles stumm über sich ergehen lässt: Er wird verhaftet, wird verleugnet, wird verhört, wird verurteilt und gekreuzigt.[9] Stumm wie ein Opferlamm gibt er sich hin.[10] Nur an ganz wenigen hervorgehobenen Stellen unterbricht er sein Schweigen und weist sich aus als der, der er in Wahrheit ist: als der Christus, der König und Gottes Sohn.[11] Aber dieses Selbstzeugnis beschleunigt nur noch seinen Tod. Am Ende sehen wir Jesus am Kreuz hängen, ohnmächtig und stumm. Nur sein Schrei: *„Mein Gott, mein Gott! Warum hast du mich verlassen?"* unterbricht sein Schweigen. [12] Doch gerade hier, in der Ohnmacht des Gekreuzigten, offenbart sich Gottes Macht. So endet die Kreuzigungsgeschichte mit dem Bekenntnis des römischen Hauptmanns: *„Wahrhaftig, dieser Mensch war Gottes Sohn."*[13]

[6] 162, 200
[7] 219f
[8] 215–219
[9] 220–227
[10] 220ff
[11] 222, 224
[12] 226, Markus 15,34
[13] 227
[14] 218

3. Die Bedeutung der Leidensgeschichte Jesu „für uns"

In den Evangelien wird die Bedeutung des Leidens und Sterbens Jesu ausdrücklich nur in der Abendmahlsgeschichte angesprochen. Mit den Worten Jesu: „Das ist mein Blut des neuen Bundes, das vergossen wird für viele zur Vergebung der Sünden", wird das Leiden und Sterben Jesu in einen Deutungszusammenhang gestellt, der das Geschehen ein für alle Mal als Heilsgeschehen für die Menschheit auszeichnet.[14]

Dagegen kommt in der Kreuzigungsgeschichte das „für euch" nicht ausdrücklich zur Sprache. Vielmehr wird mit den Zeichen Sonnenfinsternis und Erdbeben das Geschehen als Gericht Gottes über die Welt erkennbar, jenen alttestamentlichen Gerichtsgeschichten vergleichbar wie z. B. der Geschichte von der Sintflut oder dem Untergang von Sodom und Gomorra. Doch anders als dort, wo nur einige wenige gerettet werden, aber die vielen ins Verderben stürzen, vollzieht sich hier das Gericht Gottes umgekehrt: an dem einen Jesus, damit alle durch ihn gerettet werden. Nach Ostern wird diese universale Bedeutung des Kreuzestodes Jesu offenbar werden in der Pfingstbotschaft seiner Jünger: *„Diesen Jesus, den ihr gekreuzigt habt“*, den hat Gott *„zum Herrn und Christus gemacht“*.[15]

[15] Apostelgesch. 2,36

6 Jesus lebt[1]

Jesus lebt! So lautet kurz und bündig die Osterbotschaft. Sie ist Ursprung und Mitte des Evangeliums von Jesus Christus. Alle Ostergeschichten, alle darauf folgenden Missionsgeschichten sowie die vorausgegangenen Geschichten aus dem Leben Jesu haben ihren Grund in dieser einen, alles verändernden österlichen Gewissheit: Jesus, der Gekreuzigte, lebt!

Diese Botschaft, die Kreuz und Auferstehung zusammenschaut und in einem Satz verkündigt, ist freilich keineswegs selbstverständlich. Dass auf den Tod das Leben folgt, auf das Kreuz die Auferstehung, sprengt das menschliche Denkvermögen, den Horizont menschlicher Erfahrung. Obwohl Jesus selbst durch seine Worte auf seine Auferstehung hingewiesen hat, erfahren die betroffenen Jünger und Frauen an Ostern und in den 40 Tagen nach Ostern Jesu Auferstehung als das unerhört Neue, unfasslich und dennoch offenbar, als Gottes souveräne Schöpfertat, als ein Ereignis, auf das der Mensch keinen Einfluss hat, das ihn aber von Grund auf verändern und ihm eine neue Perspektive – Gottes Zukunft – eröffnen wird.

In dieser offenkundigen Absicht, Gottes Schöpfertat zu bezeugen und zu bekennen, weisen die Ostergeschichten bemerkenswerte Gemeinsamkeiten auf:

1. Ratlosigkeit

Der Anfang aller Geschichten ist gekennzeichnet durch Ratlosigkeit, Trauer, Hilflosigkeit. Die betroffenen Menschen sind, noch ehe die Geschichte recht beginnt, am Ende ihrer Möglichkeiten angelangt. Das verschlossene, versiegelte Grab,[2] die verschlossenen Türen der Jünger,[3] die vergeblich durchwachte Nacht auf dem See,[4] der traurige Rückweg der Emmausjünger[5] – all das scheint darauf hinzudeuten, dass es aus der Sicht der betroffenen Menschen keine Zukunft mehr gibt. Nur der Rückzug in ihr früheres Leben scheint ihnen noch möglich. Niemand von ihnen kommt von sich aus auf den Gedanken, dass es einen Neuanfang Gottes mitten in der Todeserfahrung geben könnte.

2. Die Frohe Botschaft

Erst das Wort des Engels oder des Auferstandenen reißt den Horizont auf, offenbart den Menschen, dass hier Gott selbst am Werk ist und einen Neuanfang gesetzt hat.

- Tröstlich nah kommt dieses Wort zu den Menschen: „Fürchtet euch nicht!"[6] „Habt ihr nichts zu essen?"[7]

[1] **siehe 228–235**
[2] 229
[3] Johannes 20,19
[4] 233, Johannes 21,3
[5] 230
[6] 229
[7] 234

- In einfachen Worten wird ausgesagt, was doch eigentlich unsagbar ist: „Jesus, der Gekreuzigte, ist nicht hier. Er ist auferstanden."[8] „Musste nicht Christus so leiden und zu seiner Herrlichkeit eingehen?"[9]
- Mehr noch, leibhaftig nah, zum Anfassen nah, kommt dieses Wort zu den Menschen in Gestalt des auferstandenen Herrn: „Reich deine Hand und lege sie in meine Seite."[10]

Und doch bleibt dieses Wort zugleich unverfügbar. Der Auferstandene entzieht sich dem zudringlichen Zugriff der Menschen, verhüllt sich vor ihren Augen und macht gerade in der Begegnung mit ihm und in der Gewissheit seiner Nähe den „heiligen" Abstand[11] zwischen seiner und unserer Welt, zwischen göttlichem und menschlichem Handeln offenbar.

3. Neuanfang

So ist es verständlich, dass die Menschen zunächst fassungslos reagieren. Wie sollten sie auch das Wort fassen können, das doch ihren Verstehenshorizont übersteigt? Wie sollten sie das Ereignis einordnen können, das unter ihnen geschehen ist und das doch zugleich alle Geschichte sprengt? Aber dieses Wort zeigt seine schöpferische Macht als wahrhaft göttliches Wort gerade darin, dass es Menschen, die zunächst nur erschrocken zurückweichen können, für die Botschaft öffnet und auf die Zukunft hin ausrichtet.

Dieses Wort bewirkt, dass die Frauen am Ende mit „Furcht", aber auch mit „großer Freude" zurückkehren,[12] dass der zweifelnde Thomas am Ende bekennen kann: „Mein Herr und mein Gott."[13] Vor allem aber ruft dieses Wort Menschen in den Dienst, die schon an alltäglichen Problemen zu scheitern drohen: am Wegwälzen eines Grabsteines, am Fischfang. Menschen, die Jesus gegenüber versagt haben, werden nun zu Augenzeugen seines Lebens und zu Zeugen des göttlichen Neuanfangs. Sie dürfen selbst noch einmal neu anfangen. Sie dürfen zu Boten der Auferstehungsbotschaft werden und an sich selbst zuallererst das Neuwerden erfahren:

„Ist jemand in Christus, so ist er eine neue Kreatur. Das Alte ist vergangen. Siehe, es ist alles neu geworden!"[14]

[8] 229
[9] 231, Lukas 24,26
[10] 233, Johannes 20,27
[11] z.B. Johannes 20,17, Lukas 24,31
[12] Matthäus 28,8
[13] 233, Johannes 20,28
[14] 2. Korinther 5,17

7 Jesus sendet seine Jünger[1]

Wie am Anfang der Bibel, so weitet sich nun am Ende wieder der Blick und richtet sich auf die Welt und die gesamte Menschheit. Die Geschichte Gottes mit den Menschen, die sich zunächst eingegrenzt in der Geschichte des Volkes Israel verwirklicht und in der Person Jesu verdichtet hat, wird nun in ihrer umfassenden Bedeutung offenbar. „Gehet hin!", sagt Jesus zu seinen Jüngern. In alle Welt sollen sie ziehen. „Alle Völker" sollen sie zu Jüngern Jesu machen, weil Jesus von Gott „alle Macht im Himmel und auf Erden" übertragen ist.[2]

Viermal wird dieses Wort „alle" im sogenannten **Missionsbefehl Jesu**, dem Regierungsprogramm für seine Jünger, hervorgehoben, was auf die universale Bedeutung der Sendung Jesu schließen lässt und – damit verbunden – auf das Ziel der Geschichte Gottes mit den Menschen. Gott will, dass allen Menschen geholfen wird, dass alle am Ende zu ihm kommen und ihm die Ehre geben werden.[3]

Von Anfang an war dieses universale Ziel Gottes schon angelegt:

- In dem Versprechen Gottes an Abraham: „Durch dich sollen alle gesegnet werden, alle Menschen auf dieser Erde."[4]
- In Gottes verborgenem und offenbarem Wirken an „allen", also auch an den sogenannten „Heiden" wie Rahab, Rut oder der Witwe von Sarepta und vielen anderen.[5]
- In den Geboten und Erlassen des Königs von Babylon ebenso wie in der Huldigung der Sterndeuter vor dem Kind von Bethlehem oder in dem Bekenntnis des römischen Hauptmanns unter dem Kreuz: „Wahrlich, dieser ist Gottes Sohn gewesen!"[6]

Und dennoch mag dieser universale Anspruch, der in dem Missionsbefehl zum Ausdruck kommt, für die Jünger alles andere als selbstverständlich gewesen sein. Naheliegend wäre es für sie eher gewesen, wenn Jesus sie vor allem zu den Juden gesandt hätte, so wie auch Jesus vor allem zu den Juden gekommen war und wie auch einst die Propheten zum Volk Israel gesandt worden waren.[7]

Nun aber soll nach den Worten des auferstandenen Herrn der unsichtbare Zaun, der zwischen Juden und Heiden aufgerichtet war, ein für alle Mal abgerissen werden.[8] Verschlossene Türen sollen aufgebrochen werden. Menschen sollen zu Gott zurückfinden, Menschen, die sich außerhalb der Reichweite Gottes wähnen, ja sogar Menschen, die diesen Gott nicht einmal dem Namen nach kennen.[9]

Für die Jünger bedeutet dieser Missionsbefehl Jesu eine doppelte Her-

[1] **siehe 236–248**
[2] **236, Matthäus 28,16ff**
[3] **vgl. 1. Timotheus 2,4, 253**
[4] **28**
[5] **81f, 90f, 118f**
[6] **143, 158, 227, s. auch 171f**
[7] **116, vgl. 174f**
[8] **vgl. Epheser 2,14**
[9] **z. B. 242f, 246ff**

ausforderung: Einmal sollen sie die bestehenden Grenzen ihres jüdischen Denkens und ihrer jüdischen Tradition überschreiten und – weit über die Botschaft der Propheten hinaus – „gute Nachricht für alle Menschen" verkünden. Zum anderen sollen sie diesen Auftrag nun allein verrichten. Jesus wird nicht mehr, wie vor Ostern, unter ihnen sein.
Was macht es ihnen dennoch möglich, diesen Auftrag zu erfüllen?

1. Die Gegenwart des Geistes Gottes

Jesus verbindet mit seinem Auftrag ein Versprechen: „Siehe, ich bin bei euch alle Tage ..."[10] Im Pfingstgeschehen nimmt dieses Versprechen konkrete Gestalt an. Gottes Geist erfüllt die Jünger mit Gewissheit, dass Jesus mit seiner Kraft unter ihnen wirksam ist. Das macht sie mutig, seinen Namen frei zu bekennen.[11] In seinem Namen wirken sie Wunder und erfahren selbst ein Wunder nach dem anderen: Ein Gelähmter wird geheilt. Paulus und Petrus werden aus dem Gefängnis befreit. Und das Größte aller Wunder geschieht: Menschen hören das Evangelium, kehren um und lassen sich taufen auf den Namen Jesu Christi.[12] So erzählt es die **Apostelgeschichte des Lukas**. Sie verbindet damit zugleich noch einen zweiten Gedanken:

2. Die Gemeinschaft von Brüdern und Schwestern

Jesu Jünger erfüllen ihren Auftrag in Gemeinschaft untereinander. Anders als die Propheten des Alten Testaments, die der göttliche Auftrag meist in Einsamkeit und Isolation geführt hat,[13] verbindet sie der gemeinsame Auftrag und bindet sie zugleich zusammen mit all denen, die sich durch die Taufe zu Jesus bekannt haben. Sie bilden zusammen eine große Gemeinschaft von Brüdern und Schwestern, die als Gemeinschaft unter dem Wort Gottes, als Tischgemeinschaft und als Gebetsgemeinschaft konkrete Gestalt annimmt.[14]

Diese Gemeinschaft bleibt offen für Menschen aller Schichten und aller Völker, für einen Bettler ebenso wie einen Minister aus Afrika,[15] für den geachteten jüdischen Theologen Saulus ebenso wie für den römischen Gefängniswärter in Philippi.[16] Diese Gemeinschaft bleibt sogar auch dann erhalten, wenn sie von außen bedroht oder sogar zerstört wird und bewährt sich dann vor allem in der Fürbitte, wie die beiden Geschichten von der Verhaftung des Petrus zeigen.[17] Eben weil sie vom Auftrag Jesu lebt, bleibt sie sogar offen für ihre ehemaligen Feinde, sodass der Christ Hananias zu seinem ehemaligen erbitterten Verfolger Saulus sagen kann: „Lieber Bruder!"[18]

[10] 236
[11] 238f, 240f
[12] 238f, 243, 247f
[13] 122f, 133
[14] 241, 248
[15] 239f, 242ff
[16] 245, 248
[17] 241, vgl. Apostelgesch. 4,23ff; 12,5
[18] 245

3. Die Königsherrschaft Christi

Diese Offenheit ist allerdings nur möglich, weil die Gemeinschaft der Jünger von der Hoffnung lebt, dass Jesus „alle Macht gegeben (ist) im Himmel und auf Erden".[19] Das macht sie mutig, aller Anfeindung das Bekenntnis entgegenzuhalten: „Herr ist Christus", „Retter und Herr über die ganze Welt."[20] Das macht sie stark, aller Verfolgung zu trotzen und über die Grenzen des eigenen Landes hinaus das Bekenntnis zu Jesus, dem Herrn, in aller Welt auszurufen.

So werden die Jünger nach dem Wort Jesu zu Zeugen seiner Königsherrschaft „in ganz Judäa und Samaria und bis an das Ende der Erde".[21] Wie die Apostelgeschichte berichtet, zieht ihre Botschaft immer weitere Kreise und erfasst Menschen am Ende der Erde. Diese lassen sich taufen auf den Namen Jesu und bekennen sich damit selbst zu dem Herrn Christus, dem Herrn über die ganze Welt.

Hier wird konkret, was bei den Propheten des Alten Testaments als große Hoffnung ausgesprochen war: dass einmal alle Völker Gottes Herrschaft erkennen und anerkennen werden.[22] Noch ist diese Hoffnung unterwegs und noch nicht an ihr Ziel gelangt. Aber das Ziel steht nun klar vor Augen: *„ … dass in dem Namen Jesu sich beugen sollen aller derer Knie, die im Himmel und auf der Erde und unter der Erde sind, und alle Zungen bekennen sollen, dass Jesus Christus der Herr sei zur Ehre Gottes, des Vaters".*[23]

[19] 236
[20] 238
[21] 237, Apostelgesch. 1,8
[22] z.B. Jesaja 45,23f, 60,1ff, 66,19f
[23] Philipper 2,10f

8 Jesus kommt wieder[1]

Am Ende der Bibel schauen wir noch einmal auf den Anfang zurück. Dort lasen wir von der ursprünglichen Gemeinschaft Gottes mit dem Menschen und von seiner ursprünglichen Bestimmung, Gott zu loben. Was aber wird am Ende der Geschichte Gottes mit seinen Menschen stehen? Kein Mensch kann es wissen. Niemand darf wagen, mehr darüber auszusagen, als die biblischen Texte andeuten. Aber eines steht fest – sowohl nach den prophetischen Schriften des Alten Testaments als auch nach dem neutestamentlichen Buch der **Offenbarung**: Gott wird die zerbrochene Gemeinschaft mit den Menschen wieder herstellen und die Menschen zu ihrer ursprünglichen Bestimmung zurückführen, dass sie leben „zum Lob seiner Herrlichkeit".[2] Das heißt aber: Gott wird es tun, nicht der Mensch. Er kann von sich aus nicht heimfinden zu Gott.

So nimmt dieses letzte Kapitel noch einmal auf, was im letzten Kapitel des Alten Testaments anklang: die Sehnsucht der Menschen, endlich heimzukehren, und zugleich ihre Erfahrung: Gott ist es, der uns heimgebracht hat.[3]

Aber dieses Kapitel, das den Schlusspunkt unter das Neue Testament setzt, sagt noch weit mehr aus. Gott wird selbst in Jesus zu den Menschen kommen, wie er einst in den 40 Tagen nach Ostern seinen Jüngern erschienen ist. Er wird aufs Neue zu seinen Menschen kommen und sein Reich unter ihnen aufbauen. Dann wird sich erfüllen, was in der Offenbarung prophetisch vorausgeschaut wurde:

> *„Siehe da! Die Hütte Gottes bei den Menschen. Und er wird bei ihnen wohnen. Und sie werden sein Volk sein, und er selbst, Gott mit ihnen, wird ihr Gott sein. Und Gott wird abwischen alle Tränen von ihren Augen, und der Tod wird nicht mehr sein, noch Leid noch Geschrei noch Schmerz wird mehr sein; denn das Erste ist vergangen."*[4]

So sehen wir am Ende dieses Buches nicht nur zurück, sondern weit hinaus, Gottes Zukunft entgegen, die er mit Jesu Kommen heraufführen wird. Aber wie dürfen wir von dieser Zukunft reden? Wie können wir uns auf sie einstellen, da sie uns doch nicht verfügbar ist? Wir tun gut daran, uns hier an die Form zu halten, die Jesus in seinen **Endzeit-Gleichnissen** selbst vorgegeben hat.

Drei Gleichnisse Jesu stehen daher am Ende dieses Buches. In ihnen wird von Gottes Zukunft erzählt, jedoch so, dass in dieser Zukunftsschau vergangenes und gegenwärtiges Gotteshandeln mit einfließt, dass in der Vergegenwärtigung des Vergangenen zugleich Gottes zukünftiges Handeln aufleuchtet, offenbar und konkret und zugleich gleichnishaft verhüllt.

[1] **siehe 249–253**
[2] **vgl. Epheser 1,12ff, Offenb. 5,9ff**
[3] **144f, Psalm 126**
[4] **Offenb. 21,3f**

1. Gottes Geschichte – gestern!

Die Gleichnisse von den „Zehn Brautjungfern", von den „Anvertrauten Pfunden" und vom „Großen Abendmahl" laden uns ein, noch einmal zurückzuschauen auf Gottes Geschichte. Sie erinnern uns an seine unendliche Geduld mit den Menschen, an seine immer neu ergangene Einladung, aber ebenso an den Ernst seines Auftrags, den die Menschen immer wieder missbraucht oder verachtet haben. Vor allem aber erinnern sie an Gottes grenzenlose Liebe, die sich in Jesus offenbart hat. Jesus ist nicht nur der Erzähler dieser Gleichnisse, er hat sie vielmehr mit seinem Kommen selbst eingelöst.

2. Gottes Geschichte – heute!

Zugleich aber verweisen uns die Gleichnisse in die Gegenwart. Für sie gilt im Besonderen, was für alle Geschichten der Bibel zu gelten hat: Gott meldet sich in Jesus als der Gegenwärtige zu Wort. Er will uns hier und heute ansprechen. Er rüttelt uns aus unserem Schlaf auf.[5] Er mahnt uns zu treuem Handeln, „bis er wiederkommt".[6] Er lädt uns jetzt ein zu seinem Fest.[7] In diesem Sinne sind die Appelle Jesu zu verstehen, als dringlicher Aufruf zur Entscheidung hier und heute, dem sich niemand entziehen kann. Darum: „Seid wachsam!" „Seid bereit!" und gleichnishaft in die Botschaft des Boten gekleidet: „Kommt zum Fest! Es ist alles bereit!"

3. Gott – in Ewigkeit!

Vor allem aber lassen uns die Gleichnisse in Gottes Zukunft hinausschauen. Sie laden uns ein, wachsam auf Jesu Kommen zu warten und ihm – wie jene klugen Brautjungfern im Gleichnis – voller „Vorfreude" entgegenzugehen, um mit ihm das Hochzeitsfest zu feiern. Dann wird endlich die bewegte und gehetzte Geschichte der Menschen ans Ziel kommen und in Gott ruhen, in ewiger Gemeinschaft mit ihm und im ewigen Lobpreis dessen, *„der da ist und der da war und der da kommt."*[8]

[5] 250
[6] 251
[7] 252f
[8] Offenb. 1,8

Bibelstellenregister

Paralleltexte werden im Register mitaufgeführt und sind durch „vgl." gekennzeichnet.

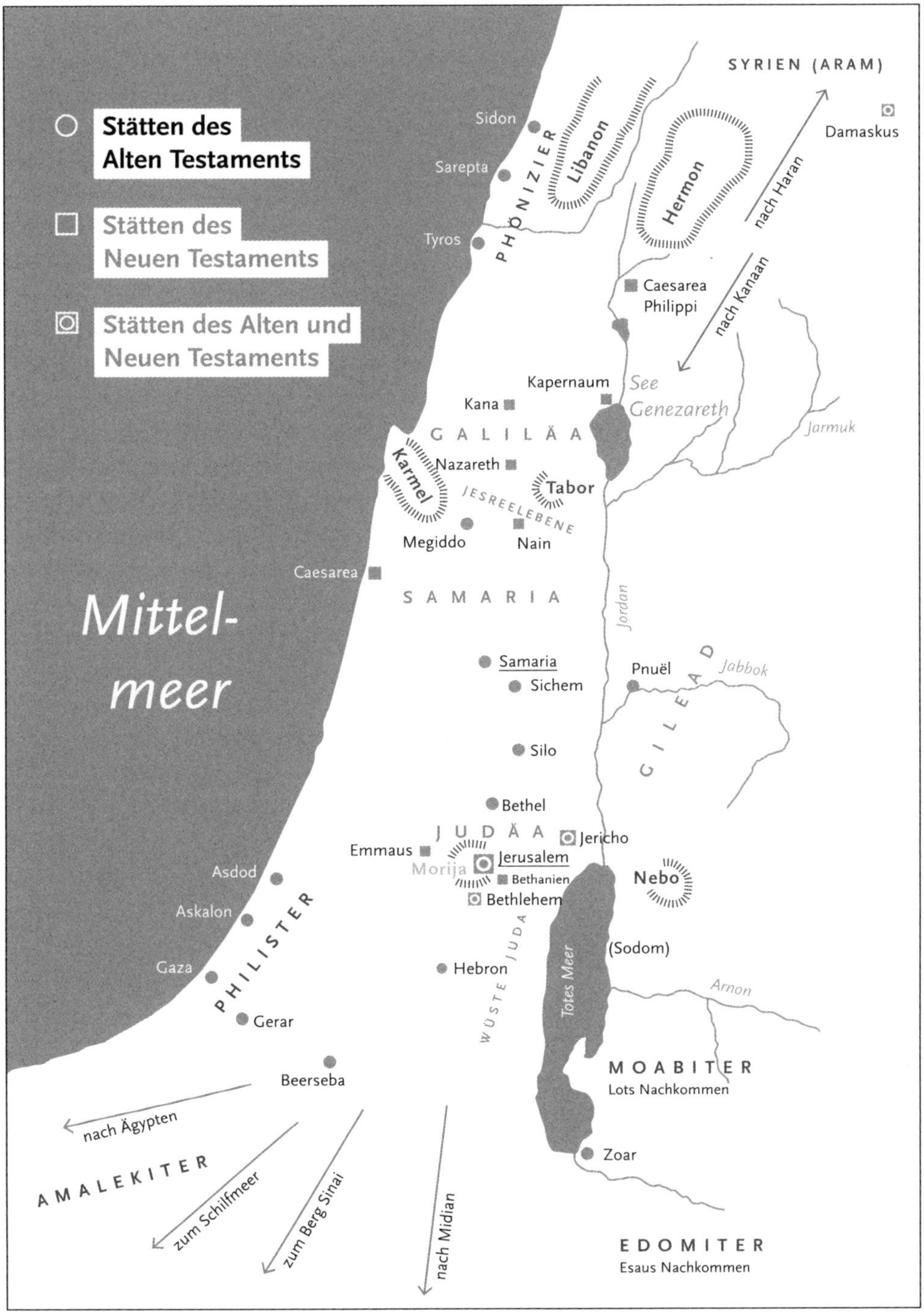

Stätten des Alten Testaments
Stätten des Neuen Testaments
Stätten des Alten und Neuen Testaments
Mittelmeer
SYRIEN (ARAM)
Damaskus
nach Haran
nach Kanaan
Sidon
Sarepta
Tyros
PHÖNIZIER
Libanon
Hermon
Caesarea Philippi
Kapernaum
See Genezareth
Jarmuk
Kana
GALILÄA
Karmel
Nazareth
Tabor
JESREELEBENE
Megiddo
Nain
Caesarea
SAMARIA
Jordan
Samaria
Sichem
Pnuël
Jabbok
GILEAD
Silo
Bethel
JUDÄA
Jericho
Emmaus
Morija
Jerusalem
Bethanien
Nebo
Bethlehem
Asdod
Askalon
Gaza
PHILISTER
(Sodom)
Hebron
WÜSTE JUDA
Totes Meer
Arnon
Gerar
Beerseba
MOABITER
Lots Nachkommen
nach Ägypten
AMALEKITER
zum Schilfmeer
zum Berg Sinai
nach Midian
Zoar
EDOMITER
Esaus Nachkommen

Der Alte Orient

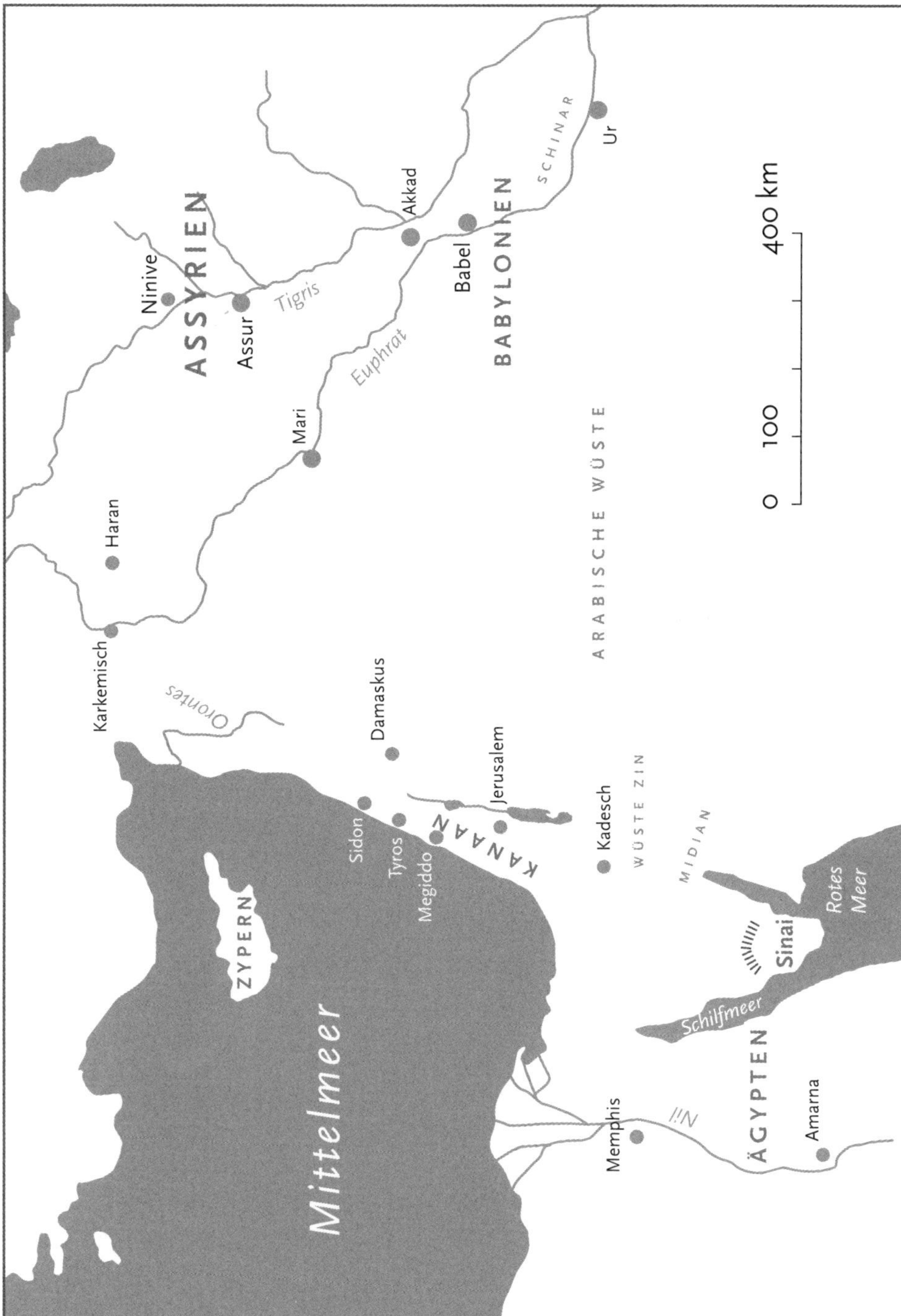

ZEITTAFEL

SAUL 1012–1004
DAVID 1004–965
SALOMO 965-926

		JUDA	926 Reichsteilung		ISRAEL	
		Rehabeam	926-910	926-907	**Jerobeam**	
		Asa	908-868			
				882-871	**Omri**	
		Joschafat	868-847	871-852	**Ahab**	**ELIA**
		Joram	847-841			
DIE SYRER		**Ahasja**		851-841	**Joram**	**ELISA**
(ARAMÄER)		**Atalja**	841-835			
Ben-Hadad,				841-818	**Jehu**	
König von Damaskus		**Joasch**	840-801			
ab 801						
		Amazja	801-773			
				787-747	**Jerobeam II.**	**AMOS**
DIE ASSYRER		**Asarja (Usija)**	773-736			
Tiglat Pileser III.	**JESAJA** ab 736	Ahas	736-725			**HOSEA**
König von Assur		*Syr.-ephraim. Krieg*	*733*			
744-727				732-723	**Hoschea**	
Sargon II.	**MICHA**	**Hiskia**	725-697	722	*Eroberung Samarias*	
König von Assur					*durch die Asyrer*	
721-705					***Ende des Königreichs Israel***	

Herrscher	Propheten	Ereignis	Datum
Sanherib		*Belagerung Jerusalems*	701
König von Assur		**Manasse**	696-642
704-681		**Amon**	
	JEREMIA ab 627	**Josia**	639-609
DIE BABYLONIER		*Auffindung des Gesetzbuches*	*622*
(CHALDÄER)		**Jojakim**	608-598
Nebukadnezar II.		**Jojachin**	
König von Babylon		*Einnahme Jerusalems / 1. Deportation*	597
604-562	**HESEKIEL** ab 593	**Zedekia**	597-586
		Ende des Königreichs Juda	*587*
		2. Deportation / ***Babylonisches Exil***	*ab 586*
DIE PERSER	**DEUTEROJESAJA**		
Kyros		*Edikt des Kyros:*	*538*
558-529		*Heimkehr aus dem Exil*	*ab 538*
Darius I.		*Einweihung des 2. Tempels*	*515*
521-486	**HAGGAI / SACHARJA**		
Xerxes (Ahasveros)		**Esra**	um 450
485-465		**Nehemia**	
		Wiederaufbau der Stadtmauer Jerusalems	*ab 445*
DIE GRIECHEN			
Alexander der Große		*Sieg Alexanders über die Perser*	*333/331*
336-323		*Ende des persischen Großreichs*	*330*
DIE RÖMER		*Palästina unter römischer Herrschaft*	*ab 63*
Kaiser Augustus		**Herodes d. Gr.**,	37-4
31 v.Chr.-14 n.Chr.		*(Unter-)König von Judäa*	
		Geburt Jesu in Bethlehem	
Kaiser Tiberius		*Kreuzigung Jesu unter Pontius Pilatus*	*ca. 30*
14-37		*Bekehrung des Paulus*	*ca. 32*
		1. Missionsreise des Paulus	*45-47*
		Apostelkonzil in Jerusalem	*48*
		2. Missionsreise des Paulus	*ca. 48-52*
Kaiser Nero		*3. Missionsreise des Paulus*	*52-56*
54-68		*Gefangenschaft / Überführung nach Rom*	*57-60*
		Zerstörung Jerusalems durch die Römer	*70*

Hinweise zum Gebrauch dieser Ausgabe

Bibelstelle, unter der der Text in Bibeln zu finden ist. Hier z. B.: 1. Buch Mose, Kapitel 31 bis 33

Jakob kehrt heim

1. Mose 31–33

Viele Jahre lang
lebte Jakob im fremden Land.

Bibelstellenangaben, hier z.B.: Markusevangelium, Kapitel 14, Verse 12 und folgende, und Johannesevangelium, Kapitel 13, Verse 1 bis 15

Jesus wäscht den Jüngern die Füße

Markus 14,12ff / Johannes 13,1–15

Der Tag war gekommen,

Kursive Texte sind z. B. Lieder, Gebete

Eines Tages aber sprach Gott:
„Geh, Abraham!
Geh weg von hier!
Zieh in ein anderes Land,

Eingerückte Texte z. B. Prophetenworte

Er stellte sich Ahab in den Weg,
sah ihn ernst an und sprach:
„So wahr der Herr,
der Gott Israels, lebt,
dem ich diene:
Von jetzt an wird es

Kennzeichnung der Gleichnisse Jesu

Von der verlorenen Münze

Lukas 15,8–10

Auch diese Geschichte erzählte Jesus:

Es war eine Frau,
die hatte zehn Silbermünzen.
Die hütete sie
wie einen kostbaren Schatz.